自组织众创行为的形成、演化及促进策略

蔡 莉 康争光 著

国家社会科学基金项目（16BGL028）研究成果
江苏大学专著出版基金资助出版

科学出版社

北 京

内 容 简 介

本书基于创业理论、自组织理论、行为科学理论等，以定量与定性相结合的方式，论述自组织众创行为及其活动的属性特征、作用机理、发展影响。研究的基本思路是：自组织众创行为的发起、过程和质态转化遵循一般自组织作用机理，具有在开放系统的自适应、协同、突变等非平衡、非线性、涨落及多样性的典型演化特征。依据划分的市场主导型、技术主导型、资源主导型、客户主导型等差异性众创行为推演，展示了自组织众创对社会发展长远的影响效应。本书通过自组织众创行为变量与诸多其他经济、社会、行为等变量的直接或间接作用关系，形成了分析创业行为的理论体系，具有良好的学术价值与为制定政策做参考的积极意义。

本书适合对创业行为感兴趣的研究工作者阅读。

图书在版编目（CIP）数据

自组织众创行为的形成、演化及促进策略 / 蔡莉，康争光著. —北京：科学出版社，2024.7

ISBN 978-7-03-077607-5

Ⅰ. ①自… Ⅱ. ①蔡… ②康… Ⅲ. ①创业—研究 Ⅳ. ①F241.4

中国国家版本馆 CIP 数据核字（2024）第 017648 号

责任编辑：陶 璇 / 责任校对：贾娜娜
责任印制：张 伟 / 封面设计：有道文化

科学出版社 出版
北京东黄城根北街 16 号
邮政编码：100717
http://www.sciencep.com
北京凌奇印刷有限责任公司印刷
科学出版社发行 各地新华书店经销
*
2024 年 7 月第 一 版 开本：720×1000 B5
2024 年 7 月第一次印刷 印张：13 1/4
字数：265 000
定价：142.00 元
（如有印装质量问题，我社负责调换）

推 荐 语

创业特别是个体创业，多数都是自发而非自上而下的组织行为。数字技术的广泛应用使得联结、智能化、网络平台效应等成为企业竞争优势的重要来源，也使得大型企业积极支持和参与创业成为数字经济的重要现象。本书聚焦于研究由独立个体之间、独立个体与组织混合、多个组织主体联合发起的众创活动，构建自组织众创行为的理论体系，值得研读。

张玉利

南开大学商学院教授

众创不仅是经济增长的内生动能来源，而且能切实扩大就业，更是创新驱动经济发展的重要路径之一。自组织众创是对外部环境极为敏感的一类众创，正在我国经济发展中发挥着越来越重要的作用。该书从行为视角，综合采用博弈分析与实证分析等方法，深入研究了自组织众创的演化特征和机制，分析了不同类型自组织众创群落的行为演化，讨论了自组织众创影响经济增长的路径和对社会发展的影响效应，提出了促进自组织众创发展的政策建议。该书既丰富了创业行为的理论体系，又可为相关政策制定提供借鉴，对创业行为研究者和创业政策制定者具有很好参考价值。

梅姝娥

东南大学经济管理学院教授

序　言

斯加鲁菲在《硅谷百年史：伟大的科技创新与创业历程互联网时代》[1]中提到："硅谷之所以特殊，就是因为它的创新并不是首先由政府规划的，而且也并不是由大型公司来主导的，而是在本身就非常具有创新力的社会当中自然而然产生的。其实我们在美国，也一直有这么一个笑话，就是说美国总统他之前是不知道硅谷的，他是看了报纸才知道的。因为如果我们要不断从政府的角度、从大企业的角度或者是规划角度来想，硅谷可能永远都不会出现。但是如果我们住在这样一个创新型社会当中，我们就总是可以体会得到永远有这么样一个推动力让我们不断地在向前。"创业行为不仅燃起了硅谷，更是启迪了全世界发展的希望和方向。

创业行为在我国有着悠久的历史，可视为与先秦时期的商业史[2]同步，与俗称的"做买卖、做生意、营生、经商、下海"等行为密不可分，如今各类经济活动也无不充满创业创新活动。例如，对现代中国民营企业发展演化的观察发现：传统家庭经济（含个体企业和家族式企业）是民营经济的雏形和主要演化基础，它就依靠亲缘网络形成和发展[3]。这些创业主体以"亲缘"、"业缘"和"网缘"关系为纽带或载体，依靠一定资本、资源、机会、专有技术等展开创业创新行为，实现就业、创业、逐利创富等目的。各行各业汇集而成的创业创新主体成为活跃市场的重要力量。不同主体行为之间相互作用、相互影响，促使经济部门之间产生辐射、关联等聚合效应，如前向关联、后向关联和旁侧关联，并扩散影响和梯度转移形成波及效应，引起区域经济系统的涨落[4]。正是这些延绵不断的创业创新行为之间物质和能量的输入、输出及涨落推动社会经济活动持续向前。

创业存在不同划分标准，如果按参与人数可划分为独创、合创、众创等。其中，众创作为单个创业体的延伸，其组织展开活动的初始形态主要由独立个体与其他个体、独立个体与组织混合或者多个组织主体联合发起，涉及发起者、参与者、合伙人、员工、合约组织等不同角色，然后形成不同规模、不同组织构架、林林总总功能的商业营运系统，以追求经济利益为目标。从发起形式而言，可以分为政府主导的正式众创组织形式，市场中创业者自发形成的非正式组织形式，以及二者的混合形式等。它们实现运营的具体方式为合伙制、公司制或者临时联盟等。众创活动有效满足了创业、创富、创智、创造等不同层次的需求，是社会生产力、科技创新、效率变革等有效载体，是经济增长强大的内生动能来源与发展潜力所在，更能切实为就业、技术低效等问题提供不同解决方案。各类组态的众创活动，尤其是具有共创、共享、共治特色的自组织众创活动充当了区域经济、产品研发、资源配置的毛细血管，共同影响产业格局与细分领域的丰沛程度。

自组织众创在创业生态系统中相较其他创业组织种类而言，其构建形式的自由程度较高、演化模式相对更丰富。深植于不同产业系统内外的自组织众创行为对政策、市场环境、竞争、科技等变化反应极为敏感，在内外部要素交织的非线性作用下，据不同情境采取与外部动态协同的自适应行为。这些行为在不同众创主体的有效生命阶段始终伴随着以竞合为内核的高度灵活的适应机制，其发展规律需要被深入剖析。

自组织众创行为研究综合涉及创业理论、自组织理论、演化经济学、行为科学等理论内容及方法，尤以自组织理论和演化理论为基石。理由在于：人类发展的实践证明，凡涉及行为演化的现象与社会经济活动，均历经自组织系统从混沌（非平衡态）到有序（平衡态）或从有序到混沌演化的基本过程，这并非数学游戏或者理论及实验室中的行为。正如基本粒子从无到有，元素从"轻"到"重"，它们的演化反映了结构越趋复杂和结构重复嵌套的进化；也反映出系统从混沌走向有序再从有序走向混沌的演化[5]。从经济系统、产业系统到创业生态系统，其结构、状态、特性、行为、功能等均随着时间的推移而变化，均可视为动态的演化系统[6]。自组织众创有其自身演化方式。

自组织众创是微观个体或组织基于自组织原则形成的系统，它具有一般系统演化的五种基本形态，即自组织、自同构、自复制、自催化和自反馈；其中，自组织是后面"四自"的基础[7]。这些演化特征与外界变化共同塑造不同类型自组织众创的"整体"特征，而且，系统自组织过程中包含的"组织力"具有增强或减弱、进化或退化的不同趋势，此演化随依附类型或载体不同而不同。自组织众创行为具有自适应、协同、突变等典型演化特征，前两者是行为演化的核心。自适应行为还可以进一步划分为横向自适应行为、纵向自适应行为、混合自适应行为。自适应是自组织众创的基础行为反应；协同行为会依赖具体序参量的引领作用产生差别，这是源于协同行为会因方向、内容、生命周期、来源、作用方式、动态性等不同而有所差别。它们是自组织众创的初衷也是目标，更是自组织众创主体的核心和重心，二者互相交织，在一定条件下相互转换。自组织众创的关键协同可以分为战略协同（目标协同）、管理协同、财务协同三类典型；从是否正式的角度，可以划分为正式协同与非正式协同；从作用方面，可以划分为链式协同与网络协同；从自组织系统的动态性上，可划分为"低有序度"和"高有序度"等。

自组织众创行为演化路径的多样性体现在分叉、选择、相变。突变因子扰乱自组织众创主体的生命周期或导致其连续过程中断或相变，随控制参量的变化产生缓慢变化和突变等情形。自组织创业主体行为相变在稳定与非稳定、平衡与不平衡之间转换，具体过程由系统结构稳定性与破缺程度决定。并且，自组织众创行为能够在自催化和交叉作用的"超循环圈"模式下实现自我、超越自我、不断演化。它们可能是同一外界条件下某种相同或近似结构、功能形式相同或相近的自同构；也可能是，随着时间的推移，在同它类系统及自身内部的相互作用下不断衍生具有继承性结构或功能的"众创"新系统。众创具有内部自强化、（多重）自催化作用过程，从而诞生出多种复杂衍生形式，例如，在自同构的同时，也可能内嵌套于其他组织中，或者产生相反形式或者多种裂变演化模式。

自组织众创的行为属性特征存在差别。例如，性别差异关联着不同的众创取向与认知差异。不同主体发起的众创动因、关联要素、条件、影响、行为规律等有其内在进化机理或规则，表现在自适应行为方面，自组织创业者善于利用自我先前认知模式，自觉利用其积极情绪采取策略行为，选择以开放心态理性对抗消极情绪，避免被消极情绪和过度的积极情绪左右；通过保持或强化学习力来提升创业精神需要的领域认知能力；还有倚重行业经验积累等。又如，在协同方面，自组织众创主体的协同行为一般选择对区域经济和创业生态系统有积极建设作用和自身绩效最大化的策略。从类型上讲，自组织众创可以划分为市场主导型、技术主导型、资源主导型、客户主导型等不同类型，随类型差异有不同的行为机理与发展收益，不同情景采用的激励行为策略与促进措施有所不同。为了最大化自身利益，竞争合作（简称竞合）是自组织众创行为演化的第一规则。自组织众创主体的竞合博弈是其行为本质特征；尽量减少合作沟通中的成本、降低选择"不合作"策略时的机会成本，吸引自组织之间进行合作；并从协同互动视角要求合作过程的契约保障与违约惩罚。

创业政策与创业环境是自组织众创主体健康发展的重要载体。创业导向与鼓励性政策对激发创业者的动机、认知能力、行为持续等有积极指导和提升作用，尤其是在普惠性的创业金融、人才制度、制度质量、教育等方面支撑性明显。创业的资源环境涉及文化、技术、氛围创造等方方面面，它们会作用于创业主体市场角色、定位、竞争状况，从而广泛影响创业主体利用资源、与其他组织之间的互动方式。不同创业政策对自组织众创的作用明显不同，开放且积极的创业政策与友好、包容、健康的创业环境对于自组织众创的长期繁荣必不可少。

本书内容方面，Saba Firdousi（萨巴·菲尔杜西）、吴卓桐、施晓峰、王鑫等重要成员对项目研究均有贡献。此外，杨昊晨、徐龙、汪轩涛、刘译、张翼谋、张展详等为文献及资料的整理付出了辛勤努力。在此，我向所有参与者表达我最深切的感激与敬意！

自组织众创行为具有与时俱进的特征，本书因为多种原因中途困局多舛，由于内容复杂、多次整修，限于研究撰写者的学识水平，书中疏漏在所难免，恳请各位读者诚意批评指正，督促完善，感谢之至！

目　录

第一章　绪　论

第一节　众创背景及意义

西方众创起步较早。1981 年，沃·荷兰（Wau Holland）在德国柏林创办混沌计算机俱乐部（Chaos Computer Club），汇聚大约 5500 位成员成立俱乐部以发现计算机中的问题。2001 年 FabLab 即"装配实验室"（Fabrication Laboratory）成立；2008 年，美国的 Noisebridge 创立；"创客教父"米奇·奥特曼（Mitch Altman）创办 Noisebridge Hackerspace——专注崇尚开放、自由的科技创新项目的黑客空间（hackerspace for technical-creative projects）。同期，个性化教育的初创公司 Knewton 成立国际微观装配实验室（Fab Factory）。

20 年后，我国众创开始风生水起。2005 年，著名企业海尔集团开启众创的经典样板——"自我管理"的系列变革，依托"互联网+创客"、内外部孵化、网络化战略等共同作用，在海尔集团的平台先后组建了 350 余家创业型小微企业。就其内部孵化而言，具体即海尔提供资源、资金以员工占股的方式支持有创业和想法的员工；外部主要是：开放海尔自身研发平台，让社会人士、用户、专家等均可加入，即人人创客的理念，通过创新想法+产品研发设计+利益分配等参与机制，推动员工在集团外创业，多途径实现价值。这些"小微创客"因组织扁平化获得股东权益，从而激发创业热忱，开始不断转化内部资源为创新专利与成果。至 2015 年底，海尔平台上聚集 30 亿元创投基金，1330 家风险投资机构，103 家园区孵化器资源，诞生 1160 多个项目。到 2016 年初，形成七大互联工厂[8]，累计申请专利 5469 项，成为届时国内专利申请数量最多的家电企业。其他标志性案例，如 2010 年深圳第一家创客创办柴火创客空间；同年"上海新车间"创客空间成立；2011 年北京创客空间成立；2013 年北京大学杰出校友企业家、创业者利用众筹方式创建国内首家校友创业主题咖啡馆，成立国家级众创空间——1898 咖啡馆……众创登上时代舞台。

2014 年，李克强在达沃斯论坛上首提"大众创业、万众创新"（简称"双创"）①。2015 年 3 月国务院办公厅颁布《关于发展众创空间推进大众创新创业的指导意见》

---

① 《紧紧依靠改革创新 增强经济发展新动力——在第八届夏季达沃斯论坛上的致辞》，https://www.gov.cn/guowuyuan/2014-09/11/content_2748703.htm[2014-09-11]。

等相关政策，全国颇具特色的众创载体应运而生，如中关村核心区打造"一城三街"，即创新创业孵化一条街、科技金融一条街、知识产权和标准化一条街，成为新型孵化机构的发源地，集聚天使汇、创业家、36氪、3W咖啡等近二十家众创空间，近千个流动创业团队。深圳依托本地电子信息产业基础优势，打造集专业孵化、创业投融资、种子交易市场于一体的深圳湾创业广场，齐力推进创新、创业、创客、创投"四创"联动，汇聚联想之星、京东JD+、飞马旅等数十家知名创业服务机构。上海则围绕新技术、新业态、新模式、新产业等"四新"创业项目，推动产业结构向高端化、智能化、集约化发展，诞生3D打印、互联网教育、个性定制、车联网等。杭州另辟蹊径，将人文、绿色等创新创业理念加入特色小镇发展，依托仓前古街打造集优美风景、古老文化与众创空间有机融合的"梦想小镇"，汇集阿里巴巴百川计划、B座12楼的良仓、杭州日报第七空间等孵化平台。成都依托国家信息中心和电子科技大学等单位在大数据应用研发领域的技术优势，打造菁蓉镇大数据创新创业基地，发展"政府提供政务数据＋基地运营机构提供核心技术＋创客负责应用研发"的三位一体模式。还有腾讯众创空间、"孵化＋投资双轮驱动模式"的"启迪之星"、InnoSpace＋新型创业社区、"工位＋盒子"的嘉壹度等。

经2012～2021年近10年的努力，我国的创业基地、孵化器、众创空间、小微企业创业培训、创业学院、创客工场、创业园等如雨后春笋般崛起，成果斐然。仅2016年就产生了由3600家科技企业孵化器、400多家加速器形成的企业孵化链，服务创业团队和初创企业近40万家，提供近180万个岗位。据相关资料，2017年底中国众创空间数量已跃居全球第一。虽然2019～2021年受新冠疫情的冲击数量减少，但据《2021年度中小企业发展环境评估报告》，我国专精特新中小企业成为创新中坚力量，2020年仅北京、上海、深圳、广州4个城市拥有的国家认定创新载体数量达到684个，备案创投机构总计1.4万个。中国青年创业就业基金会的《中国青年创业发展报告（2021）》显示：我国创业情况整体蓬勃发展，不仅创业数量大、创投活跃，而且创业质量、创业生态不断向好发展。从2022年底起，随着经济逐渐恢复，创业创新活动正加速恢复，众创从1到N的迅猛发展已成为社会经济活力的重要力量。创业主体角色发生显著变化。从改革开放初期到20世纪末，创业者群体主流从"社会边缘群体"演变为"精英群体、海归创业者群体"，而今大众跃然成为创客主流。创客是一群秉承开拓精神以兴趣、爱好为出发点，投身创业创新实务，努力把各种创意转变为现实的人。克里斯·安德森在《创客：新工业革命》一书中定义"创客运动"是让数字世界真正颠覆现实世界的助推器，是一种具有划时代意义的新浪潮，全球将实现全民创造，掀起新一轮工业革命。因此，一个国家拥有的高素质创客的数量将影响其国际竞争力，这些创客更是引领行业创新的先锋。众创即为多个创客/创业主体参与商品研发、营运、售卖活动行为的合称。

然而，众创的涌现并非一帆风顺的。因我国处于突破关键核心技术瓶颈、向高质量发展转型的战略关键时期，且全球经济正面临巨大不确定性、资源环境有限性与国际巨头竞争的挤压，创业创新也是高风险商业活动。根据标准排名城市研究院和优客工场联合发布由腾讯研究院等提供大数据支持的《2017 中国创新创业报告》，我国中小企业的平均寿命只有 2.5 年，集团企业的平均寿命只有 7~8 年；美国中小企业平均寿命不到 7 年，大企业不到 40 年；每年约有 10 万家企业倒闭。换言之，我国有 100 万家企业，是美国的 10 倍，不仅企业生命周期短，而且能做大做强的企业较少。复杂不确定情境的创业企业身处激烈竞争、突围突困的同时，面临高淘汰率。"群起群落"的创业浪潮如同一把双刃剑，一方面推动众创内卷化[①]——一个社会形态中，创业活动的商业模式、利润模式、技术水平等由于各种原因难以突破瓶颈，导致投入多、产出不增长的现象；另一方面，也存在形式化或舍本求末的众创"空壳"，即产非所需、投非所用等现象，其后果是它们推高了不断累积的"马歇尔冲突"[②]效应，垄断治理与公平竞争之间的矛盾日益突出。

尽管困难重重，但众创发挥的社会作用毋庸置疑。对"创客"个体而言，众创汇聚、激发创客的兴趣、意愿，蜕变为市场所需的个性化、差异化、特色化的产品或服务，使个体既是价值创造者与消费者，也是变化的引领者与驾驭者。而众创成果在满足市场需求的同时，极大释放众创主体积极性、自觉性、主动性去实践产品或服务的创新，这唤醒了创文化，将社会资源与创客的深层创造价值动机与热忱紧密相连，对社会而言，具有破解"资源"有限性、创造更多灵活就业机会、提升自主知识产权意识等积极影响，对高质量发展、适应全球技术生产力的发展且不受外部制约具有重要意义，是应对经济环境变化以及西方发达国家对我国科技发展"卡脖子"威胁的策略；也是破解创业企业"创立多、死得快"的良方。对政府而言，推动自组织众创是为民就业、创富、活跃经济的管理指导服务，除了活跃经济、增加国家和社会财富、解决民生就业问题，还切实帮助创业者减少初创成本，积累创业特色资源与社会资本，营造了社会创业创新文化和更好的营商环境。对行业而言，自组织众创活动从效率、规模两方面加快行业技术及产品的创新，不仅能提升资源利用效率、降低时间成本、缩短升级更迭周期，还促成创业主体、知识、技术等"溢出"效应，带动行业经济组织"去中心化"发展，所形成发

---

① 内卷化：该词最早由美国人类学家吉尔茨提出，是指一种社会或文化模式在某一发展阶段达到一种确定的形式后，便停滞不前或无法转化为另一种高级模式的现象。这一概念最早是用来研究爪哇的水稻农业，后逐渐运用到其他领域研究中。近段时间，该词被广泛使用而成为常见的热词，如基层工作内卷化、社会科学研究内卷化、企业内卷化等。

② 近年来国内学者开始从创业生态系统的角度去研究众创空间的生态机制。学者张玉利和白峰认为众创空间是在中国情境下出现的一类新型创业生态系统，是一个复杂适应系统，其演进过程是结构与功能不断复杂化的自组织过程。生态系统则是生物群落与环境构成的统一整体，环境决定了生物的多样性和系统的复杂度，而生物群落在适应环境的同时，影响和改变着环境。众创群落作为新型创业主体，具有智能性，能够适应并主动改造环境，其协同行为促进了自组织众创行为的发生和演化。

达的创业创新"毛细血管"，积极促进了开放众创网络，使经济结构更加稳健运行。

这些积极意义被证明：与创业创新关联的组织文化、实践、经验、知识和技能[9]等的确对行业发展有相当广泛的影响；创业作为"经济发展的一个重要机制有利于实现就业、创新和福利"[10]；创业企业家能促进经济发展、资源的再分配和高效利用[11]，鼓励创业的政策被不同国家、地区追捧，尤其是刺激创业的机制，例如，税收政策、融资补贴或其他工具[12]。刘志迎等认为众创是企业竞争逐渐加剧、互联网技术日益成熟、个体创新能力不断提高和顾客需求趋于个性化等多种因素共同作用的产物。众创是一定历史阶段的高级产物[13]，还丰富与发展了创业文化的包容性；解放思想和推动自由创造意志与认知实践的完美融合，如同创业酵母，会鼓励创业者再次创业。创业函数对经济景观的作用被认为是创业的个人和新企业基本上忽略了系统级约束和结果[14]，在系统层面上，创业实践（特别是典型事例）的流动会产生"创业流动型"过程[15]，通过创业尝试和错误[16]，推动资源在生产中的使用和分配，特别是在大体量个体接受了某类可行、可取的行为猜想时，行动尝试将引发资源的大规模流动，从而拥有已掌控资源在形式不确定性兑现状态下的优先性。经验证据支持的新进化理论认为，创业鼓励增长有如下原因[17]：通过增加企业数量来刺激竞争，这本身就是"增长"，是一个累加现象，因为竞争更有利于知识外溢性，进而产生新思想。

因此，理解自组织众创形成、演化、条件等方面的属性特征及规律，不仅能丰富行为科学、创新理论、创业理论等基础内容，还利于拓展创业对象与问题边界及交叉问题观察视域、深化众创规律认知与运用、增加理论供给和指导思想参考，增强与可持续发展、科学管理、经济学科等之间的理论联系，是创业理论的重要补充。众创已然成为我国经济和历史发展的必然选择，承载着重要的历史任务和社会意义。如何激发自组织众创的机制效力或有效模式、充分利用人力资本价值与资源潜力，是探索经济可持续动力源的重要问题，这对于落实创新驱动发展战略、促进经济结构优化、培育增长新动能、激发经济持续活力都有意义。

第二节　学术依据

"自组织＋众创"是相关领域里的较新视角和内容，从主题、篇章标题与关键词的检索中同时出现仅得到较少的成果，故只能分别检索并分析。

一、国外自组织＋众创研究概况

本书借助 CiteSpace 技术查询 Web of Science 数据库中 1990～2019 年的相关文献。通过对文献进行清洗、筛选工作，剔除自组织在化学等自然科学的文章中出现的样本，国外学者对自组织研究集中在 2009～2015 年，关键词以动力学（dynamics）、记忆（memory）、选择（choice）、复杂性理论（complexity theory）、关联模型（connectionist model）、自组织映射（self-organizing map）、系统（system）等为主。Web of Science 核心合集库"众创"检索情况和创业关键词检索汇总（1990～2019 年）如图 1-1 和图 1-2 所示。

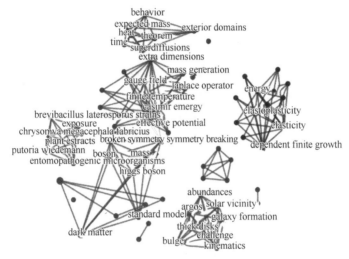

图 1-1 Web of Science 核心合集库"众创"检索情况

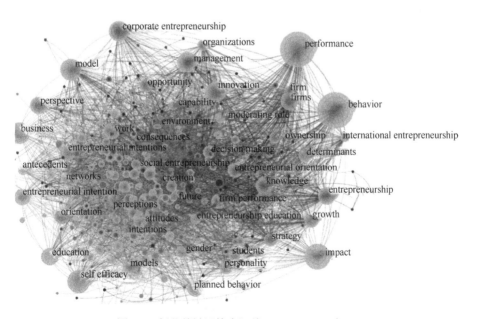

图 1-2 创业关键词检索汇总（1990～2019 年）

1990～2019 年的文献研究表明国外学者对"创业"进行了深入讨论，但未涉及众创；且多聚焦于行为、模型、自我校验、组织设计等内容，尤为注重实际案例分析。

二、国内研究概况

国内方面，本书以创业为主题、众创为书名，用 CiteSpace 对"自组织"关键词检索，得到的"自组织"研究热点与方向，在跨度近 50 年的成果中，在 2000 年前后研究进入稳定发展时期（图 1-3）。在 CNKI（China National Knowledge Infrastructure，中国知网）中文数据库以"自组织"检索文献总量 1000 余篇，集中于 2002～2019 年，关键词涉及涨落、耗散结构、协同、产业集群、创新、复杂系统等，呈现自组织—社区自组织—产业演化应用—机理分析的研究趋势，见图 1-4。

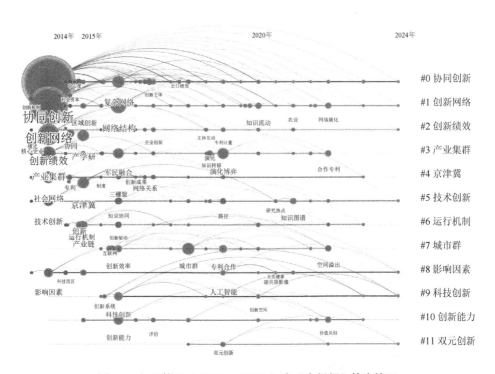

图 1-3　知网核心（CSSCI、CSCD）库"自组织"检索情况

CSSCI：Chinese Social Sciences Citation Index，中文社会科学引文索引；
CSCD：Chinese Science Citation Database，中国科学引文数据库

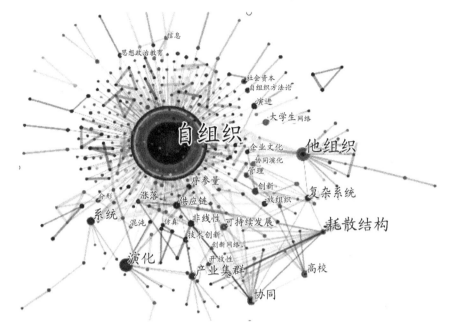

图 1-4　中文检索自组织的关键词文献检索情况

众创关键词检索情况和知网核心（CSSCI、CSCD）库"众创"检索情况如图 1-5、图 1-6 所示。可见，创业根系几乎覆盖全领域，涌现诸多交叉成果，例

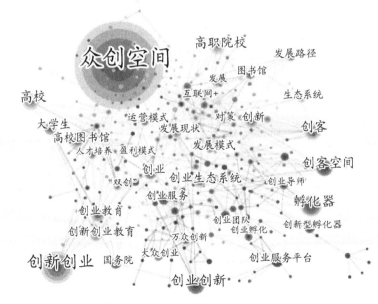

图 1-5　众创关键词检索情况

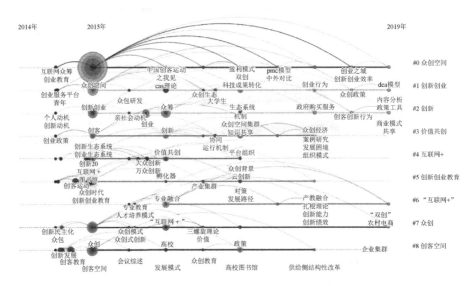

图 1-6　知网核心（CSSCI、CSCD）库"众创"检索情况

如，严毛新和徐蕾[18]从众创背景分析了"双创"教育事业的发展情况，强调务实需、重实践对"双创"教育的必要性；代磊[19]、邓巍[20]则将图书馆服务与众创背景结合，提出众创背景下高校图书馆的服务整合策略；众创对制造业的影响[21]，以及对科技产业的发展与转型产生的影响[22]等。

文献研究表明，以众创空间为核心、创业生态系统为导向的研究趋势逐渐形成，涉及创新机制、价值共创、创新能力等新思路、新话题，"创新生态"等关键词于 2018 年成为研究热点；针对理论体系化建设方面呈现的特点包括以下几点。一是国外成果涉及的讨论包含绩效、众筹、社区创业、创客空间（maker space）的功能及模式等，对众创理论与实证案例讨论较少。故中国情境的众创行为研究是独辟蹊径，有助于摸索广泛意义的创客行为及其内在机理、发展规律等。二是国内学者探究个体视角创业者行为要素及作用机制的成果较多；但涉及众创研究的却较宏观，针对属性、分类、行为等基础分析成果较少；对实证或案例的深度解剖或对行为的定量分析仍需补充。三是针对众创行为研究的众创主体、环境因素、价值创造、文化、组织、跨物理空间等行为分析虽不断增加，但从自组织视角观察的成果还较少。因此，从基础性和系统性来分析自组织众创行为的动因、关联要素、行为机理等属性，揭示其行为的形成、协同、突变、涨落等演化机理，提出应对的策略举措非常必要。

第二章 理论基础及原理

第一节 众创界定

众创包括"众"与"创","众"表明数量上较多,呈现为多主体。"创"意指在一定环境中从事具有开拓性和互动性活动的行为方式。众创,即指两个以上的主体合作进行开拓性和互动性的活动。例如,围绕产品品质、功能、管理、组织、品牌、企业文化、客户、工艺流程等开展从无到有的原创,或者从 1 到 $N \to X$ 的革新性创业或创新活动。

众创看似新概念,追溯历史却早有渊源。例如,合伙制即典型的共创共事的代表之一,作为一种始于传统家族、亲朋挚友商务经营的共事组织形式,1890 年英国就颁布了《英国合伙法》。我国对此有悠久的典故,如著名的"管鲍分金",从合伙人制度方面体现合资经营形式[①];《张邱建算经》有记载"甲持钱二十,乙持钱五十,丙持钱四十,丁持钱三十,戊持钱六十,凡五人,合本治生",以及《东观汉记》中描述的"中家子为之保役,受计上疏,趋走俯伏,譬若臣仆,坐而分利"等都是相关例证。

现代众创发展欧美国家早于我国。DIY(do it yourself,自己动手做)的家庭文化是形成创客运动的"系统生态"基础,证据显示这催生了众多闻名遐迩的创客空间,如黑客空间(hackspace)。黑客意指一些有风格和技术含量的研究计算机编程的人,以"共享、开放、分散、免费和创造"为黑客文化的核心价值,通过黑客行动来探索他们热爱的东西,并且创立得到社区成员支持的实体空间。黑客行动可以在最大程度上提升自己的创造能力并且愿意分享,成为创客运动的典型。美国硅谷更是创客空间与科技创新云集的完美结合,包括专注数字化技术的商业型机器商店 FabLab,开放式硬件工厂 TechShop,结合空间与生活模式的房地产公司 WeWork,以及创客嘉年华、"创客马拉松"、创业分享会等。事实上,这

---

①管仲家境贫困,手头拮据,而鲍叔牙则腰缠万贯,出手阔绰,早年间两人曾一同经商,因管仲家另有外债,因此在盈利之后,不等利益入账,管仲率先取出一部分用于还债,鲍叔牙的朋友得知情况后,私下将此事告诉鲍叔牙,后者非但没有怪罪管仲,反而还在年底分红时,将管仲应得的那一部分红利,也一分不少地分给了管仲。这种经营形式具有两个特征:一是组建起利益共同体,按照各自投资比例的多少,来分配相关的利益所得;二是资源互补,合伙双方可根据各自拥有的资源,不论是金钱还是技术,互相补充资源,以达到共同经营、共同分配利益的目的。它是最早的合伙人制度雏形,起始于春秋时期,是"合资经营"的形式。

些创客运动虽无"众创"的称谓,实则是欧美众创行为的重要表现形式。美国学者 Benkler 和 Nissenbaum[23]为此提出"大众生产"的概念,得到其他学者广泛支持。Troxler[24]定义创客运动是一种基于"大众生产"的创新模式,它们具有不同形式,现在还扩展至网络模式[25]。从组织文化角度来看,创客空间不是某种正式的组织结构[26],而是一系列与开源软件、硬件与数据等要素相关的共享技术、治理过程和价值观,可能是实体或虚拟的载体,以至于共享经济被认为是创客运动的行为呈现模式[25]。

我国学者对众创的理解存在不同视角。张克永[27]提出开放性创新社区知识共享行为集体参与的创新创造从根本意义上会改变某一领域、某一专家团队或某一群人的生产力格局与可能达到的境界,而众创正是这样一种宏大意义上社会生产力变革的生态基础。行为主体亲身参与的主动性、社会文化对创业的尊重和开发,从社会愿景与现实两方面强化了众创的合理性和有效性。众创广泛存在的主要形式之一是众创空间,包含创新和创业两层含义,使得创新主体由精英转向大众、创新方式由封闭转向开放,这是对创新范式的变革[28]。

从效率角度讲,众创是行为主体依据动态连续性过程改进生产生活方式、提升生产或管理效率的重要方式。这与麦卡洛克(McCulloch)[29]对占主导地位的产业创新模式演变的观点不谋而合。他认为,创新实践在现代的迅速演化始于 20 世纪 50 年代,到 20 世纪 90 年代已经历五代,分别是技术推动模式、需求拉动模式、相互作用模式、整合模式、系统整合与网络模式。受产业创新五代模式演变的影响,创新主体的行为(管理创新的方式)从以技术创新为导向,逐步过渡到以网络创新为导向。而第六代创新模式是参与主体集体学习的结果,创新行为主体的主观能动性和参与广度空前高,推动创新结果系统动态演化。第六代模式正是人人创客时代的表现形式与效果,是完全时空意义上对渐进变革与原创的同步"碰撞型"推动,是灵活形态和规范方式的共同利益体,更是人类社会生产力发展到高级阶段创业认知的里程碑。

归言之,众创是集聚多个创业主体、多种创业行为的集合,即创业行为的丰富化形成了众创。它既指主体数量、行为过程、组织方式或结果,更喻指一种创业发展呈现出来的社会状态;其构建形式强化不同时空改变市场竞争的方向或强度限制的集聚效应,是响应竞争的"隐秘性"对抗策略,是大众根据自身优势、机会、环境等条件,不拘形式,有效整合资源,利用技术手段以兴趣或擅长为基础实现创业、创富、创智、创造等活动以获取经济价值、行业话语权和社会价值。众创主导主体与参与者的存量和增量能释放社会生产力潜能,能有效提升生产力效率与质量。故众创涉及的对象、范畴、社会意义、价值创造效果是创业有史以来发展的更高级阶段,是创业史的新阶段和新的里程碑。

第二节　众创研究的始点

创业行为最初始于对个体创业的研究观察。熊彼特、奈特、麦克莱兰等早在20 世纪 60～70 年代就对其进行过深入研究。这些讨论聚焦在创业与创业者的定义和属性特征、原因（应该 vs. 能够）与过程、创业认知（预测 vs.创造）、出发点（目标 vs.手段）、行为路径及选择（既定承诺 vs.偶然性）、风险态度（预期回报 vs. 可承受的损失）、态度（竞争 vs.伙伴）等多方面内容。它们成为观察创业者对自身认知、想法、技术、资源或机会、运营过程、组织、价值实现等社会活动和劳动方式的重要思考。例如，创业的发起、维持和发展是以利润为导向的有目的的行为[30]；杰弗里·A. 蒂蒙斯（Jeffry A. Timmons）在《创业创造》（*New Venture Creation*）中提到，创业是一种思考、推理结合运气的行为方式，它为运气带来的机会所驱动，需要在方法上全盘考虑并拥有和谐的领导能力；甚至可以上升为自主战略行为[31]；还可以以此构建衡量公司创业强度的量表[32]。

创业被广泛推崇是因为它能够形成持续增长的开放高效动能。新进化论观点认为有三个原因[17]。一是通过增加参与数量来刺激竞争。虽然这本身就促进增长，但这是一个累加现象，因为竞争更有利于知识外部性——新思想——而不是地方垄断。因此，创业会进一步鼓励创业。二是它形成"知识溢出"效应——将知识从其来源传播到其他个人或组织，进一步促进内生性增长，是创业的重要机制。换句话说，创业者或创业企业家更容易发现发展机会并取得成功。三是创业在任何地点会产生企业和产品/服务的多样性。因此，创业被认为是"经济发展的一个重要机制以实现就业、创新和福利[10]提升，并促进资源的再分配和效率提升"[11]。各区域政府需要经常探索不同机制来促进创业，如税收政策、融资补贴或其他工具[12]。

那什么样的人会是创业者呢？《成就社会》[33]认为创业者是具备高度成就欲望、强烈自信心、独立解决问题能力、偏好适度风险情境、勇于承担个人责任的个体，是经济增长的重要驱动力量。而且，诸多已有成果明确界定了创业者认知、感知的人格特质，并从人群中区分出创业者与非创业者、创业者与管理者的差异。这些界定中既没有把创业看作一种组织现象，更不认为创业是一种管理现象，而是强调创业是少数个体天赋使然的特殊行为，它难以学习，更不可教授。

就创业行为的原因及过程，熊彼特提出创业活动是运用企业家精神通过适应、模仿、创新等实现建立私人商业王国、征服困难或表达才能或意志出众而推动经济增长和发展的冒险（投资）商业活动。创业者品格中的素质、才干、预见性、首创性与敢于冒险等推动了社会生产的发展[34]。创业的目标被认为是创立企业并谋求利润，创业本身是把创新必备的各个因素进行排列组合的经济行为，其中风险项不可避免[35]。创业也是在资源高度约束、不确定性强的情境下对相关行为展开假设验证性、试错性、创新性的快速行动机制，它支撑的是改变、挑战和超越，创建企业只是创业的一种载体或手段[36]。这些研究从心理、行为、认知讨论等范畴分析了创业的基本特征。

第三节　众创的思想衣钵

自组织与创业的学术联系源于学界不同流派思想的演绎和诠释。

一、战略学派的创业研究

战略学派在创业研究上具有全局性、战略性、系统性特征，学派观点已逐渐成为创业问题的核心和基础，旨在回答以下三个问题：为什么有的新企业存活而另一些却死亡？为什么新企业之间的绩效有差异？创业者/创业团队扮演什么角色？

大卫·J. 斯托里（David J. Storey）等英国学者是早期（1986～1990 年）创业研究的代表，他从创业在英国就业和地区中的角色与功能视角关注如何推动区域创新和战略发展。由于一个社会形态的经济基础、技术格局、社会条件、产业空间等已标明增长动力与创新边界，创业发挥着直接调节的作用[37]，使得微观层次的创业活动规律与特征成为重要的观察依据。创业经济功能的研究主题和相对清晰的边界是识别鼓励或激发创业活动的政策启示以及环境建设的重要维度[38]。因为创业行为的源头——创业机会及创业行为的可靠性需要识别自我雇用在推动就业、促进地区发展中的角色，这是政策战略规划的明确作用[39]。沿用战略思想与理论来讨论产业特征、战略选择与新企业绩效之间的关系[40]，使得管理学思想及战略方法成为创业研究的新宠[41]。从发展战略讲，一个社会的创新能不断演化升级[42]。

以创业管理为核心的战略选择常与环境讨论相伴随行。创业企业因缺乏现有企业所拥有的合法性而难以获取必需资源，存在市场进入壁垒[43]，同时也常因缺乏现有企业所拥有的顾客和供应商关系而难以谋求生存[44]。持种群生态理论观点的学者认为创业企业面临强大的环境压力，其生存并非来自谨慎的战略选择，而是取决于外部环境的选择和淘汰，其核心原因是结构惯性（structural inertia）的影响，适应环境的组织结构被保留[45, 46]。相形之下，创业者/创业团队因缺乏结构惯性的驱使，更多面临被环境选择，故要随环境变动选择适宜的生态环境和战略[46]。

二、组织、管理、商业交换视角的创业研究

近 20 年来，以组织与管理为核心的创业研究成果，也成为重要的创业研究分支。创业是一种组织现象，是新企业或组织的诞生，被视为一个新组织开天辟地的利刃，以此勾勒组织视角的创业框架。创业组织的目的、边界、资源和交换等四个方面混合了组织与个人的特质及维度，因此创业认知和情绪、个人知识等之间存在双向关系，这些影响创业的机会识别[47]，也使"组织本身形成过程的难题"因创业研究思路的拓宽迎刃而解，因为在解释混合型（hybrid）组织结构或形式时遭遇理论尴尬。而且，以组织理论为基础的复合创业研究中，其行为观察较多将战略、组织等视角作为除技术与人口之外更好的因素选择。

随着种群生态理论（population ecology theory）[48]对创业个体特质刻画的演进，"新资源集合"（new resource sets）与个体组织价值[49]等不同视角被引入。以与个体创业关联的组织生成和行为为中心的讨论进一步使认知学派得到发展[50, 51]。

美国企业史学家艾尔弗雷德·钱德勒（Alfred Chandler）发现管理是组织投入-产出之间起着重要作用的中间环节，特别是大型企业组织，可以通过内部的管理和生产组合产生规模经济和范围经济，管理是调节现代资本主义大工业发展的"有形之手"，组织是管理活动发生的必要条件。因为在创业过程中，只有在新企业出现之后，创业才开始以管理现象的姿态出现，表现为创业者/创业团队经由一系列的组织管理活动谋求创业机会价值实现的过程，即从管理现象的角度出发，才能探讨新组织成立之后的生存和初期成长机制。该流派普遍认为创业过程中生成的行为规律和特征有两个基本问题：一是为什么有的创业者在感知机会后能成功创建新组织，而另一些创业者则不能；二是在组织生成过程中，哪些是关键活动，哪些是非关键活动，这些活动的逻辑顺序是什么。

随着制度理论、复杂科学等被引入新组织形成与创业者行为的决策过程观察，创业研究提升到新的高度[52]，即以社会交换理论为基础，该视角的创业研究将个体组织升华到网络组织，从交易角度探讨了组织生成的网络模型，认为组织生成是：创业者个体的异质性人际关系逐渐演化为能创造收益的稳定组织间交换关系网络的过程，组织生成过程在很大程度上决定了组织经济关系的社会嵌入特征以及组织间关系的本质和内涵。Carter 等[53]从行为角度探讨了创业者在组织生成过程中的行为及行为顺序，研究涉及组建团队、购买设备、寻求融资等近 30 项行为，并在一定程度上探讨了这些行为的逻辑顺序和关系。该流派还以此来预测国家或地区内发展的机会总量，解释国家或地区内组织诞生率的变化或差异，以及新企业的存活率等。就正式制度对创业的影响方面，还涉及财产保护[54]、入境条例[55]、法律[56]以及与前雇主竞争的规则[57]等问题的讨论。在一些地区或国家有一些正式

的与创业密切相关的行为主体，如风险资本家、律师、会计师等可以帮助创业公司形成和成长，被 Patton 和 Kenney [58] 称为"创业支持网络"。非正式制度影响创业的讨论涉及从文化[59]、社会规范[60]到同龄人的影响[61]等。大量的非正式创业机构在认知层面对正在形成的社会规范从合法性和社会期望上反馈了积极响应；它们是影响经济价值和机会成本的长尾效应。这些非正式创业机构是支撑创业顶层制度最坚实的广泛基础，是对创新精神与民间工匠精神最朴实的解读。

组织观的创业理念对全球企业有深远影响，《日本企业管理艺术》（1984 年）从组织、管理作风、人事政策、精神或价值观、人的技能等方面提供了大量丰富的实际素材。其中，日本丰田公司的精益思想、"精益创业"就风靡全球管理实践。精益即减少投入、快速迭代，通过获取客户的反馈来调整创业方向，强调在创业过程中，通过精简和优化流程，降低不必要的投入，并快速响应市场变化和客户需求，以达到更高效、更精准的创业效果，以低成本获得巨大利润；精益创业指创业者通过不断尝试、敏捷开发、快速的市场反应、针对性的有效循环等显著特征，快速迭代实现成功目标，杜绝非关键功能，将资源与时间高效化。

因管理与组织具有天然的内在联系，探索创业与企业绩效、创业成功与组织学习[62]、创业与社会网络、社会资本之间的关系时，战略学派的效果不仅是探索创业行为特征，解释其与知识、经验、网络、资本等不同因素的复杂关系，还推进了管理复杂理论与方法逐步成为发现和解决创业深层次问题的决胜研究手段，不断引入创业商业模式、创业生态系统、工匠精神、企业家精神、内在创新动力机制等战略要素。

具有突出影响的是创业生态系统理论，其理论基石包括生态学、行为生态学、生态群落等理论。其中行为生态学诞生于 20 世纪 70 年代末至 80 年代初期，通过探讨生物行为与其环境的相互关系，探索相关最适模型、生存策略、生境选择、广义适合度、利他行为、行为决策、基因自私性、最优社群、冲突与合作、资源竞争、理想自由分布等内容，备受国际学者青睐，是研究动物、生物集群行为的一门学问，也为研究人类及社会经济领域的集群行为提供了一种新视角、新理论和新方法，具有强大的应用解释力。对其构成要素的讨论颇受学者关注。例如，Cohen 和 Winn[62]认为非正式网络、正式网络、大学、政府、专业和支持服务、资本服务和人才库等是组成创业生态系统的主要因素；Isenberg 等[63]增加了领导力、政府、文化、成功故事、经济集群、网络等 13 个因素；项丽瑶和俞荣建[64]则认为其构成要素包括众创精神、创客生态圈、资源生态圈、基础平台与众创政策等 5 个维度。向永胜和古家军[65]指出，众创生态系统包括"产业＋服务"双生态圈核心生态层、多要素功能网络空间的完整要素层、全过程专业辅导的外围动态保护层。例如，平台组织的生态网络要素由身份建构、文化亲近、资源承诺、价值主张和服务嵌入共同构成[66]。创业环境的影响因素也被考虑其中，代表对象就是硅谷，其因不断创新而持续增长成为创业创新生态的代表作，例如，美国伯克利加州大学信息学院与商学院教授、著名的科技园区与区域创新研究专家安纳李·萨克森尼安（AnnaLee Saxenian）在其《区域优势：硅谷与128号公路的文化和竞争》（2020年上海科学技术出版社出版）和《硅谷前锋：创新与创业的栖息地》（2007年上海远东出版社出版）中提到高科技创业精神的"栖息地"这一概念，并强调了如果要建立一个强有力的知识经济，就必须学会如何建设（而并非单纯模仿）一个强有力的知识生态体系，需要"从生态学的角度来思考"并以地区网络为基础的工业体系，这些难以复制的特性鼓励协作和竞争。Isenberg[67]认为创业生态系统是指一个能够让创业者容易获取所需的人力、资金和专家资源，并受到政府政策激励，能够容忍失败的环境；是由新创企业及其赖以存在和发展的创业生态环境所构成的，彼此依存、相互影响、共同发展的动态平衡系统。它广泛地包含竞争与群体创新行为的关系[68]、新型的产学研合作创新模式[69]及衍生生态系统等不同内容。Cohen[70]对此有深入讨论。乔明哲等[71]认为创业生态系统是一个具有共生关系的耗散结构，遵循自组织演化规律，它的出现和发展通常是有意识的进化过程，在看不见的市场之手与看得见的政策之手的共同作用下，通过有意识的行动策略，创造、培养相应的创业生态系统。

由此可以推出，一个国家和社会的创业生态系统是由创业主体、载体、资源、技术手段、信息、资本、创业机制、利益相关者等共同构成的一个相互依存的行为有机系统。这为自组织众创形成生态系统提供了理论土壤，并与社会科学范畴的行为科学一脉相承，与行为生态学也有密切的逻辑联系，故兼有生态机体和社会行为相互作用的基本特征，反映其一定的运行机理与发展规律。简言之，创业生态系统松散的有机性、种类多样性和自组织性促使创业主体与整体环境不断交互作用，进而使创业组织由低级向高级，从单一向多样化、丰富化发展。

一定发展程度的自组织众创也构成生态系统，其被关注的核心聚焦在发展"机制"和构成要素方面。陈夙等[72]以杭州梦想小镇为例分析了众创生态系统的生态系统代谢、多层次创业网络嵌套、异构创业资源整合、创业能力建构以及用户价值创造等五个核心机制。贾天明和雷良海[73]提出四个核心机制：生态系统代谢机制、成果共享-容错试错动力机制、资源汇聚与整合机制、创客-资源协同共生网络机制。王丽平和刘小龙[74]认为"四众"（众创、众包、众扶、众筹等）融合的机制则有助于形成内外聚合的创新创业系统。锁箭和张霓[75]基于分享经济与价值共创的视角，指出众创生态系统的运行基础是通过信息共享机制构建信任机制。裴蕾和王金杰[76]分析了系统的次生生态、接口功能、层级关系，并指出创新功能的实现依赖于自组织演化、开放式协同和跨层级交互三种机制。这些机制的内在机理、演进模式、周期迥异，存在不同的联动效应。因此，对于自组织众创生态系统而言，其核心在于自组织机制、知识共享机制，围绕获取商业位势，以此建立内外部"种群关系";或者基于生态系统的整体模式与网络架构展开种群关系调节,确保生命活动进行和种群繁衍[77]。这种共享机制在一定程度上促进了最大限度生态效能的利用。而成员间、利益相关者之间则主要是协同与竞合机制。

三、创业的组织方式讨论

一般的创业组织方式是围绕产品、技术、资源或标准等展开[78]。众创则不同,众创组织方式的关注焦点是使不同参与主体更加紧密和有效协作的机制。例如,国内外具有丰富的表现形态:社区型创客空间、FabLab、机器商店实体空间式、网络社区式、孵化器式[79],或者表现为特大城市型模式、科技支撑的中心城市型模式、科技园区型模式[80]。

不同划分维度有不同称谓,如兴趣团体模式、项目孵化与加速模式、技能培训模式、专业工艺模式、社交空间模式、学校支撑模式[81];按照服务类型和对象,可以划分为:天使孵化型模式、垂直产业型模式、地产思维型模式、活动聚合型模式、媒体驱动型模式、企业平台型模式、产业链服务型模式[82];按主导主体可划分:政府主导型、企业或私人主导型、高校依托型和混合型[83],或者公益性社区模式、专业化区域模式和生态链式连锁模式等;亦如根据业务的衍生划分为众包、众筹等运营模式;按照创业影响力,如"粉丝文化"的不同等级划分为铁粉、黑粉、钢粉、弱粉等;按照复合状态划分,包括:工具服务 + 社交服务 + 知识服务 + 创投服务、创客空间 + 购物中心、创客空间 + 实验室、创客空间 + 互联网等不同维度诠释的类型。可见,开放竞争环境下的众创组织方式与市场活力有密切关系。不同视角的众创组建方式实则是不同理论与实践的产物,主要包含制度与环境观、科学技术观、资本观以及创业支持观等理论或观点。

制度观与环境观的众创讨论主要是围绕"开放竞争与环境/制度宽容"展开,目标是推动创业或扩大创业规模的基础,具有"筑巢引凤"的吸引力效果。近年世界银行的营商环境报告显示,我国营商环境排名评价持续提升。低马歇尔冲突水平促成的众创社会效果,使创业要素有序高效流动,加上政府反垄断的市场决心,我国自组织众创发挥了行政指令无法替代的调节市场的功能作用,极大提振了区域发展精神,并促成了新商业伙伴关系。法国政府执行的"反垄断"政策就大力扶持了地方和区域性大学、大型民营企业、中小企业和创业企业的培育技术协作与创新。熊彼特在阐述创业函数对经济景观的作用时提到:创业的个人和新企业基本上忽略了系统级约束和结果[14],而且也不会考虑其行动对社会的广泛影响;而在系统层面上,创业实践(特别是典型事例)的流动会产生"创业流动型"过程[15],其中相当部分是通过创业尝试和错误才促成创业[16]。由此可见众创对社会发展的深远影响。

科学技术观认为：依据交易成本理论、资源观的内容，众创的实现要依赖信息技术、互联网基础技术（运算、存储、带宽等）的迅速普及与知识经济的大规模涌现。因为它们降低了知识获取的条件和时间成本及难度，技术手段丰富且便捷，极大降低了创业的初始成本，使得不同主体的交互、反馈、学习更容易，也因而易于突破资源和信息被垄断或被寡占的环境劣势，产生差异化或获取外溢红利，并促成众创主体将组织结构向扁平化、柔性化改革，甚至制度创新，再由内至外将知识或技术优势及市场边界扩大，进而降低沟通成本和提高效率。

资本观认为：众创最重要的是资本的作用。众创主体从成立之日开始，即与产品/服务＋融资、市场拓展＋融资、技术＋融资等不可分离。众创主体在发展时期的主要目标是获得更多资本或资金上的偏短期回报，这更是众创投资的关键，如注资来源多种多样，如种子基金、天使投资、并购投资、新三板、新通道等，不同注资方式使得众创主体结构更加复杂多样。据统计，60%以上的众创空间直接或间接提供投资服务，而且众创机构与创业投资有明显的一体化趋势。

创业支持观认为财产保护、雇主竞争规则以及相关法律对创业主体进行利益保护；风险资本家、律师、会计师等对创业公司建立和成长有积极影响。在社会创业氛围所构成的区域文化中，非正式机构从文化[59]到社会规范[60]对创业者自然而然地产生影响[61]，创业文化与组织规范之间产生更积极的交互响应；而非正式组织的创业活动长期性与传承永固性更能彰显区域发展的潜能，在时间和创业精神积淀与展现等维度尤为明显。它们的共同作用有利于促进社会性众创被接纳、协作、共享并传承。因此，创业支持网络及衍生逐渐成为备受关注的众创组织形态形成的重要方式方法。

四、众创的评价研究

众创评价是近年备受关注的发展分支，是从果到因的追溯性探索，目前关注重点包括众创政策效率、"双创"财政引导政策绩效、众创空间服务能力、众创空间竞争力、扶持政策工具等方面。例如，周博文和张再生[84]基于数据包络分析（data envelopment analysis，DEA）模型评价我国众创政策效率，动态度量众创政策效率的关注焦点从创新创业末端前移，向大众创客群体拓展，向普惠性扶持延伸。伍纯刚和乔桂明[85]评价东部地区在吸引资源积聚、政府的管理能力、众创平台的运行效率和本地的"双创"文化等方面优于其他地区。

众创服务能力成熟度评价涉及三方面能力[86]：其一，发展服务能力，包括硬环境和软实力；其二，专业化创业服务能力，包括创业投资、创业培训、注册代理、技术创新等；其三，入驻团队管理和关系网络建设等服务管理能力。按评价内容分级，分别对应不同投入指标与产出指标[87]。以上不同观点流派取得了丰硕成果并快速发展，但仍有一些不足，如对众创不同类别的分类属性、特征甄别、行为机理等的讨论尚待深入。

第四节　自组织众创形成与演化的理论及原理

一、自组织界定及理论

"自组织"，有两种理解，即将其当作名词或当作动词（organize）。就前者而言，自组织来源于组织，意指某种现存事物的有序存在方式，也可以被理解为事物内部按照一定结构和功能关系构成的存在方式，呈现为"系统"。后者是指事物在空间、时间或功能上的有序结构的演化过程，即"组织化"[88]。就两种理解来讲，自组织从名词意义上讲，是通过事物自己自发、自主地走向组织的一种结果；从动词意义上讲，则是通过事物自己自发、自主地走向组织的一种过程。从整体概念来讲，凡是朝结构和有序程度增强方向演化的过程和结果，就是自组织。

赫尔曼·哈肯（Hermann Haken）描述了自组织现象："所有子系统之间的相互作用对整个系统的贡献好像是有调节的、有目的的、自组织起来的。"哈肯给出了自组织的经典定义："如果系统在获得空间的、时间的或功能的结构过程中没有外界的干扰，则系统是自组织的。"[89]这里系统的结构和功能并非由外界强加给系统，而且外界是以非特定的方式作用于系统。他认为从进化形式来看可以将系统分成两类：他组织和自组织。一个系统假若接受外部指令形成组织那就是他组织系统；若一个组织不存在外部指令，系统依据某种自身构建出的规则自发而协调地、各尽其责地形成有序结构，就是自组织系统。自组织现象和形式广泛存在于各个领域，在社会经济结构中也是如此，自组织结构表现了高度敏锐的弹性和响应能力，如商业领域"阿米巴"模式就是自组织形式的具体实践典型。

自组织理论是诸多相关理论的统称，是由耗散结构理论（形成于1917年）、混沌理论（1917年）、突变论（1923年）、演化路径论、分形理论（1924年）、协同学理论（1927年）、协同动力论、超循环理论（1977年）等共同构成的一个科学理论群。支持自组织理论的热力学观点认为：组织与外界环境进行相互作用和物质交换，其运动的宏观物理过程即为一种演进发展。进化论则认为系统（组织）在对环境进行适应的过程中，表现出"遗传""变异""优胜劣汰"的机制，进而调整自身结构并趋于完善、稳定的过程即为自组织演化。系统论支持者认为系统（组织）自发地向复杂化、精细化方向发展，即为自组织演化过程。随着自组织理论的发展，在超越的各类理论解释中，自组织被认为是描述组织演进，系统演化、进步的最优方式和过程。吕飞[90]认为企业应通过自组织理论中的耗散结构理论、协同理论，根据现实环境变化，自发调整子系统的核心，对组织资源进行合理的分配与协调，从而能够使企业有效运行。苗成林等[91]建立了企业能力系统演化模型和各子系统的协同模型与演化过程方程，并通过分析得出了协同能力和营利能力两个决定性变量。Li 等[92]指出企业家精神是自组织创新的关键因素，一个富有冒险精神的企业家是自组织创新成功的基础。涉及的相关子理论与自组织众创的联系如下。

（一）耗散结构理论

比利时化学家伊利亚·普里高津（Ilya Prigogine）于 1969 年正式提出耗散结构（dissipative structure）理论，即一个开放体系在达到远离平衡态的非线性区域时，一旦体系的某一个参量达到一定阈值，通过涨落就可以使体系发生突变，从无序走向有序，产生化学振荡一类的自组织现象，他指明自组织演化的形成条件——自组织是一个动态过程，这种动态性通常涉及体系内部各个组分之间的相互作用和能量交换，故导致体系状态的改变，必然产生有力的影响，具有重要的科学意义和哲学意义，它需要以下实现条件。

（1）自组织具有开放性，即"活"的有序性结构，唯有开放才会有与外界能量和资源的动态交换，才能有非平衡与平衡之间的作用力。

（2）系统内部存在非线性的作用力。外界的物质与能量供给是所有有序结构形成的必需条件，但却不是针对体系的特定部分。由于是自组织演化，其主导力必源于内部，内部若产生演化的驱动力，则组织的内部元素必存在相互作用、相互影响的协同力，才能使系统趋于平衡稳定态。

（3）系统存在变动、涨落，即对称性破缺。涨落的本身即为启动力，只有体系具有涨落起伏的动态变化，才能启动非线性力，使组织趋向于更高层的稳定。

（4）分岔，即发展演化的可能性多种多样，既有可能存在按原来方向演化的线性稳定分支，也有可能存在向新的有序演化的非线性分支。即一个远离平衡态的非线性的开放系统可以通过不断地与外界交换物质和能量，在系统内部某个参量的变化达到一定的阈值时，通过涨落，系统可能发生突变即非平衡相变，由原来的混沌无序状态转变为一种在时间上、空间上或功能上的有序状态。这种在远离平衡的非线性区形成的新的稳定的宏观有序结构，需要不断与外界交换物质或能量才能维持。吴彤（2001）在其《自组织方法论研究》中谈到类似耗散结构的自组织结构的基本条件如下。一是体系具有开放性。体系将要建立一个活的有序结构，因此必须与外界有不断的物质、能量和信息的交换，而通过了解体系有无输入与输出，就可判断一个体系的开放性。二是体系开放的外界输入达到一定阈值。三是体系应该远离平衡态。四是体系是一个非线性体系。五是涨落，即耗散结构出现的触发器，但何时出现涨落是不可预测的，当涨落出现在体系远离平衡态的区域时，涨落的触发器作用才会触发。六是非稳定性。外界输入的渐增激励着非稳定性，当输入达到一定阈值时，即体系的非稳定性达到临界状态，再稍微过一点，体系立刻就会跃迁到新的有序状态[93]。

依据上述原理，众创是由政策、经济、产业等非线性作用要素构成的复杂系统，是开放环境中物质、信息、数据等不断交换从而在时间、空间、秩序或功能上的有序状态，系统满足耗散结构特征，具有典型的开放性、远离平衡态、非线性作用、突变、涨落等现象特征。因为，自组织众创活动是在开放商业环境中进行的，广泛涉及资源供应与配送、信息获取交换、客户交易、沟通等交互行为，需要组织内部成员积极地互相协同；与竞争对手存在随时可变的竞合关系，同时创业活动会受到国际环境、需求改变、政策变化、科技革命等不确定要素的非线性作用，这些都有可能产生涨落，引起创业活动的重大变化[94]。大多数众创组织发展处于不稳定状态，75%的新创业企业只有三年存活率已充分证实。在系统意义上，自组织众创不断与外部环境发生的资金、技术、信息、人才的交换，使得远离平衡态的创业活动均试图通过一定涨落确保能够进入一个新的有序稳定状态并持续提升市场位序；而实现的途径主要是通过不断地接收、交换、吸收外界的物质、信息和能量来改变或突破阻碍要素，发挥出自身的主导性作用。正如在习近平提及的"百年未有之大变局"①中，在科技变革、产业变革、社会转型、"灰犀牛"、"白天鹅"等强不确定性的影响下，自组织众创主体的有序化发展面临不断适应、协同、调整的过程。

（二）协同学（协同合作之学）理论

哈肯于 1971 年所创立的跨越学科界限的协同学（synergetics），研究的是完全不同性质的众多子系统所组成的各种系统之间是通过怎样的合作才在宏观上形成空间、时间或功能上的有序结构；研究远离平衡态的开放系统在与外界有物质或能量交换的情况下，如何通过自己的内部协同作用，自发地出现时间、空间和功能上的有序结构[95]。该理论更注重质的变化，即从一种状态到另一种状态的变化，并了解如何通过控制序参量做全局性变化，使系统在自组织作用下发生质变。其内部的大量子系统都表现出竞争、协同的特性，使用的基本概念主要包括竞争、

---

① 《习近平：高举中国特色社会主义伟大旗帜　为全面建设社会主义现代化国家而团结奋斗——在中国共产党第二十次全国代表大会上的报告》，https://www.gov.cn/xinwen/2022-10/25/content_5721685.htm[2022-10-25]。

协同、序参量和支配。"竞争"和"协同"两种机制充分存在于自组织活动的时间、空间或功能结构中。

首先是竞争机制。竞争是协同的基本前提和条件，也是动力，具有永存性，使系统演化保持活跃。各竞争子系统之间的差异随涨落和运动也会永远存在[88]，非均匀性、不平衡性成为常态特征，各自的演化会持续下去。在开放系统中，竞争提供了趋向平衡态和有序结构的自组织演化条件。子系统的非平衡态演化在竞争作用下形成子系统之间的协同需要，推进更大非平衡态。序参量是系统内部大量子系统运动状态的相互作用的产物，是为描述系统整体行为而引入的宏观参量，起着双重作用，它示意各子系统如何行动，并告诉观察者系统的宏观有序的情况[96]；序参量既是相互竞争和协同的产物，又起着支配子系统的作用，这将实现相互影响、一体有序化、结构化的过程。一个独立的自组织创业系统包含创客、政府、竞争对手、中介组织、银行机构等参与主体，围绕自身的经营活动产生人与人、人与物、物与物之间的物质流、信息流及资金流等，彼此相辅相成，共同维系创业生态的形成与发展。在初始状态时，各子系统相对独立行动，难以形成整体联动效应，无法形成序参量；随着子系统和要素间非线性作用的扩大，各子系统也会形成自己的序参量，且子系统的关联效应日趋明显[97]。随着系统对创业活动中序参量的高效识别，创业活动的要素需要被不断地调整。例如，创业环境的文化氛围、项目方案与技术等形成独立的序参量，且各序参量之间不断竞争与协作，逐步促成主导性的序参量来引领组织发展。

其次是协同机制，即诸多子系统的相互协调的、合作的或同步的联合作用力，组织通过共享资源和服务及组织间的相互作用来实现协同[98]。通过协同关系（竞合关系），逐步衍生出自组织的功能结构，达到优化的系统有序状态，起支撑作用的就是内在动力机制[99]。而协同机制的成效是它可以为要素所有者带来更多额外的利润和利益，使得可能突破原有界限实现优化的组合，催生出更多熊彼特意义上的创新，产生更多"合作剩余"。

综上，对社会形成的自组织众创系统而言，竞争与协同在宏观意义上，包含了庞大体量的多主体参与，具有多要素融合、多行为交织和多属性涌现等特征；其协同机制就是通过对创业要素进行耦合，通过复杂的非线性作用产生单个组织系统无法实现的整体协同效应，实现国家系统的协同创业、风险对抗、协同战略规划等维度的目的。这主要通过愿景与使命的指引，着力推动行业或组织间的协同，以能匹配与更大组织的对抗竞争；一般而言，组织间协同更容易推动有序化和稳定的结构形成。国家意义上的自组织众创，是对创客、人才、载体、技术、资金、教育等形成更具优势的生产力优化组合，成就更有效的经济增长点及可持续回报，内部要素如能彼此共生则形成稳态协同的关系，促进社会性行为革新和发展动力转换。协同要素更是迥异而丰富[100]。

（三）伺服原理

伺服原理即快变量服从慢变量、由序参量支配的子系统行为。它通过系统内部稳定和不稳定因素间的相互作用刻画其自组织过程。由于系统临界点工作原则服从"快速衰减组态被迫跟随于缓慢增长的组态"，即系统在接近不稳定点或临界点时，系统的动力学和突现结构通常由少数几个集体变量即序参量决定，而系统其他变量的行为则由这些序参量支配或规定。例如，在自组织众创主体中，成果转化率扮演了序参量的角色；在制度、文化、金融等外部环境的刺激下，提升区域经济活动的成果转化率，能促使低能态的创新创业生态系统向高能态转变。这一过程通过效果传播进一步扩散影响其他自组织众创活动。因此，恰当的序参量选择将改变系统的支配力。

（四）突变论

突变论是法国数学家勒内·托姆（Rene Thom）于 1969 年提出的一种拓扑数学理论，在其 1972 年发表的《结构稳定性和形态发生学》一书中进一步完善为突变论理论，被称为"是牛顿和莱布尼茨发明微积分三百年以来数学上最大的革命"，他还荣获国际数学界的最高奖——菲尔兹奖章。欧阳昭指出：量变质变规律中质态的转化可以通过飞跃或渐变来实现，具有相应的控制条件[101]。依据突变论中的稳定理论判断飞跃的原则：在严格控制条件的情况下，如果质变中经历的中间过渡态是不稳定的，那么它就是一个飞跃过程；如果中间过渡态是稳定的，那么它就是一个渐变过程[102]。即渐变和突变是事物发展的两种演化方式，突变与渐变的本质区别不是变化速率的大小，而是变化在变化点附近是否呈现连续性的特征，突变是原来变化的间断，渐变是原来变化的延续。创业行为的渐变与突变实则贯穿创业活动及其组织发展的始末。渐变作为一种稳定的过渡状态，在创业过程中具有隐蔽性、不易察觉的特点，而突变则更倾向于剧烈的、显而易见的变化，如公司技术的革新、战略的转变等。因此，创业活动通常要在被托姆称为"S"形曲线的临界点处做好充分的准备，因为突变意味着固有模式的消亡，但也有可能是新的机遇的产生。

（五）超循环理论

超循环理论是德国生物学家、诺贝尔化学奖得主曼弗雷德·艾根（Manfred Eigen）于 1970 年在生物领域的研究成果，关注非平衡态系统的自组织现象中细胞的生化系统、分子系统与信息进化等问题。该理论的核心原理是依靠内部因素进行自我调节、自我组织而形成一种有序机制，指明大循环中包含小循环的深刻道理，描述生命起源过程中，化学分子和生物大分子的一种自组织机理，即循环之上的循环。它们包含从结构、组织层次、机制跃迁等方面实现状态转移，即从较低级层级进阶到高一级的层次的状况发展，是非线性作用下的自适应和自进化，必要前提是超循环组织会保持信息稳定性，并促使其继续进化。原因是超循环的平衡态偏离度越大，自组织过程中利用的物质、能量和信息流量就越多，则系统的非线性特征越突出。

自组织众创事实上是由不同层次个体、组织或机构等共同形成的一个复杂系统，可能是网络化系统或价值链系统，或亦网亦链的复杂构成，它们通过创新创业活动形成不同组织、模式、产品、服务等，目标是以信息、资源、技术、知识等"物质"进、出作用构成超循环体系，相互协调和影响。其中，主体的生存依赖于两个基本的循环系统：自身微观系统的超循环与大的组织环境系统，该过程涉及利用外部新知识、新资源、新技术、新商业模式等建成更新的循环系统，例如，新陈代谢循环系统、资源平衡循环系统等，它们的协同运行促成众创活动的持续性。

二、演化理论与路径创造

演化，源于达尔文生物进化论中的 evolution，即"进化"，指事物由低级的、简单的形式向高级的、复杂的形式转变的过程。1982 年，纳尔逊、温特以《经济变迁的演化理论》推动现代演化经济学建立。演化理论以复杂科学为基础，以资源基础论（resource based theory）为核心内容，强调企业资源异质禀赋或能力与制度的融合，在综合行为、组织、制度以及技术等不同维度的作用下，研究惯性、创新、扩散及选择在社会经济演化中的重要地位和变迁作用。这方面应用于创业的讨论甚多，例如，惯例与组织或技术的结合，通过社会有机体的基因组织（发挥基因进化的作用）建构知识、认知、规范、经验等的基础和行为依据，认为社会惯常发展中随机偶发现象的突发、不确定性的应对行为等具有"时髦"引领新奇的社会效应，有明显的扩散作用。这些新奇观点引致的行为选择成为从自然个体到组织甚至行业发展的保持社会关注的新宠策略。

演化研究的实现主要涉及路径创造，被视为行为演化的重要现象与实现方式，是路径依赖（惯常）的相对物或否定。它是特定历史时点、空间、方式等对已有无效、抑制、失败实践的新尝试，属事后有效见证。席恩斯托克（Schienstockg）提出路径创造的过程包括五个相互作用的模块：①与新技术-组织范式相关联的"新机会窗口"；②具有前景的新业务和新市场；③来自外部的社会-经济因素的压力；④关键的变革性事件；⑤人们改变事物的意志。路径创造是对路径依赖思维与行动束缚更有效率地理性抉择，对环境变化有更强的适应性，获得新生力量的认同与支持。众创是创业发展进阶中的新兴高阶成果，而自组织众创更是其中的典型。

可见，自组织众创作为实践中熊彼特思想表达的先锋，是新历史时点上创业者、创业精神、社会生产方式等共同作用的发展路径的有效创造，是"选择性注意"（selective attention）范围的突破，是制度、技术、管理方式、文化等宏观要素适应新发展时期的全新协同，利于促成社会性思维、行为认知模式全方位转变的演化过程，具有质态演进的行为特征。

三、自组织众创的形成与演化过程

（一）形成特征

自组织众创形成的起点主要是两个及以上的创业者/组织基于共同目标、身份、亲缘、认知、遭遇等聚集而成的泛缘关系组织，具有以下特性。

第一，自组织具有系统效应，"1＋1＋1＞＝111"，即"系统大于部分之和"。在系统理论中，被称为"涌现"或"突现"。部分经整合、协同会产生系统作用奇迹，促进共赢局面。在创业活动中，自组织主体是基于自愿原则或其他不可分立的关系结合成的一群人[103]，他们因信任或某些关系自愿聚合，秉持共同需求和愿景而采取集体行动，群体内接受公认的规则进行自我治理、联合进化等。

第二，自组织众创活动具有临界性。早在 1987 年巴克（Bak）、汤超和维森菲尔德（Wiesenfeld）的著名物理学沙堆现象实验已证明——计算机模拟 BTW（沙堆）模型在演化过程中呈现空间和时间的自相似性。众创行为在组织特性与协同下，会随着自由决定和系统环境要素的变化产生有序边界。当其活动的一个单元的临界值突破就可能以极微增量变化突破边界推动质变，会使自组织急速扩大或分崩离析。例如，公共事件引发的爆发性关注。临界性即自组织主体在结构意义上"革命性"的关键要素。

第三，自组织众创活动受复杂要素影响，其演变具有非线性和突变的运动轨迹。非线性（non-linear）是自然界复杂性的典型性质之一，不是直线而是曲线、曲面或不确定的属性，是不按比例、不成直线的数量关系，更接近客观事物性质的变化规律，体现相互作用的关系，使整体不再是简单地等于部分之和，而可能出现不同于"线性叠加"的变化。"突变"则是时间、地点、方向、范围、程度等方面不确定性的变化。创业活动科技和商业模式等要素创新就常常产生非线性与突变的共同作用，使众创发展演变呈现不拘一格的运动轨迹，如互联网与信息技术主导的网络化的传导机制更容易使系统产生全局性、根本性、颠覆性的变化。

第四，自组织众创具有强大的自我修复机制。自组织系统在开放环境中，通过与外界物质、能量的交换促使组织有所恢复或产生新突破。犹如有机生命体，如带有基因的一粒种子，只要有合适的土壤和气候条件，就有可能生根、开花、结果，并衍生出草地、森林、动物，直至演化出整个生态[104]。

可见，单个创业主体是经济系统的细胞，是一个由环境、人员、信息、交换等要素构成的非平衡态、非线性作用的微观行为开放系统，它通过内外部要素的融合、生产、加工或改造，与外部系统物质、能量、信息的频繁交换来维持系统的发展与有序整合，具有自创生、自强化、自适应、自复制等自组织特性，其演化呈现为自组织过程，是经济系统的输入。而人们在从事生产经营活动的过程中消耗一定的粮食、饮料、衣物、房子等生活物品，一定生活物品的耗费，便是经济系统的输出[105]。而社会经济系统充满大量创业主体。换言之，充满无数迭代创业行为的社会经济系统无疑是远离平衡态的开放自组织系统。

开放性的自组织众创主体除了难以跨越的障碍难以自我修复之外，一般意义上的资源内耗、不足、管理内卷等问题均较容易通过内外部制度、资源、资本等进行自我修复，尤其是在高质量发展转型过程中。然而，始终存在的障碍具有组织无差异性。李文杰和何炜曾撰写《农民自组织：涵义、缘起、类型、障碍及其发展路径》，明确了难以跨越的几种障碍：主体的自身缺陷、要素供给障碍、政府服务质量的区域性特征及能力有差异以及法律与文化制约。这也是导致诸多众创组织中途解体的重要原因，如自组织缺乏规范制度、主体与成员之间权责和利益不清、不同心理需求、文化差异等众创过程中的各种矛盾及纠纷，都对众创造成不利影响。

（二）形成条件与基石

格伦达·H. 欧阳（Glenda H. Eoyang）在《自组织在人类体系中的条件》中提及自组织过程必须满足三个条件才能形成浑然一体的模式：其一是封闭（ C ）的边界的突破，"不清晰地分离出'非我'，就没有清晰的'自我'"，即它锁定体系的范围以定义它的特征；其二是显著差异（ D ）；其三是交流转换（ E ），促进内部及其所处环境的相互作用。这是自组织众创达成相互依赖的人或单位之间在信息、精神或物质交互与转换过程中，是否能深入到系统级自组织模式的关键。可见，自组织的边界、使命、目标、任务与策略需要在系统意义上通过交互才能利于成员辨别价值，从而建立并稳固秩序、激发协同活力和提高效率。而且，自组织自发性不等于无组织。

在我国的自组织众创中人人是价值创造者，具有高度的组织自觉，一方面理解并支持创始人的关键作用或灵魂人物的凝聚力而紧密团结周围；另一方面，能够协同彼此，具有共创、共享、共治的显性特征。原因在于信任供给是自组织形成的一个重要影响因素和必备条件，同时积极推动成果的共享，降低或削弱资产专有性和环境以及行为的不确定性，在创业企业家角色竭尽发挥所能的情况下促进自组织内部信任供给充分、创业企业家角色精神稳固，使得组织交易成本下降。故信任供给充足是自组织众创形成的重要基石，它存在的价值是决定并改善各个成员之间的关系与自我治理组织形式，更是内部资源和权利交换互赖的基础。而达成这些效果的重要支撑是众创组织结构具有天然"亲民性"，表现为大多数众创组织的扁平化结构，其充分沟通和组织平等化等优势恰恰避免了科层制等级、不公平等弊端。

（三）自组织众创行为类别

自组织众创还有以下共性行为，就自适应及协同行为而言，依据创业学和组织学习[106]的正反馈原理，可将分化能力、多样化、灵活机制、可标准化决策规则等作为正反馈推力，股东控制（股）、规划和形式工具等可以作为负面反馈。通过利用反馈机制，处理灵活性（混乱）和效率（秩序）之间的平衡关系。根据一般性政策要素反馈系统形成的类别，自组织众创可分为自发众创、跨组织复杂众创、国内外合作众创等，自发众创广泛分布在充满机会、技术和资源优势的组织或个人中；而跨组织复杂众创更多发生在高利润、产品应用前景广的组织而非个人中。还可以将众创行为进一步分解为横向、纵向、混合等自适应行为；将自适应进一步分解为主动适应与被动适应，或者更为自觉意义上的协同适应与被协同适应。

横向自适应行为是存有竞合关系的、自组织创业主体间构成的横向联盟。美国密歇根大学教授 Holland[107]认为：系统会不断与外界交流并自身不断学习、积累经验，进而改变自己的结构与行为方式。因此，由类似主营业务的个体组成的横向众创系统，在生产中不具备由上到下的连续性，除了通过竞争或合作，理性主体一般根据竞合利益需要做决策调整以适应系统内外的变化。横向协同行为主要是基于共有利益产生。例如，自组织众创通过利用大数据技术和云制造技术建立健全的生产信息互通系统，使生产能力与组织形式、管理方式、市场需求、运输系统、生产调度计划、企业文化等方面相互适应，增强系统稳态性。

纵向自适应行为则是基于纵向系统上下游有关联的业务单位之间的行为适应，例如，是由研发设计组织、生产制造商、零售商等进行交易、业务往来形成的具有自主自觉特征的适应行为，内外部要素变化中迅速适应彼此并传递这种适应性。与大企业/大组织滞后性与循环性的自适应行为相比，自组织众创主体的反馈过程迅速且灵敏，更注重短期利益或竞争优势的取得，同时尽可能地兼顾可见纵向利益链条的帕累托最优效果及再生演化。其纵向协同表现为有价值关联创造的上下游不同环节的主体行为响应，随各主体经验、技术、资源、渠道、信息等的不同，协同程度也不同。

混合自适应行为则是横向、纵向竞合主体，价值关联主体等混合而成的错综复杂的自适应行为响应。与横向自适应行为不同的是，混合自适应行为更多地表现为协同适应，而非被动适应。所调研的家用厨具、门窗系统等自组织创业主体，表现出明显的混合自适应行为。图2-1描述了从技术研发、生产制造到产品销售的经典协同流程，在每一环节所处的同层生态系统中，存在低级、简单向高级、复杂层次进化的阶层，各环节的主要内容与竞争关键大相径庭，在具有一定技术含量、密切需要上下游的自组织众创主体中较明显，其协作是利益最大化目标和获取竞争优势的关键保障，使得横向同业自组织众创主体与下游主体保持业务合作畅通。

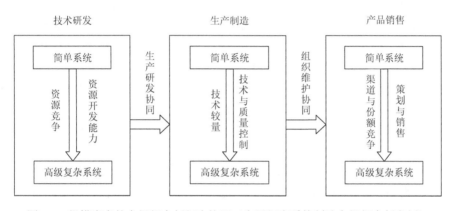

图 2-1　纵横嵌套的自组织众创行为协同（家用门窗系统制造自组织众创案例）

对于应急突变众创行为，在大多数调研样本中，环境的动态变化无疑是造成突变的主要原因，常见的影响因素是内外部的不确定性与客户需求的变化导致稳定合作变成不稳定形态，长期合作变为临时性合作等，从而导致组织内部行为结果偏离常态或均衡状态，这种偏差正是组织内部各要素不相适应而产生的涨落；当偏离度不显著或不明显时，即表现为微涨落。而较大自组织主体会产生对冲性的博弈反应；但对应单纯以技术为基础的自组织众创，突变可能引发横向竞争者与上下游的战略并购。例如，技术标准的变更、技术合作依赖、互不兼容产品或技术共存局面等引发的上下游系统涨落或链式突变。一般而言，如同生命周期曲线，应急突变过程的三阶段是从混沌稳态、微涨落进而经历巨涨落后形成突变，其后一段时间维持突变或逐渐过渡为另一稳态，即无序分散状态—较有序状态—成熟稳态，该过程演进的典型变化得益于主动适应性变化与协同变化。

特别是混合复杂型自组织众创应急突变行为，类似于生态系统，从偶然的、杂乱的、有偏差的发生（一般不会对众创系统产生影响），促成内部涨落的高频化，逐渐演变为较大涨落、巨涨落。在纵横网络交织复杂度增加时，由于市场需求、商业模式等变化，这些行为对众创主体的知识、管理、技术等产生不平衡影响，并且每阶段临界值在主动适应与协同演化的累积作用下，非均衡涨落最终推动自组织形成新的不平衡态，从而突变飞跃。

结合访谈的自组织众创样本，一般可分为两阶段和三阶段演化两类情况。

第一类是两阶段演化。这里的两阶段并非某状态/特性的重复，第一阶段主要是由外向内的演化过程中对最重要特质的强化，适应演变为动态属性，常与外部竞争性的发展变化与增长速度有关，如使风险更低、规模更大等。第二阶段主要体现为适应、适合、选择的契合/融合由内及深、同时向外扩张的结构变迁，成为环境共同体的一部分，这里的演化主要是内在动态的不同程度变化。一般新兴行业中的自组织众创主要是思想、行为与技术结合产品、商业模式、技术方法、过程的领先变化，希望引起领域的风向潮变，从而反作用于自组织结构变迁（升跃或转向），其中，潮变方向是对选择和"变异"作用的肯定，对新突显性的认可或追崇。第一阶段原主要依赖物的消耗速度与新加入要素的存量及增量速率的比差决定两阶段演化的极限，一般遵循选择—"变异"—结构变迁的过程，其中"变异"包含多类、多方式的交融和分裂演化①。

第二类是三阶段演化。更多调研样本显示自组织众创的三阶段演化的一般特征，主要是选择、变异、变异，最终导致相变与结构变迁。其中变异的发展是众创变异结果为获得远超于过去原依赖物增长及消耗时可能形成的瓶颈。例如，新方向、新机制、新流程等赋予自组织持续的新动力，尤其是自组织众创机制作用最为明显，如机动、灵活的权责机制、自律机制、对标机制、管理循环机制、制衡机制、分权授权机制等，它们以开放、多向分岔、改变输入/出、调整反馈（增减正负反馈）等结果不同程度地改变系统内部结构和组织机理以应对环境变化带来的不确定性。三阶段演化对组织资源整合与组织意义上的创客生存发展的意义更为突出。与两阶段演化不同的是，从选择到变异可能直接导致相变和结构变迁，也可能是选择与变异同时激发了相变与结构变迁。

（四）自组织众创的稳定器

通过文献与诸多实践发现，自组织众创普遍存在创始人影响，从而具有"创始人精神角色—自组织稳定器—撬动自组织共同精神结构"的行为参照逻辑。创

---

① 这种框架开始于不同选择单位的特征变异，然后是以便创造出一种选择过程，选择过程就是对这些特征加以评价"适应的基准"。从选择过程中所产生的是选择单位相对值变化的形态：比平均类更适应的在相对值上增长得更快些；反之，不如平均类适应的则增长得更慢些。在这种方法中，选择单位的特征是外生给定的，而这些特征的选择意义是在特定的环境中与其他选择单位交互作用的产物。

始人是自组织众创主体的灵魂，是成员凝聚的核心，其能产生聚合效应是因为创始人精神，它塑造并影响团队共同精神结构的形成发展和稳固形态，具有稳定器的角色作用。从结构上看，创始人精神初期会"自然"演化为追随者共同精神结构的行为纲领，其他成员紧紧地围绕在其周围，这种作用逐渐演进为自组织发展的重器——制度核心；成员更容易模仿、复制其成功阶段的意志、思维、行为方式，将核心（圈）人物视为恒星一样来引领组织的稳定运行，其精神权威源于三部分，首先是资源权威，关键角色能调动、分配、影响其他成员不能作业的特殊资源服务于组织目标。其次是信任权威，该角色是被组织成员普遍信任的核心，这种信任来源广泛，可能源自资源权威、声望、技术专能、人情世故等，该角色具有一定决策的话语权，是信任权威的重要影响力源泉。最后是思想/精神权威，该角色对众创自组织的未来前景有较大影响力，或拥有的理念信条被广泛追随或信奉遵循。精神权威被视为自组织发展持久性的重要因素。精神权威角色在自组织的影响力量大致可以用公式 $P = r(a+b)$ 来表示，其中，P 表示影响（动员）力量，r 表示资源权威系数，a 表示信任权威系数，b 表示精神权威系数。

（五）自组织演化

"协同效应"是自组织演化的典型方式之一，即在一定原则下快速变量支配慢变量，生成有序参数支配子系统[96]；总体效应是由显著相互作用的子系统生成的开放集体效应的复合物。例如，从确定性系统中出现的"无序性"、"无规性"和"不可预测性"可能演化出"非此即彼"或"亦此亦彼"的过渡形态。自组织现象可能会演化出诸多不同结果，这被学者认同。例如，郭志安认为自组织关联的协同是事物从旧结构形成一个新的法律与发展结构，从无序到有序，可对不同参数的模型、边界条件和波动建立数学模型和解决方案，产生的模式可能会非常不同，但有些是不一样的系统，可以有相同的模式。其中不同的形态演化模式可以导致相同的模式。在每一种情况下，可能有一个大类的模型，产生相同的模式。叶金国等[108]认为企业的创新过程中存在开放性、非线性和随机"涨落"的特性，是一种自组织演化过程，并以此分析创新过程的不稳定性、分岔等特征的作用机制。巴纳德就认为：按照组织的演化法则，组织就是要从复杂到简单、从封闭到开放、从平衡到非平衡、从控制到失控，一旦失控便进入到自组织的状态，这种形态的能量很强，且一定是自我完善、自我驱动和自我进化。他还认为"组织是人们寻求合作的一个自然结果。人们为了在'资源和能力'上突破限制，追求更高的目标，自然会选择合作的途径，并与之建立协同关系，当这种协同关系升华到'共同的目标'和'社会性协调规则'时，协同关系就逐渐稳定下来，转变为稳定的协同关系，即'正式组织'"。若干相互联系、相互作用的组织在一定环境中会构成具有特定功能的有机整体，群落型组织就是典型，社群成员间的相同目标和方便的互相协助会产生一致行动，能促进社群的稳固[109]。

四、自组织众创：一个开放系统的演化原理

我国古代哲学家老子在《道德经》中提到："人法地，地法天，天法道，道法自然""道生一，一生二，二生三，三生万物。"这言简意赅地指明世间万物存在广泛联系，且不同要素间看似非线性之源实则存在有序性。

（一）自组织众创是开放系统

开放环境的自组织众创主体总是充满"物质、能量和信息"的交换。根据自组织理论，众创系统的"开放"存在最小开放度 Kc，即临界开放度，一方面确保外部环境向这一系统输入物质、能量、信息的最小阈值 t（如果低于该值，人类社会系统不能自组织）；另一方面系统又不可能完全开放（$k = 100\%$），否则组织或系统与外界无任何边界，系统不能形成或处于解体状态。简言之，众创作为社会诸多预期推动形成的系统，以国家、区域、组织等为单位，该系统的开放条件同样满足：Kc≤SK<100%，SK 为某一程度的 K；所存在的某种外部控制参量，与国际社会环境存在密切的输入输出交换关系，即该系统的自组织独立性与外部控制参量有负相关关系，从"被组织"到自组织再到系统混乱，被学者认为是"控制度"与控制方式问题，故在外部控制方式上，自组织系统会采用"参数调节"的控制作用，一般具有如下特点。

特点一：自组织众创系统的开放性。由于自组织众创涉及多主体复杂行为的集合，例如人力、思维（思想）、资金、信息、综合情报、技术、交通、行为自由度，除了心理、思维与脑力等不可眼见的内部输入输出交换，创业活动无不涉及与外部环境的交互作用，拥有与其他任何开放性系统相同的属性——开放性（与封闭相对立）。

特点二：自组织众创适应市场需求的灵活性，具有柔性化产品/服务能力。我国自加入 WTO 以来，随着市场开放度急速提升，活跃的个性化、多样化的升级需求使产品和服务、市场结构、市场质量不断升级迭代，推动产生商业组织的逐利动机与获取竞争优势的内在需求，各类组织之间的"追赶效应"和"拉拔效应"使内部动力不断释放，并促进政府服务的提升和完善。

特点三：创业政策是主要的外部控制参量。区域经济发展政策与人才、创业政策是众创发展的重要外部控制参量，具有支持与控制作用，涉及财政、银行利率、税收、公共服务、技术管制、法律法规、科技、人才支撑等诸多内容，是进

入和退出行业所遇障碍高低与人们在意愿上创业、创富、创造行为的航向标；亦是政府开展相关教育、服务、监督等指导服务的工作内容。

特点四：创业是个体行为到社会活动系统边界的突破或跨越。系统理论认为"界线"的作用是区别、隔离和过滤系统与外部环境相互作用，自组织众创是从个体或组织到群体创业意志的转化与跨越，能否跨越成功则在很大程度上取决于外部控制参量的限制、过滤等的调节作用。这些界限的影响或作用极大影响了众创形态的多样化或标准化。具体的转化过程，始于自组织创业意念或想法，并通过创业行为与载体的相互作用持续或停止；而创业行为因载体主体的差异形成不同的跨界线功能，其具体行为实践受到过滤系统诸多界线的限制而产生对经济和社会不同的影响。这里，"跨界线"可能是一般创业活动因构成重组、延伸、跨领域应用，可能是政府对创业活动的宽容度、控制度或社会对"创业存在"容忍度的边界推移。

由此，可以认为自组织众创系统是一个典型的耗散结构，具有向复杂性、有阶有序、高级的方向演化的特征，可用熵来刻画其对系统状态定量的复杂和有序程度；系统演化过程、时间与状态存在对应关系，其包含少数子系统相互作用简单的或复杂的系统运动规律；如系统内子系统数目非常多，则形成巨系统，如果子系统之间相互作用简单，则形成简单巨系统。

（二）自组织众创内部的超循环演化模式

自组织众创内部的超循环演化模式的动力原理如下。根据牛顿第二定律 $F = m\dfrac{\mathrm{d}v}{\mathrm{d}t}$ 分析，线性控制系统采用控制论方程 $x = Ax + B\mu$，其中 x 是描写系统的状态矢量，μ 是控制矢量，A、B 分别为系数矩阵和控制矩阵。孤立系统总是沿着熵增加的方向演化，最终达到熵最大的无序态，即 $\mathrm{d}S \geqslant 0$；开放系统则不然，一个与外界环境有物质、能量交换的开放系统，其熵变化不仅由系统内不可逆过程引起熵的改变 $\mathrm{d}_i S$ 决定，而且系统与外界的交流也会引起熵的变化 $\mathrm{d}_e S$。系统总熵的变化由这两部分组成，可以写为

$$\mathrm{d}S = -\mathrm{d}Q_{外} / \mathrm{d}t + \mathrm{d}Q_1 / \mathrm{d}t \tag{2-1}$$

$$\mathrm{d}S = \mathrm{d}_i S + \mathrm{d}_e S \tag{2-2}$$

式中，$\mathrm{d}Q_{外}$ 可以类比为外界对创业系统的投入与支出，如市场营销费用、供应链成本、外部投资等。负号表示这些资源是从系统中流出的。$\mathrm{d}Q_1$ 可以解释为创业系统内部由于创新、管理优化、流程改进等内生过程所产生的正效益。这些效益通过提高内部效率、促进创新、优化资源配置等方式，降低系统的内在无序度（即减少内部熵）。$\mathrm{d}_i S \geqslant 0$，$\mathrm{d}_e S$ 可正可负。当 $\mathrm{d}_e S < 0$，且 $|\mathrm{d}_e S| > \mathrm{d}_i S$ 时，系统总熵不会增加，相反还会减少，即有 $\mathrm{d}S < 0$。这表明对于一个开放系统，在外界注入的

负熵流足够大时，系统有可能向熵减少的方向演化，最终稳定在一个低熵的有序状态上。系统不开放，或即使开放，但系统从外界得到的负熵流不足以抵消系统内部的熵产生，系统都不能形成耗散结构。

$$ds = ds_e + ds_i \tag{2-3}$$

当系统与环境之间的熵交换 ds_e（负熵）的绝对值大于系统产生的内熵增加 ds_i 时，即

$$\begin{cases} |ds_e| > ds_i \\ ds_i > 0 \end{cases} \tag{2-4}$$

有

$$ds = ds_e + ds_i < 0 \tag{2-5}$$

式（2-5）对时间求导，有

$$\frac{ds}{dt} = \frac{ds_e}{dt} + \frac{ds_i}{dt} < 0 \tag{2-6}$$

式中，$\frac{ds_e}{dt}$ 表示负熵流；$\frac{ds}{dt}$ 表示系统熵减流，$\frac{ds}{dt}$ 的大小，决定了系统演化速度的大小，$|\frac{ds}{dt}|$ 越大，系统演化速度越快。

按照该原理思路，界定自组织众创主体结构合理性的熵如下。

设某区域自组织众创主体 Z 有 n 个要素 $Z_1, Z_2, \cdots, Z_n$，要素 Z_i 与 Z_j 关联，则 g_{ij} 的区间为 0～1，0 表示众创主体解散，毫无结构可言；1 为合理性趋于完美。众创结构合理性取决于多种因素，如开放的系统、稳定的社会创业政策、良好的资源禀赋以及积极参与创业的人群等，这些要素在不同环境下有不同的联结关系和强弱程度，用联结强度 P_i 表示，$P_i = ni / \sum i = \ln g_{ij}, \sum i = \ln P_i = 1$。但单纯用联结强度难以全面反映该系统的结构特征，引入结构熵可衡量不同创业系统结构的优劣。

自组织众创主体结构熵可定义为

$$S = -\sum i = \ln P_i \log P_i \tag{2-7}$$

根据最大结构熵原理，一个具有 N 个子系统的开放系统，取其结构熵最大，此时系统有最大可能对称平衡的结构。对一个具体的创业企业组织，按最大结构熵原理进行组织结构最优设计时，常常是一个 NP-hard（non-determinisitic polynomial hard，非确定性多项式困难）问题。而实际系统常有一定的约束，如多级递阶分布、层间弱关联，可利用动态规划或著名的 A^* 算法进行。

若 $S \max = \max[-\sum i = \ln P_i \log P_i]$，利用拉格朗日乘子法求解式（2-7），再对 P_i 求偏导，并将 P_i 看成独立变量，最终可得

$$S\max = \log 2n \tag{2-8}$$

即熵值越低，则该系统向外界输出的信息就越少，从而系统的组织管理水平就越高，经济效率越高。在一个由多个资源要素组成的众创系统中，如果各资源要素子系统配置合理，结构布局最优，就会使它们的熵值减低；由此，由各要素组成的整个制造系统的结构和布局就要变差，即熵值增加，该系统的经济效率就会降低。系统优选标准应是

$$\Delta S - \sum i = \ln\Delta S_i \to \min \tag{2-9}$$

全局创业系统通过规划布局后的熵增量，以及为各创业要素的子系统通过规划布局后的总熵减少量，进一步解析自组织众创内部的超循环演化模式。

由前面理论分析得知，自组织众创发生在不同产业行业，是构成国家、区域的创业系统的一部分；与其他不同系统、不同内外部要素存在广泛复杂的非线性作用；这些非线性作用的关联与协同共同产生系统的整体性行为效应，从而在一定空间、时间上产生吸引力，触发聚合、竞争或协同，引起局部或整个系统的涨落。从单个自组织众创内部到无数自组织众创主体构建的超级巨系统，它们能在市场中生生不息、活力持续的关键在于众创内部具有超循环模式。

自组织众创主体从建立到有序结构的建成，离不开创业生态系统有序化。依据自组织众创主体与整个生态系统及外部组织的关联强弱，当它们之间呈现非均衡性的非线性作用时，最有利于有序结构过程的发生。当行业子系统关联作用增强时，控制参量接近临界值，子系统之间的协同效应会相变促成巨涨落；而在控制参量并非如此接近临界值的非平衡相变中，不同创业主体之间的战略协同或协同效应促成不同的涨落与有序态。故局域意义上的自组织众创子系统同样发挥着重要的创业创新作用，且从领域和结构上本质地表现为内部不平衡（远离平衡态）。这些不平衡差异源于各个众创主体在环境变化中的稳态程度和风险举措，随着环境、要素以及可控参数的改变，众创系统会出现多个演化结果，并会明显产生继承效应。不同产业行业细分领域的自组织众创主体包含多类型现象，如不同层次和类型的混沌、差别程度的有序性、不同频幅的涨落等，有观点认为众创系统有序程度的不断增加，随倍周期分岔最终亦将导致混沌，因此混沌可以看成系统有序发展的结果。

自组织众创主体具有不同的划分维度与结果，从系统内部超循环模式的输入、输出、交换要素而言，可以简单明了地分为三个基本要素：创业发展支持、自组织众创意念/想法/设计、自组织众创实践。其过程系统的自组织演化动力源于三要素之间的非线性作用，这种作用构成自组织众创演化的动力，其在相互作用中形成"超循环链"，即从自组织众创意念/想法/设计到创业发展支持再到自组织众创实践过程（可能在不同层次）以及每一次过程的往复，均能在系统崩溃前获得相应的动力支持。自组织众创要素的基本关系如图 2-2 所示。

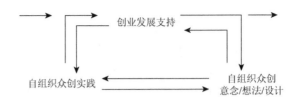

图 2-2　自组织众创要素的基本关系

这里进一步拓展自组织众创的细分要素。相关研究在这方面做了尝试，就设计要素和实践要素而言，前者包括想法、资源、商业模式等；后者主要表现为不同具体方式的事实结果，例如，以 a_1, a_2, a_3, a_4, a_5 标识这些因素，利用布尔代数方法定义，建立如下不同类型的状态矩阵模型。

$$\boldsymbol{M}_{R1}\,(\text{经验事实型}) = \left\{ \begin{matrix} a_{11} & 0 & 0 & 0 & 0 \\ 0 & 0 & 0 & 0 & 0 \\ 0 & 0 & 0 & 0 & 0 \\ 0 & 0 & 0 & 0 & 0 \\ 0 & 0 & 0 & 0 & 0 \end{matrix} \right\} \tag{2-10}$$

$$\boldsymbol{M}_{R2}\,(\text{经验事实诸理论要素作用型}) = \left\{ \begin{matrix} a_{11} & 0 & 0 & 0 & 0 \\ a_{21} & 0 & 0 & 0 & 0 \\ a_{31} & 0 & 0 & 0 & 0 \\ a_{41} & 0 & 0 & 0 & 0 \\ a_{51} & 0 & 0 & 0 & 0 \end{matrix} \right\} a \tag{2-11}$$

$$\boldsymbol{M}_{R3}\,(\text{诸理论要素自作用型}) = \left\{ \begin{matrix} 0 & 0 & 0 & 0 & 0 \\ 0 & a_{22} & 0 & 0 & 0 \\ 0 & 0 & a_{33} & 0 & 0 \\ 0 & 0 & 0 & a_{44} & 0 \\ 0 & 0 & 0 & 0 & a_{55} \end{matrix} \right\} \tag{2-12}$$

$$\boldsymbol{M}_{R4}\,(\text{诸理论要素交互作用型}) = \left\{ \begin{matrix} a_{11} & 0 & 0 & 0 & 0 \\ 0 & 0 & a_{23} & a_{24} & a_{25} \\ 0 & a_{32} & 0 & a_{34} & a_{35} \\ 0 & a_{42} & a_{43} & 0 & 0 \\ 0 & a_{52} & a_{53} & a_{54} & 0 \end{matrix} \right\} \tag{2-13}$$

令所有

$$a_{ij}(i, j = 1, 2, 3, 4, 5) = \begin{cases} 1, & \text{有作用} \\ 0, & \text{无作用} \end{cases} \tag{2-14}$$

然后使 $\boldsymbol{M}_{Ri} \cdot \boldsymbol{M}_{Ri}(i = 1, 2, 3, 4)$，即让它们相互作用，就会有如下结果：

$$M_{R1} \cdot M_{R2} = M_{R2} \cdot M_{R3} = M_{R2} \cdot M_{R4} = A$$
$$M_{R2} \cdot M_{R1} = M_{R3} \cdot M_{R2} = M_{R4} \cdot M_{R2} = \tilde{A}$$
$$M_{R1} \cdot M_{R4} = 0$$
$$M_{R3} \cdot M_{R4} = M_{R4} \cdot M_{R3} = M_{R4}$$
$$M_{R1} \cdot M_{R1} = M_{R1}$$
$$M_{R2} \cdot M_{R2} = M_{R1} + M_{R3} + M_{R4} \quad （自组织演化）$$
$$M_{R3} \cdot M_{R3} = M_{R3}$$
$$M_{R4} \cdot M_{R4} = M_{R3} + M_{R4} \quad （自组织演化）$$

$$(2-15)$$

其中

$$A = \begin{Bmatrix} 0 & 1 & 1 & 1 & 1 \\ 0 & 0 & 0 & 0 & 0 \\ 0 & 0 & 0 & 0 & 0 \\ 0 & 0 & 0 & 0 & 0 \\ 0 & 0 & 0 & 0 & 0 \end{Bmatrix}, \tilde{A} = \begin{Bmatrix} 0 & 0 & 0 & 0 & 0 \\ 1 & 0 & 0 & 0 & 0 \\ 1 & 0 & 0 & 0 & 0 \\ 1 & 0 & 0 & 0 & 0 \\ 1 & 0 & 0 & 0 & 0 \end{Bmatrix} \qquad (2-16)$$

当 $M_{R2} \cdot M_{R2}$ 和 $M_{R4} \cdot M_{R4}$ 作用后，即演化为复杂对象，表明只要包含了多个要素，其非线性作用就会让系统增加复杂性。

自组织众创要素内部基于利益协同产生的非线性驱动力利于提升竞争力，与同线性组织或自组织的非自发作用相比，自组织系统具有明显随机性，同时对外界环境高度敏感，具有随机涨落力，例如，行业技术飞跃或衰落、金融风暴、新冠病毒等都会对自组织产生巨大影响。这些意外导致非关联随机因素最终产生关联或集聚，从而引发其他不可预知的行为后果。自组织众创动力属类见表 2-1。

表 2-1 自组织众创动力属类

类	种	相互作用因子	序参量
确定性动力	创业设计/想法与创业实践的不一致	客户、实践形式、创意、市场等各要素	创业实践的市场适应与推广；创业想法普遍性
	创业者之间的合作或竞争	竞争：市场竞争、内部竞争、国际竞争等 合作：商业同盟	业务：生产系统、销售网络体系、服务系统、财务系统等 软性资源：战略/制度/文化/模式
随机性动力	偶发创意机会	意外发现的扩散、关联	新商业创意、模式

这些确定性动力与随机性动力随着创业主体的活动发生产生竞争或协同作用方面的变化，使得二者的关系在一定时空点上产生联系，其紧密程度取决于创业主体彼此间竞争或协同关系的处理及其治理机制选择。这些在不同产业行业中的

实践反应不同，涌现的自组织众创模式包括"直线式"开环演化模式、"曲径通幽式"、"隔山打牛式"、共助式、链式、联盟型、闭环式等种类。它们中易于被模仿、更快更易成功的模式则被广泛效仿或快速复制甚至循环使用，一般创业发展微观循环模式如图 2-3 所示。

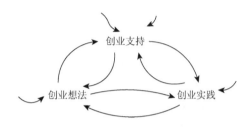

图 2-3　一般创业发展微观循环模式

（1）直线式循环演化模式，即……想法 1→思想/设计→实践→想法 2（Idea$_1$→Thinking/Design→Practice→Idea$_2$）……其以微小创业创新产品发明、创造、改良等为基础展开，特别是新的满足日常生活需求的小型商品的研发、推广销售，如共享充电宝、公电利用等，这些模式被广泛复制采用。这类循环的基础是不断推出新的产品试探市场或急速完成市场先占，以获得先行优势。

（2）自主型超循环演化模式，即此类创业类商品或服务主要针对自身客户群体，深挖其价值潜力、扩展自身小循环的同时，形成更大的循环，循环中的重要节点均能构成新自身循环，通过程度划分、标准差异等派生出不同的创业机会与路径的循环过程。"自循环"（self-cycle）再构成的"循环"被称为"超循环"。例如，保险中寿险等不同险种业务拓展、家用智能小家电等即属于此类。

（3）被迫衍生型超循环演化模式的自组织众创基于被迫选择创业，面临更多困境或挑战，一定情景下与常规创业融合、并轨，更高程度体现为原基础上的衍生性创业，如图 2-4 所示。这一模式的不同之处在于，创业者基于常规经验与教训，对商业运行"常道"有所掌握，进而有规模或体量地创业扩展，可以是原创业产品或服务的规模化，抑或多样化，是在原有基础上不断衍生出新功能或新效用。随着市场反馈与挑战，创业行为将呈现新阶段的常规创业演化模式。

（4）网络扩张型超循环模式如图 2-5 所示，该模式属于混合型超循环结构，即自组织众创内部活动过程由多种演化模式组成，既是外循环也是保持内循环，在最大循环结构的联结点发生关联。类似海尔等大集团的超循环体，当条件具备市场机会就会产生，不断扩散、交换外部能量，开放性与非线性作用得到极致发挥。

由于自组织众创内部演化模式繁多，不一一列举。

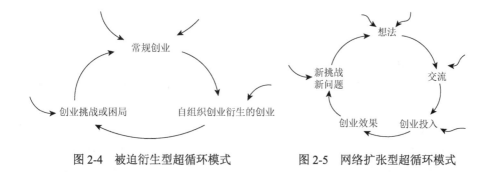

图 2-4　被迫衍生型超循环模式　　　　　图 2-5　网络扩张型超循环模式

（三）自组织众创主体的协同原理

因自组织众创是创业者聚合性的商业活动行为，是典型竞合策略中的"合作"选择，具有降低内部同质竞争（强度）、减少对手数量、减少损耗、增加共有商业绩效的作用，以实现三类协同：其一是目标协同，如战略目标协调、更高的市场占有率、推动技术进步、整合资源的需求或保障原料供应、获取销售渠道、拓宽客户源等；其二是利益协同，如超额市场利润、更理想的客户价值回馈、降低运营成本、更高的财务管理回报、更可观的利益分配等；其三是认知与文化协同，如志趣相投、建立共同愿景、有效制度探索、认知/意志/精神传播、思想与价值保障等。

自组织众创系统效能核心的作用原理即协同学，是描述系统怎样从原始均匀的无序态发展成有序结构，或从一种有序结构转变为另一种有序结构的理论，是把一个高维非线性问题归结为维数很低的非线性方程（即序参量方程），以描述协同学处理自组织问题，即各构成部分、各要素性质与作用在非平衡、非线性、开放条件下、随机涨落时具有协同效应，构成演化的内驱力。过程分为三步：首先，确定稳定模和不稳定模；其次，使用支配原理消去稳定模，建立序参量方程；最后，解序参量方程，决定系统的宏观结构。序参量是描述系统有序程度的量。

五、自组织众创主体协同演化的条件

（一）自组织众创发展演化的前提：充分开放与非平衡态

已知自组织众创是微观和宏观意义上均可存在的耗散结构。周守仁指出"耗散结构的特征，就是'开放性'、'反馈'与'协同性'"[110]。耗散结构理论可表示为一个简单而深刻的公式：

$$dS = d_eS + d_iS \qquad (2-17)$$

$$\Delta S = \Delta S_i + \Delta S_e \qquad (2-18)$$

式中，ΔS_i 表示由于系统内部原因使系统的熵值发生变化，恒有 $\Delta S_i > 0$；ΔS_e 表

示由于环境与系统的相互作用导致系统的熵值发生变化，开放系统要从无序状态向有序状态转变，也就是要使整个系统的熵变小，即当 $\Delta S = \Delta S_i + \Delta S_e < 0$ ，$\Delta S_e < 0$ ，且 $|\Delta S_e| > \Delta S_i$ 。由此可见系统要形成稳定有序的自组织结构，必须在与环境的物质、能量以及信息的交换中，让外界输入的负熵流大于系统内部自发产生的熵，使系统的熵减少，系统向有序方向转化[111]。

在开放条件下，从原理上讲，此时系统内熵产生 $d_i S \geqslant 0$ ，系统与环境之间的熵交换 $d_e S$ 则可正可负。当系统充分开放出现 $|d_e S| > d_i S$ ，即 $dS < 0$ 时，系统的总熵本身即降低。简言之，自组织众创主体有序程度可以提高，系统可能自发地组织起来，形成有序结构。有学者指出：系统的进化与退化之间并非截然两分的鸿沟，开放就是系统自组织进化的一个必要条件，体现在作为一个整体对外界环境的适应性和开放性，即因社会环境、政策环境、文化环境和技术环境的变化导致创业系统内部要素的相应变化，并再次由内至外地促进组织的开放性适应，它们通过改变产品效率、外观、质量、工艺、服务、组织架构、品牌组合、位置布局等完成，实现成本的节约、资源的充分利用、与其他企业的战略协同、价值增加或优势互补。因此，开放即构成了系统内外发挥效用的基础先决条件。因为封闭系统的不可组织性源于其熵变（dS）自发无限增加，不可避免地导致无序和混沌。

这里将自组织众创主体区分为活跃态与寂静态两大类。活跃态进一步按表现状态划分为集中活跃态与分散活跃态；按进入速度可以区分为迅速活跃态与缓慢活跃态。寂静态按表现区域划分为整体或局部寂静态；按进入速度可分为迅速寂静、缓慢寂静态；按时间长短可分为始终寂静态或暂时寂静态。无论是活跃态或寂静态，都远离若即若离的平衡态，故创造出系统自组织演化的条件，促进各个子系统产生非线性作用开始自我组织。这些发生自组织行为的关键环节也被学者认为是布鲁塞尔器的作用，例如，自组织众创中关键的技术、人物、订单、机会、媒介等，即三分子模型中自催化与交叉催化的非线性相互作用的环链。

自组织众创中的快变量则主要包含商业中介或加速器、孵化器等发挥的作用。伺服原理认为系统演化过程中有众多状态参量，在平稳发展时期，这些参量所起的作用大致相同，差别不大，但在接近状态变化的临界点时，大部分变量本身变化极快，还未来得及影响或支配系统的行为就已经消亡或转变的变量即"快变量"；而众创中少数变量变化相对缓慢，有机会支配或影响系统的行为的变量叫"慢变量"，即政策的助推力、税收优惠、企业家精神、企业责任、民族情感、区域典型文化等。根据自组织理论，慢变量支配和控制着系统的整体状态与行为演化，它们代表着系统的"序"或状态（即序参量），这是由诸多子系统的竞争与协同经过较量后产生出来并控制支配这些子系统。故被子系统伺服的序参量得到进一步强化，二者不断通过内强化发生相互作用，系统便驱动完成自组织。开放和非平衡被看作系统自组织的基本前提[12]，我国区域发展的不平衡状态天然助力自组织众创主体远离平衡态，加之不同区域慢变量的开放性与差异化，使得自组织众创极其活跃。

这里假定整个区域创业系统的状态可以用一组变量 $X_i \ln X_i (i=1,2,\cdots,n)$ 来描述，变量 X_i 不随时间变化的状态为创业系统的平衡定态，即

$$\frac{\mathrm{d}X_i}{\mathrm{d}t}=0, \quad i=1,2,\cdots,n \qquad (2\text{-}19)$$

因处于平衡态的创业系统状态变量与环境没有任何输入输出交流，这些变量就不随时间发生变化。创业系统一般涉及政策、劳动力人口、人力资本、资本等生产要素，以及创业绩效等变量，可以认为该区域此时的创业（趋于）停滞，人口、物质、能量等在不同产业部门之间的流动性极大降低，甚至不发生配置转移，固化痕迹明显，即产生创业生态系统的边际生产率等于绩效收益率的竞争均衡状态。事实上在人口严重老化或产业停滞的区域这样的情况时有发生。相反，开放性区域只要有市场需求，创业系统因要素的非线性作用就会发生非平衡态演化，如人口流动或迁移、产业结构转型升级、需求扩张、偏好转移、技术升级等。经济系统非齐整性决定了产业系统的非平衡态；创业企业在领域、禀赋条件、机会、技术等多个方面存在差异；创业主体更是在知识、素质、社会关系、经验及创业精神等方面具有差异，即说明创业系统实则具有非平衡的常态。我国自加入 WTO 以来，经济以全球化为基础，呈现出高度的开放态势，这使得各类内外部要素得以充分流动。在这种态势下，非平衡作用从国内扩展至国际领域，得到了极大的强化。国际发展机会进一步推动了经济系统远离平衡态，促使自组织众创系统的各个要素之间发生复杂的交互作用。

（二）自组织众创行为的诱因：非线性与随机涨落

自组织众创行为变化的动态性表现为系统内部存在大量的非线性活动，如组织负面行为惯性、不适应外部环境扰动、不利的新行政政策、关键部门不工作、原材料涨价等，这些活动使其产生愈加明显的不平衡发展，进一步传递到错综复杂的关系网络中。其强大在于促成众创行为的竞合选择与有序结构的形成。以竞合为例，竞争作为创业活动的根本动力，需要基于自身相对优势获取不断形成进一步的自激励或自催化，进而达成新水平上的合作，并通过二者的交叉催化完成优势获取，二者相辅相成形成完美闭环，且互为前提和基础。如更大范围的合作是为了更高层面的竞争；而更激烈的竞争可能促进更为紧密的合作，从而越发刺激各类非线性行为活动，从行为演化过程看，表现为相关竞争与相互协同的结果。该过程产生支配子系统的序参量，该序参量在一定时期内将主宰系统演化的趋势[13]；当进入稳定有序的自组织状态时，外部干扰会强化或瓦解自组织系统的反馈应对能力，结果一般是系统消化、吸收、对抗、被吸收或组织瓦解。

　　自组织理论（如混沌理论）揭示：涨落发生的不确定性与不可精确预见性是客观事物演化的客观特性。涨落的无处不在、无时不在的特性是由运动不灭造成的，源于系统内的某种随机因素。从系统的存在状态看，涨落是对系统稳定的、平均的状态的偏离；偏差是发展过程中的非平衡性因素，是同一发展演化过程之中的差异。只要是由大量子系统或要素构成的宏观系统，其中就必定存在涨落[7]。而自组织众创的能力反应及变化也可以被视为随机涨落现象，即如果涨落由系统内大量微观主体的无规则运动引起，谓之内涨落，由系统外不可控制环境因素的变化引起则是外涨落。系统自身的涨落就是一种内在随机性。在传统思维中，涨落仅被看作某种不利于系统稳定存在的因素，只被看作干扰、破坏性因素。而在自组织理论中，涨落的新义恰恰是通过剧烈变化方式对现有状态的颠覆，其结果并不完全消极，即变化则通达，以涨落重建秩序。这种变化驱动了系统中各个子系统在取得物质、能量和信息方面的非平衡过程随机涨落的不稳定性与稳定性。涨落具有双重性，不稳定性因素的破坏与诱发起到了系统进化建设和退化破坏的作用。

　　自组织众创主体结构的松散性决定了其在全球化开放竞争和不确定性的非线性要素作用下发展极不稳定，甚至随时可能解体，一定时期条件下自组织创业瞬时状态的平均值或者瞬时状态变量所能达到的最可几值，即瞬时状态变量将呈现对宏观状态变量值连续不断的偏离，是由客观存在的经济与自组织系统自发产生的，这种本征的偏离即系统涨落，如政府政策变化、内部利益分配失衡、市场风险、国际突发风险性事件等影响，环境、人、财、物等变化均可能成为众创系统演化的重要诱因。

　　设 X_i（$i=1,2,\cdots,m$）表示自组织众创主体的状态变量，其演化方程表示为

$$\frac{\mathrm{d}X_i}{\mathrm{d}t} = f_1(X_1,X_2,\cdots,X_m,C_1,C_2,\cdots C_n), \quad i=1,2,\cdots,n \tag{2-20}$$

式中，C_i（$i=1,2,\cdots,n$）表示控制参数。来自众创方方面面要素的非线性作用关系并非一成不变，容易出现混沌与分岔现象，使得活动所在系统演化整体上存在正反馈强化的机制。例如，正强化涨落趋势下，良好的营商环境使自组织众创活动进入或退出市场壁垒降低，更容易获得竞争优势，众多轻量自组织众创的微小涨落汇集促成经济系统的巨涨落；反之则反，例如，它们通过生产率、生产规模、市场需求等多方面引发经济系统和产业结构不同程度的涨落，一旦行业或产业达到临界值，众创主体将从微涨落逐渐失稳而呈现震荡发展，还可能引发系统的巨涨落。或者全球意义上经济衰退、金融危机或极大范围的外部破坏，如战争、病毒等，也会将巨涨落力量作用于微小的自组织众创主体上。可以将这种巨涨落力量用公式来描述：

$$X(T) = X_s + X(t) \tag{2-21}$$

式中，X_s 表示瞬时状态变量的平均值；$X(t)$ 表示涨落。

　　具体而言，自组织众创演化的成分的质与量的变化由成分质的、数目、运动量、排列次序等变化引起。例如，当成分质变引发系统本身随机变化，因素进入、退出本质地改变了系统的质或构成，导致与原来系统的巨大区别；一些因素因运动原因改变引起各要素的重新排列，均可能在一定条件下形成自组织；不同方式的空间排列原则（资源主导型、市场主导型等）产生不同的系统结构。也可能是多种情况相互交织、叠加，从而作用于整个自组织过程。

（三）自组织众创演化路径的多样性原理：分叉、选择、相变

　　自组织众创的演化一般是从简单到复杂的过程，伴随要素间的对立和协作，经营中常见绩效增长或下降、突变和渐变、发展与停滞、循环与突破等现象，这些对立要素在同一系统中频繁作用，极端表现为混沌和分形。

　　从理论而言，"混沌"从时间概念上就是系统的演化没有任何节律。平衡态的混沌，即系统宏观没有演化而微观（内部）演化毫无规律；非平衡态的混沌，即系统宏观演化无规律而微观演化有规律。系统自组织演化表现在时间混沌的道路有三条，即倍周期进入混沌、准周期进入混沌和阵发性进入混沌。从空间上看，混沌状态是稳定性与不稳定性的内在统一状态，是系统自组织的运动收缩到状态空间内有限区域的一种形式，它相当于一种空间状态中的吸引，科学上被称为"吸引子"，其具有吸引其自身之外运动状态产生集聚的凝聚力或吸纳源，在极大巩固自身稳定的同时，对被吸入部分保持排斥状态，内部蕴含不稳定、不安定、极具自乱循环的隐患。这种混沌空间内部分形的状态具有层次结构与不均匀性，各层次存在空洞、缝隙或失联。大量外层或底层嵌套的组织以相似结构产生联结，例如，局部与整体相似，局部的分支与局部相似，产生无穷自相似嵌套，直至源头稀少或枯竭才逆向产生分解作用。而从单向平衡态混沌到有序再到非平衡态混沌的演化全过程，包含三个阶段，两个飞跃，即：无序（混沌）——有序——更高级的混沌，可以认为是有序来自无序，转化为更高级的混沌；高级非平衡混沌内在地包含更高级的有序。单向演化图景描绘了混沌与有序的转化和不同层次及对象的循环。不同阶段的质性转变产生相变。从一种状态向另一种状态的转变，即飞跃。相变可分为平衡相变与非平衡相变。此时的平衡相变恰恰是前一阶段彼时的非平衡相变。相变产生的吸引子作用，在一定程度上保持稳定与不稳定的内在统一，且稳定多于不稳定，此时的平衡相变结果形成的新结构不需要外部供给物质、能量来维持其稳定性；而继续演化的结果与平衡相变恰恰相反，即需要在开放系统条件下依靠物质和能量的耗散来维系与发展。

　　自组织创业主体行为演化相变一般是全球、区域等经济发展、竞争博弈后的

结果，呈现稳定与非稳定结构之间的转化，即平衡相变与非平衡相变之间的转换。具体过程由系统结构稳定性与破缺程度所决定，具有蝴蝶型、燕尾型、尖点型、折叠型、抛物脐点型、椭圆脐点型和双曲脐点型等不同突变类型，即主体从无序到有序质变的方式存在多样性，演化方式由主体行为经过临界相变点时的种种分叉现象的选择结果决定。而且，大部分众创现象都存在这种分叉现象，极大丰富了演化方式。同时，不同演化也意味着对称性破缺，可能造成不可逆转的历史与时间之矢，即系统对称性破缺后的结果具有不可逆性，如微小的蝴蝶效应会引发系统性后果。因此，如果区域经济对自组织众创的依赖性可以通过其主体的有限多样性选择来限定，例如，结合区域性产业领域价值链活动深工分化的结果，从结构的稳定性到期望领域相变的产生，就需要积极引导现有自组织众创的相变调整或新组织的诞生。

（四）自组织众创发展方式：渐变与突变原理

自组织理论中控制参量的变化可以分为渐变和突变两种情形[112]。当外界环境对系统的作用缓慢发生时，即系统的控制参量逐步改变，系统逐渐接近发生质变的临界点时，系统就会从旧态变为新态。由前已知，自组织众创主体的建立是基于松散点状创业组织逐步转化为有意识、有目标、有规模、有势能的结构，其演化过程具有正负反馈两种机制，内在动因是系统内各子系统及要素之间的非线性作用。这里以 ax 表示正反馈作用（a 表示强度系数），$x(1-x)$ 表示各因素耦合形成的正负反馈机制的作用；将自组织众创中管理自如度、组织易变率等多个非线性要素作用，表述为 $ax \cdot x(1-x)$；自组织众创中包含其他制约因素，如创业者认知水平、企业战略、决策机制、组织功能等，以 $-bx$ 表示限制性因素降低组织管理自如度或组织变化的作用，即阻尼项，b 为阻尼系数。其他随机"涨落"力的作用，可用 $\tau(t)$ 表示。自组织众创主体的管理过程涉及的基本演化方程可表示为如下形式：

$$x = ax^2(1-x) - bx + t \qquad (2\text{-}22)$$

对方程（2-22）作变换，令

$$x = \frac{1}{3}\left(q + \frac{b}{a}\right), \quad \frac{\mathrm{d}x}{\mathrm{d}t} = \frac{1}{3}\frac{\mathrm{d}q}{\mathrm{d}t}$$

令 $\alpha = 3a$，$\beta = \dfrac{b^3}{27a^2} - \dfrac{b}{3a}$。

则演化方程变化为

$$q - q^3 + \alpha q + \beta + \tau(t) \tag{2-23}$$

令方程（2-23）中的 $\beta = 0$，只考虑单个参数 α 的动力学方程：

$$q = \alpha q - q^3 \tag{2-24}$$

由 $q = 0$ 得到方程（2-24）的三个定态解：

$$q_1 = 0, \quad q_2 = q_3 = \pm\sqrt{\alpha} \tag{2-25}$$

当 $a < 0$ 时，$q_1 = 0$ 为系统稳定的定态解（q_2，q_3 为虚数，无实际意义）。当 $a > 0$，三个定态解均为实数解，$q_1 = 0$ 为系统不稳定的定态解，q_2, q_3 是稳定的定态解，即 $a = 0$ 为系统（2-25）的分岔点，当 α 从负值增大并跨越这一点时，系统既有新定态的创生和稳定态数目的增加，又有稳定性的交换，系统定性性质发生显著改变。自组织众创是通过强调内部要素共创管理，不断强化知识/信息共享、行业新技术广泛应用等，从而促使企业整体生产或效率发生质变，使得现有结构状态稳定性逐渐瓦解、丧失以及新结构确立的有序演化过程。其演化路径不唯一，具有多样性，只要有产生作用的媒介质，均可能引发系统分岔。

与渐变对应的是突变。自组织众创主体演化存在突变现象，即演化模型的不稳定性、分岔和突变等特征，例如，自组织众创活动的并购、外包、重组等，使得组织活动实施具有"破坏性"，原系统稳定性被破坏，新结构得以建立，较短时间即完成有序性演进，这匹配突变论中的尖拐突变模型[14]，函数可以描述为

$$V(q) = -\int(-q^3 + \alpha q + \beta)\mathrm{d}q \tag{2-26}$$

即

$$V(q) = 4^1 q^4 - 2^1 \alpha q^2 - \beta q \tag{2-27}$$

这里，控制参数 α 从 $\alpha < 0$ 到 $\alpha > 0$，其解发生质的变化。$\alpha < 0$ 时，解 $q = 0$ 稳定；$\alpha > 0$ 时，解 $q = 0$ 不稳定。即参数变化越过临界点时，原来的稳定点变为新系统的不稳定点。由于方程（2-25）是确定性方程。如初值 $q_0 = 0$ 时，系统会永远处于这一定态上，即使初态变为不稳定定态。随机非线性要素 $T(t)$ 的演化方程：

$$q = \alpha q - q^2 + \tau(t) \tag{2-28}$$

在该随机微分方程中，状态变量 q 也已经变为随机变量。在一般情况下，方程（2-28）不能精确求解，因为 $\tau(t)$ 的分布形式复杂多变。现考虑 $\tau(t)$ 的一种比较简单的形式。假定 $\tau(t)$ 为高斯分布形式的白噪声。通过近似求解方程得知：随机"涨落"力的作用使式（2-28）实现由不稳定态向稳定态的演化成为可能；系

统的演化路径在分岔点上不能以确定的方式实现由旧结构向新结构的跃迁，而由 $\tau(t)$ 随机决定。在临界点上出现的小偏差可能决定系统演化的方向。其中，尤为引人注意的是，在控制变量的缓慢变化引起自组织的过程中，在临界点上，外界环境对系统的作用并未改变，但系统却发生了质变。而且，环境向系统输入的能流、物流并不是有序的固定量，而是无规则的，但系统却"创造"出了某种有序结构；另一种情形是控制参量的突变，即突发性变化引起自组织。

简言之，自组织创业行为的渐变、质变、突变极大依赖于创业者与创业主体、创业主体与整个创业系统之间的内在统一性。这里渐变是通过系列连续变化最终完成该统一性的建立；质变是指创业者、自组织众创主体的内在统一性与经济发展所需相符，即与整个创业系统融为有机体，成为其驱动力；突变则倾向于创业主体以突变方式完成其统一性。需要说明的是三者之间的关系：质变由突变和渐变来完成；突变可以瞬间发生，也可以是因非察觉到的缓慢、微小的连续变化、间断累积变化而形成的突变，是渐变的隐性转化。突变一定意义上代表质变，但并不意味质变飞跃。突变与渐变之间主要以非线性作用产生质变，也是自组织理论中的相变的途径。自组织众创主体主要由渐变的非线性作用促成，特殊情况下也可以由突变引发，依赖系统演化的具体环境情况，而且也与创业系统所处的层次紧密相关。突变、渐变引起的质变从具体组织形式上表现为超循环进化。

沈小峰和曾国屏[113]认为循环是相互作用的形式，相互作用则是循环的内容；其主要是非平衡非线性系统自组织的循环，因而也是非平衡非线性循环，而不是平衡循环；平衡循环是一种可逆循环，表现为周而复始的简单圆圈，既无发展，也无倒退。其中，不同发展水平的循环均有可能涉及反应循环、催化循环到超循环。当超循环自组织系统已经具有了自我选择能力，基本的超循环可以发展出复杂的超循环，从低级的超循环发展出更高级的超循环；而"反应循环→催化循环→超循环"链就是系统自组织发展演化的层次跃迁与复杂性增长的过程"链"。这些"循环"耦合的组织形式，能够最大限度地使系统内非线性相互作用（以竞争与协同方式）被调动和可利用。催化循环是复杂结构能够持续存在的基础，联结不同环节、各个子系统。超循环进化被认为包含会聚式的由低级循环向高级循环发展与超循环生长两大类。前一种进化发生的是系统整体的突变，后一种发生的是系统局部的突变和整体的渐变，整体的渐进发展中包含着局部的突变。

"循环"是自组织演化过程实现内在统一性的基本形式，通过正负反馈双向自强化产生链式作用。循环且强化的机制作用使创业自组织层次结构实现从低级向高级跃迁，并强化层次结构的组织性。这是为什么自组织创业能够在自催化和交叉作用的"超循环圈"模式下实现自我、超越自我并不断演化。该过程伴随对大量随机性及偶然性事件的处理，例如，由参与主体意愿选择改变导致的创业活动中市场、时间、空间、成本、内容复杂程度等不可预知的随机性，以及市场需求变化与偏好的随机性，还有市场边界的随机性与规模的模糊性。这些都导致自组织众创主体时刻关注正确决策方向与发展方式。协同方式是针对随机因素和可控要素的最佳选择，与竞争形成对立共存的平衡关系，它们共同决定创业主体演化的方向。

第五节　自组织众创群落概念界定及动力演化

一、群落概念界定

生态学的群落指在特定环境下具有一定外貌、结构、功能的各物种相互影响和相互作用的种群集合，是具有直接或间接关系的多种生物种群有规律的组合，具有复杂的种间关系，在一定生活环境中的所有生物种群的总和称为生物群落，简称"群落"。该意义上的"小群落"即在群落的林下地被植物聚集形成的小斑块，在种类组成和外貌上与其所在的群落有显著差异，受到整个群落的影响，并非一个独立的群落。小群落的形成和存在是由其所在的群落决定的，是整个群落的一部分。Suma 等[114]指出生物群落作为自然生态系统中的基本组成要素，群落之间并不是孤立存在的，而是存在多种形式的相互联系与相互依赖，并组成具有一定结构与功能的统一体，是在一定时间和一定空间内存在一定联系的生物种群的集合[115]，进一步发展为生态群落。例如，学习型联盟是"创新群落"进化的重要来源[116]，包括科研机构、投融资机构、科技中介机构、关联企业、政府和科技创业企业不同种群的科技创业生态群落[117]等，它们在科技创业生态群落系统内承担不同的功能。众创是在中国情境下出现的一类新型创新创业模式[118]，众创生态系统由生物群落和非生物群落构成，其演进过程是结构与功能不断复杂化的自组织过程。经济意义上的自组织众创群落，是在特定地域空间内，不同性质、结构、功能的自组织创业主体彼此相互影响和作用的有机集合创业体系统，具有开放性、自主性、自发性等特点，整体功能远远大于部分功能的简单加和。在我国这些小群落多呈现为团队、工作坊、工作室等；较大规模的如创客工场、创客空间等。

自组织众创群落即由不同创业参与主体构成，创业团队与资源服务支撑平台、中介服务机构等之间进行物质循环、能量流动、信息传递，创客或创客团队之间进行知识共享、技术扩散等交换活动，所形成具有自组织自我调节功能的生态学功能单位。由于行为主体众多，角色多元，关系复杂，网络嵌套纵横交错，形成创业的生态网络多样性。群落的功能系统与生态群落内的生物有机体类似，例如，相关管理、决策、控制、执行系统、信息反馈系统等类似于生物的神经协调系统，具有规范性的发展趋势；其组织架构类似于生物的组织运动系统；资金循环系统等类似于生物的循环系统；生产系统等类似于生物的能量增殖系统；人、财、物等资源的消费、损耗系统等类似于生物的能量降解系统；发展监督方面类似于生物的预防免疫系统；同样也存在保障安全、劳动保护、保险等类似于生物的保障代偿系统。

按照关系的紧密程度，自组织众创群落可划分为"家族式"和"非家族式"；按照规模或数量，可以分为小型群落、中型群落、大型群落；按照具体实现类型，可以分为技术创新自组织群落、创意自组织群落、工艺流程自组织群落、商业模式自组织群落等；按照参与方式，可以分为单一行业自组织众创群落、混合型自组织群落、联盟型（国内国际）自组织创新群落；还可以根据不同具体内容来划分。

二、自组织众创群落的动力演化

不同自组织众创群落的创业动力有所不同，可以由资源禀赋差异、成本优势、先进技术或人才优势、区位或流通等要素激发而来，它们是创业主体系统动力的重要组成。对于动力本身的含义，学者有不同看法，归结而言，个体的内在要求（如需要、本能等）和外部动机（动机、目标、行为等）的协调被认为是行为的基本驱动原因。

动力要素是指构成动力的存在并使动力持续的必要的最小单位，是构成动力必不可少的因素，又是组成动力的基本单元，是动力产生、变化、发展的必要条件。这里"动力"一词包含了心理学、行为学等所表达的力、能量和活动等含义，可以包括决定和影响有机体行为的内在或潜在因素。自组织众创群落的行为动力，基本来源于内部与外在环境条件，二者相互作用才能产生系统动力学和联合系统作用的机制[119]。究其根本发展动力，源于面临不同范围的竞争压力。

其动力可以分为两种类型：内生型和外生型创业动力，也因此具有两种创业机制[120]。内生型由正因素和负因素等自发产生，正因素如商家的强烈需求、创业知识、创业精神、创业经验、创业能力等；负因素是它的弱点，其弱点阻碍创业，如缺乏创新和商业知识、创业技能的意识不足、缺乏意志和毅力、不敢冒险等。外生型指外部环境提供的动力，也分为正面和负面，正面主要是指创业机会，如政府政策、父母及亲戚朋友的大力扶持、银行信贷支持等；负面主要是指构成阻力的威胁，如有力竞争者、家庭成员的不赞同、银行支持不足、媒体的批评等。由此，内在动因是行为产生、变化、发展的内在根据；外在诱因是行为存在和发展的外部条件，它通过内在动因作用于行为的存在和发展，加速或延缓行为的发展进程。

根据一般的自组织众创群落的基本要素关联，描绘其动力机制如图 2-6 所示。资源优势包括：竞争力优势、风险投资能力、市场份额、风险化解能力和渠道管控能力等；制度与环境方面不仅包括政府规制的硬约束影响和强力推动优化，也包括群落组织以自有技术、资源、空间、资金等来解决就业或创富等所尽到的社会责任或情怀。这些要素在不同联结方式下促使群落有互补性、异质性的竞合适应性行为。例如，异质性主体进一步促使群落分化、裂变、重塑、优化，促使产业专业化进一步分工，促使竞争市场更加细分和品牌化。

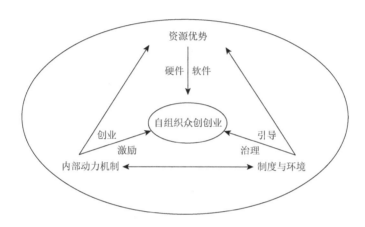

图 2-6 自组织众创群落的动力机制

自组织众创群落的内外部动力受制于相对资源优势而产生不同内部动力机制。例如，内部资源优势的核心是内部创客们基于资源、社会网络、技术等形成的共同体，超越一般意义上的组织构成或竞争者资源情况，从精神、认知到行动高度一致的群落，对于系统主体价值的网络构建和价值分工具有范围经济效果，促使系统价值最大化和影响力传播；因而自组织众创群落具有强大的激励共享和外部的环境适应行为动力。

群落主体尤为关切各主体要素对系统作用的协同效应与内部治理上的结构有序。其内部动力与外部动力按照一定相互作用机理促成群落众创行为的动力机制，从而产生协同效应。内在动力要素源于保障众创行为发展的禀赋条件，内部动因构成群落众创行为变化的加速器。外部动力要素通过保障内部动力的顺畅运行形成主导性变化，并可能改变原众创行为的根本性质和基本方向；外部诱因通过内部动因作用于众创行为的存在和发展，有加速或延缓发展进程的作用。如若外部诱因正是群落众创行为动力的外部环境，这些外在动力要素是保障条件，会进一步促成众创行为并强化外部优势。自组织众创群落与政府、群落网络三者的交互强化与紧密程度、多样化程度共同决定其可持续性（图 2-7）。

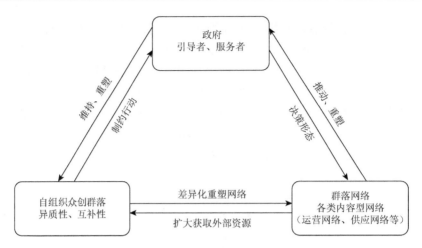

图 2-7　自组织众创群落-政府-群落网络的一般交互机制

第三章 我国自组织众创主体的行为形成及发展现状

第一节 一般自组织众创的发展变化

首先为了展现众创前后的发展变化及趋势,本章选择了 2010～2017 年各指标的数据,如表 3-1 所示。

表 3-1 各指标原始数据表

评价指标	2010 年	2011 年	2012 年	2013 年	2014 年	2015 年	2016 年	2017 年
个体就业人数/万人	7 007.6	7 945.3	8 629.0	9 335.7	10 584.6	11 682.2	12 862.0	14 225.3
学成回国留学人员/（×10^2人）	1 348	1 862	2 729	3 535	3 648	4 091	4 325	4 809
私营企业法人单位数/（×10^3个）	4 683.851	5 254.870	5 917.718	5 738.666	7 266.188	8 656.494	10 500.697	14 368.860
科研和开发机构与试验发展人员/(×10^2人)	3 420	3 621	3 882	4 090	4 230	4 363	4 499	4 622
地方财政科学技术支出/亿元	1 588.88	1 885.88	2 242.20	2 715.31	2 877.79	3 384.18	3 877.86	4 440.02
专利申请授权数/（×10^2项）	8 148.25	9 605.13	12 551.38	13 130.00	13 026.87	17 181.92	17 537.63	18 364.34

资料来源:国家统计局公开数据库的统计数据,https://data.stats.gov.cn/easyquery.htm?cn=C01

上述结果显示,各项指标总体呈上升趋势,其中私营企业法人单位数和地方财政科学技术支出上升趋势较为显著,科研和开发机构与试验发展人员数上升趋势小,相对平缓,学成回国留学人员数呈现上涨趋势。

考虑到各指标对自组织影响程度有所不同,这里采用专家打分法,即根据 10 位不同领域专家的意见对评价指标的单位进行调整和更改,赋予指标相应的权重,最终对其进行加权,其中加权公式为 $X = \sum pq$,p 表示各项评价指标的值,q 表示相应的权重。邀请管理、信息、人力资源、公共管理等领域的 10 位专家进行匿名打分。其中,对于评价指标,在人数的类别方面,个体就业人数、学成回国留学人员、私营企业法人单位数、科研和开发机构与试验发展人员分别赋权 0.1、0.2、

0.15、0.15；而在产值方面，地方财政科学技术支出和专利申请授权数均赋权为 0.2。完成计权，改变指标单位后的数据与 2010 年至 2017 年指标加权值如表 3-2 所示，结果显示自组织众创程度基本上逐年增加。

表 3-2　2010 年至 2017 年指标加权值表

项目	2010 年	2011 年	2012 年	2013 年	2014 年	2015 年	2016 年	2017 年
加权值	4 133.364	4 796.513	5 837.304	6 263.720	6 693.420	8 052.564	8 684.253	9 793.831

经研究发现基期加权综合指数能较准确地体现出自组织众创情况，基期加权综合指数就是把同度量因素 q 和 p 固定在基期的水平上，以测定相应的 q 和 p 的变化程度的加权综合指数，通常也称为拉斯贝尔斯指数，简称拉氏指数，即 $I_p = \dfrac{\sum p_1 q_0}{\sum p_0 q_0}$。这里以 2010 年为基期，计算各年的拉氏指数（图 3-1）。

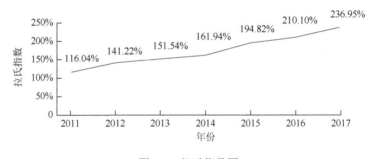

图 3-1　拉氏指数图

拉氏指数图呈现持续上涨趋势，2017 年达到 236.95%，印证了 2013 年我国众创政策实施之后创业能量释放程度不断上升。

第二节　样本调查及研究

首先进行规范的调查问卷设计，编制书面的问题表格，交由调查对象填写后收回整理分析，然后得出研究结论。调查对象为分布于不同领域的自组织众创主体，涉及加工业、互联网、产品设计、软件开发、文娱、民宿等；包括儿童防走丢智能鞋、智能手表、智能血压计、智能体重仪、智能手环等健康设备；财务、应用性手机 APP 服务工具开发；创意产品、研发设计等；技术解决服务、故障诊断、故障预警、维修等；产品售卖（如超市）、电子商务、社区团购、厂商到顾客（factory to customer，F2C）自营电商末端、商贸出口、农村电子商务、创投服务等商贸活动；以及"互联网＋医疗"、"互联网＋交通"、"互联网＋公共服务"、"互联网＋教育"、大学校园开发的众创项目等。

（一）调查概况

因课题跨时较长、又跨区域，调查时间控制在 2017～2019 年，为了获得真实、客观的数据，纸质部分在镇江周边区域展开，包括镇江高新创业园区、江苏大学创业孵化基地等，主要采用的是面对面的代填式问卷调查法；在线调查对象针对在市场上平稳存活两年以上的众创主体，如众创空间、创客工场、特色小镇等典型众创主体，但不限区域，具体通过"问卷星"展开；归言之，具体区域涉及我国东、中、西部地区省市相关数据资料。东部地区包括江苏、安徽、浙江、山东、福建，中部地区包括河南、湖北、湖南、江西等，西部地区包括重庆、四川、贵州、陕西、云南等。两种方式采用的是同样的问卷问题。

其中具体的数据样本分配如下。课题主要采用调研所得的一手及二手数据展开分析。结合二者的原因，其一是由于迄今为止，我国并没有针对自组织创业的专有数据库；其二，课题对象行业分布非常广泛，考虑的因素较多，故先后进行了多次调研。又由于经费、人力等多因素制约，资料获取采取了访谈、访谈＋问卷、问卷等多形式。其中，来自江苏扬州、镇江、无锡、徐州及杭州等多地的调研样本为访谈＋问卷，该方式获得有效样本 270 份；考虑到众创行为动机小样本的局限性，后又为了增强对众创动机规律的了解，针对创业动机的数据采集除了镇江大地区（京口区、润州区、句容、丹阳、扬中）108 份调研样本之外，另外增加了周边区域南京、扬州等自组织众创主体纯问卷样本 332 份，共涉及问卷 440 份。350 份用于训练，50 份用于测试，保留 40 份。针对众创能力方面的问卷主要通过"问卷星""乐调查"在线调查平台完成，样本量为随机在线数据 1000 份。在线针对创业行为的调查在一定程度上将中小（排除微型）私营企业法人单位视为自组织众创主体（二者含义不完全相同），可以替代的主要原因在于企业一般由两个以上拥有股权的人发起成立，而且私营的属性为非公共属性。另外，统计数据上对自组织众创主体采用独立计数。为了系统、客观、科学地描述无行业差别的发展现状，还使用了现有研究的二手数据情况，例如，将人数和产值作为大类指标，人数类别指标主要包括个体就业人数、学成回国留学人员、私营企业法人单位数以及科研和开发机构与试验发展人员；产值类别指标主要包括地方财政科学技术支出和专利申请授权数等。

（二）问卷设计

调查问卷主要由三部分内容构成，分别是基本信息、众创行为动机与作用程度、众创行为动力要素来源与作用程度。第一部分是个人的基本情况。记录受调查者的背景信息，包括性别、年龄、文化程度和公司员工数量，公司发展阶段、众创者类型等几个方面的个人基本信息，可以帮助我们更好地测量研究样本的特点。第二部分是分析并确认小群落自组织众创行为动力原因的调查，根据上文研究变量的定义，众创行为动力原因分为内部动因和外部诱因。其中内部动因的衡量指标为：基本生存需要；追求更加可观的收益及众创的利益；自己当老板，当自己的主人，改善自身环境愿景；自尊的需要，实现个人理想抱负，获得成功的满足感；基于个人兴趣自我消遣；实现价值（光耀人生/光宗耀祖）需要等。共设置了 6 个测量题项。外部诱因的衡量指标为：全球化趋势、市场环境（市场需求、市场结构创造性生态特征、市场竞争及市场机制对众创活动的有效作用等）、科技环境（社会技术进步，产业转型升级等）、文化环境（良好社会众创文化规范，社会及家庭良好众创氛围等）、政策环境（政府鼓励支持众创，出台各种政策如资金、技术支持等）、融资环境（风险投资市场的巨大潜力等）、众创教育培训（座谈会、创业计划大赛、模拟实践以及系统化的众创课程体系等）、就业人口问题（就业压力）、成功众创者示范效应、家人朋友（物质、精神、信息）激励等。共设置了 10 个测量题项。

第三部分是分析并确认小群落自组织众创行为动力要素的调查。根据上文的研究，众创行为动力要素分为外部和内部。内部动力要素衡量指标为：拥有一定闲余时间；拥有一定资金；较好的众创收益预期（预期众创收入弥补全部众创支出，纯收益不低于可接受的最低收益水平，或比其他投资活动收益更高）；拥有人才资源及技术资源（自身及众创伙伴具备相应专业技术）；拥有场所（如有形孵化基地）及基础设施资源；拥有中介及平台（如无形互联网）资源，众创服务体系等信息资源；能够通过创新把握众创机会；具备创新众创意识；具备创新众创品质、知识、能力；具备众创直接或间接经验等。共设置了 10 个测量题项。

外部动力要素的衡量指标为：众创文化环境，周围众创氛围，社会文化规范；众创政策环境（政府提供鼓励众创的政策支持）；科技环境（国家或学校项目及技术支持、社会技术进步）；融资环境（国家或学校金融优惠支持、风险投资市场巨大潜力）；众创市场环境（市场需求、市场竞争及市场机制的有效作用、众创型生态的市场结构）；家庭（精神、物质、信息）激励与支持；教育培训支持（利用高校开展多种形式的众创座谈会、众创计划大赛、模拟实践等，高校建立系统化的众创教育课程体系）；众创法律法规健全作为保障等。共设置了 8 个测量题项。

（三）调查过程与数据样本

　　问卷调查为期两周，首先通过文献资料搜索等方式获取初步的资料，设计问卷并发放。其中纸质问卷发放对象为镇江市江苏大学创业孵化基地中小群落自组织众创主体、镇江市高新创业园区小群落自组织众创主体、江苏大学周边小群落自组织众创商家等实体众创组织；网络问卷通过"问卷星"网站提供的样本服务，涉及网络可及的小群落自组织众创者，包括在校大学生、社会已毕业人士、行业精英等。通过问卷调查法和访谈法，收集现实第一手资料，进而对资料进行统计分析。

　　围绕自组织众创群落展开了问卷调查，共发放问卷 440 份，实际收回问卷422 份。由于跨区域调查问卷时效存在不一致性，本章仅选取了其中同期时间相对一致的 300 份展开分析，再剔除填写无效或不规范问卷，共 270 份有效问卷符合要求，有效率仍为同期样本的 90%。这些有效问卷的样本对象来自全国 14 个省市小群落自组织众创主体（这里主体的年经营业绩低于或等于 2000 万元），在纸质及网络问卷发放过程中，严格筛选调查对象，只针对小群落自组织众创者进行问卷调查，其主体包括在校大学生小群落自组织众创者，众创园区的众创空间、小群落自组织众创者，以及社会人士小群落自组织众创者、行业精英众创主体等各类型自组织众创小群落。在问卷设计提供的众创群落行为动力要素中，外部诱因涉及全球化趋势、市场环境、科技环境、文化环境、政策环境、融资环境、众创教育培训、就业人口问题、成功众创者示范效应、家人朋友（物质、精神、信息）激励等；内部动因主要有基本生存需要、追求更加可观的收益及众创的利益、改善自身环境愿景、自尊的需要、基于个人兴趣自我消遣、实现价值（光耀人生/光宗耀祖）需要。从动力要素分，包括众创文化环境、众创政策环境、科技环境、融资环境、教育培训支持、众创法律法规健全作为保障等，而内部动力则是拥有一定闲余时间，拥有一定资金，较好的众创收益预期，拥有人才资源及技术资源，拥有场所及基础设施资源，能够通过创新把握众创机会，具备创新众创意识，具备创新众创品质，知识、能力，具备众创直接或间接经验等。

第三节　调研样本的描述性分析

（一）信度与效度分析

　　信度检验方面，样本数据基于 SPSS 19.0 统计软件进行分析，采用 Cronbach（克龙巴赫）的一致性系数（α 系数）来分析信度，检验结果显示 α 系数为 0.968＞0.8，表明调查可信度高。其中政策环境、家人朋友（物质、精神、信息）激励、基于个人兴趣自我消遣、基本生存需要、实现价值（光耀人生/光宗耀祖）需要等变量校正项总计相关性（corrected item-total correlation，CITC）<0.4，可考虑删除以上几项。由此可见，各变量与相关题项的一致性程度均处于较高的水平，表示问卷设计的题项都在衡量同一变量，就整体而言，问卷具有较好的信度。

效度检验方面，采用的是 KMO 和巴特利特球体检验，来判断研究数据是否适合进行因子分析。这里效度检验结果 KMO 值分别为 0.759、0.766、0.782、0.854，均不低于 0.7，则可以进行因子分析；p 值均等于 0.000，小于 0.05，由巴特利特球体检验证明是有效的。因此，问卷具有效度。

（二）样本属性特征分析

1. 基本属性特征

就样本自组织众创主体"发起人"的性别比例而言，男性为 152 例，占比56.30%；女性为 117 例，占比 43.33%；既有男性也有女性为 1 例，比例为 0.37%。

在自组织众创主体的行业特征方面，电子信息行业占 8.7%，现代农业占0.87%，软件行业占 7.83%；新材料新能源行业占 4.78%，生物医药占 4.78%，节能产品和能源综合利用行业占 2.61%，电子商务占 13.04%，其他行业占 57.39%。

在众创主体所处阶段方面，在所调查的对象中，26.21%的众创对象处于种子期，主要是技术的酝酿与发明阶段；30.55%处于起步期，主要是技术创新与产品投试阶段；28.34%处于成长期，主要是技术在生产上的广泛运用阶段；14.90%处于成熟期，此时技术成熟并尝试新方法。

在众创主体的员工人数方面，调查对象中有 11.30%的组织拥有 2001 名及以上员工。3.48%的调查对象有 1001～2000 名员工；9.57%拥有 301～1000 名员工；6.96%拥有 101～300 名员工；12.17%拥有 51～100 名员工；56.52%拥有 1～50 名员工。

在自组织众创主体发起人的年龄方面，根据调查数据，2.61%调查对象的发起人年龄在 51 岁及以上；15.65%的调查对象在 41～50 岁；13.04%的调查对象在 31～40 岁；25.22%的调查对象在 26～30 岁；43.38%的调查对象在 25 岁及以下[①]。

在自组织众创主体发起人的学历方面，9.57%具有博士研究生学历；13.04%为硕士研究生学历；58.26%为本科学历；14.78%为专科学历；4.35%为高中学历。

2. 自组织众创主体类型

自组织众创主体按发起类型划分为：血缘型、业缘型、地缘型、技缘型、趣缘

---

① 合计不为 100%是四舍五入修约所致。

型等。其具体参与路径包括：合伙制、参股制、内部化（核算）、嵌套化、联盟型、高校内部创业、公司内部创业等。自组织众创主体不同类型及相关情况如表3-3所示。

表3-3　自组织众创主体不同类型及相关情况

项目	血缘型	业缘型	地缘型	技缘型	趣缘型
占比	31%	20%	12%	29%	8%
主要行业领域	生产制造、供应链等	产品研发、自营电商等	技术服务、维修、电子商务等	工业周边产品、互联网业务等	文创
核心人物创业时年龄	38岁	27岁	25岁	36岁	23岁

血缘型众创是指创业者依托血缘的人际关系如父母、兄弟姐妹、亲戚等而形成的创业团体，具有关系密切、意见上容易达成一致、凝聚感强等优势，亲朋好友影响力对创业顺利至关重要。

业缘型主要是因所从事的事业相同、相近而组建的众创主体。例如，科研团队之间，经常协作的成员、同事、师生等形成的创业伙伴关系。时间和空间促成了彼此间深刻了解、情感联系、能力发展，容易建立业务上的合作关系。例如，离开华为的职员重新搭建的共进退的众创主体。对未来风险的规避、注重较为成熟的业绩品质、未来共享发展利益是该类众创主体的重要特征。

地缘型主要是指因家乡和生活区域相近形成的创业关系。最为突出的是同乡合作创业，彼此知根知底，不仅能使合作关系稳固持久，还能互帮互助，基于乡情"抱团取暖"应对风险。团队调查的"杭州××餐饮管理有限公司"，就是典型样本，它依托乡缘关系而建，在创业初期，缺少对市场状况的深入了解，面临陌生环境、人脉不广、团队资金不足等问题，只能依靠本区域广泛、彼此信任的地缘型人脉关系及资金筹集才逐渐起步展开业务，这正是团队成员的彼此扶持发挥着重要作用。

技缘型主要是专业知识、技术水平等志同道合的创业者之间形成的自组织众创主体。调研样本涉及主体主要有工业周边产品、互联网业务等组织。

趣缘型则主要是创业者因具有相同的创业理念和创业兴趣而组成创业团体的创业类型。依托内部介绍、外部宣传引导等方式加入的创业者，对众创主体的战略定位、市场观察、政策解读、行为偏好等具有相似性和高度认同感，如外科医生当木匠的张大勇众创团队。创业与人生愉悦、事业发展融为一体，观点、意见和态度具有一致趋向度，趣缘是创业体的纽带，默契度高是行为持续的灵魂。这类趣缘群体甚至不需要组织架构实施管理，协同与自觉配合是主要特征。但这类创业体起步时间长，需要有一定社会影响力才容易形成团队，而且不定期会面临资本不足的情况，容易受外部市场变化和兴趣转变的影响，但对社会和政府的创业扶持依赖度却很低，其在形成上与众创主体本身的社会资本积累和动力持续有密切关系。

自组织众创主体的共有特征包括：明确的中心组织，结构基本扁平化，时间期限是各类型考虑的关键维度；创业主体内部信息共享和沟通程度较充分，期限内配合度高；主张自我价值与主体价值最大化同等重要；产品初始投入成本较高，经营不稳定，同时初期缺少成熟的创业团队管理制度，导致遇到问题时内部摩擦较大。

3. 创业动机分析

根据调研资料（如需原始资料，可联系作者），分析得到学历与创业动机曲线关系如图 3-2 所示。

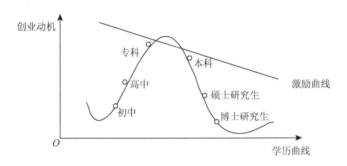

图 3-2　学历与创业动机曲线关系

（1）渴望职业自由的创业者集中于高中或专科、本科学历，其中受教育程度达到大学的创业者更加渴望职业自由。

（2）随着受教育程度的提升，创业越发脱离基本物质供给来源的功能属性，精神价值功能凸显；同时创业范畴从普通向专业领域精进，教育程度与强专业性、挑战度、创业意愿成正比；教育程度与弱专业性、挑战度、创业意愿成反比。喜欢有挑战性事业的创业者多集中于高中或专科、本科、硕士研究生或博士研究生学历，其中拥有本科学历的创业者更喜欢有挑战性的事业，硕士研究生或博士研究生次之。但是，受教育程度越高，人们往往更喜欢拥有挑战性的事业，但当自身学术研究达到一定深度与高度时，创业的意愿程度会有所下降。

（3）拥有高中或专科学历的创业者在创业前更加关注市场机会；随学历提高，关注度却逐渐下降，受教育程度和知识水平的提高与降低创业风险的行为意愿一致。

（4）创业前按照创业前试图积累创业资源的程度从高到低排序（结合年龄考虑），依次为高中或专科、本科、硕士研究生或博士研究生。依据社会对个人价值评价的心理、行为、能力等多维度性结果，非高学历的创业者一定产生高回报单一指标的评价结果，创业资源积累更容易通过开阔途径完成。

（5）愿意为获得收益而冒险并承担风险（收益风险偏好）的创业者学历依次为：本科、硕士研究生或博士研究生、高中或专科、初中及以下。其中，本科之前，创业者学历层次越高，拥有收益偏好的比例越高，更愿意承受因获得收益带来的相应风险，完成本科则达到观察主体的最高平均水平；本科之后，风险偏好有所降低，仍远高于高中、专科及初中水平。

（6）创业前有朋友资助创业的创业者，学历多集中于高中或专科，而其他学历创业者较少。大多数高中或专科学历的创业者由于自身已经具备了基本的科学文化素养，并且决定创业时，拥有志同道合的创业伙伴及相似的学历背景或想法，所以创业前朋友同意资助的调查结果更明显。家族有创业传统和氛围的创业者，学历集中于高中或专科，其他类别则较少。结合调研反馈，这些创业者主要是受到家族里创业人士耳濡目染的影响，在完成了基础义务教育之后，高中或专科学历的创业者就立即准备创业，并认为创业才是实现自我价值的可持续发展道路。受周边地区成功创业者影响的创业者，学历集中于高中或专科，其他类别较少。大多高中或专科学历创业者，由于从小受到周边地区创业人士故事的熏陶并经过观察了解，时间和条件成熟即有创业动机。

（三）行为动因分析

研究采用 Likert 量表分类法对调查中所有变量进行测量。"5"分到"1"分依次表示调查对象对观测变量的水平测试持"很同意"、"同意"、"一般"、"不同意"和"很不同意"的态度；因此，所观察到的变量的值的评分，最大值为"5"，表示达到最佳水平，最小值为"1"，表示仅为最低水平。这里采用平均值平均水平与平均值对应百分制分数的换算，目的是便于直观判断调查中变量是否贴近现实，以及便于筛选对众创行为影响大的原因及要素。具体换算释义情况见表 3-4。

表 3-4　百分制-均值分数换算释义表

百分制分数	均值	释义
0～59	0～2.95	变量不可信
60～69	3～3.45	变量可信度一般
70～79	3.5～3.95	变量可信度较高
80～89	4～4.45	变量可信度高
90～100	4.5～5	变量可信度极高

首先，在众创群落行为原因来源方面，如表 3-5 所示，来源变量的均值平均趋于 3.73，折合为百分制为 74.6 分，说明以上原因变量较为贴切现实；从均值分布看，外部诱因按均值大小由高到低分别为市场环境、文化环境、科技环境、政策环境、成功众创者示范效应、家人朋友（物质、精神、信息）激励，折合百分制为 70 分以上；内部动因按均值大小由高到低分别是改善自身环境愿景、自尊的需要、追求更加可观的收益及众创的利益、基于个人兴趣自我消遣、基本生存需要，折合为百分制为 70 分以上。众创行为原因来源变量的可信度较高。

表 3-5　原因来源变量描述性分析

原因来源	变量名称	样本量	最小值	最大值	均值	标准差	中位数
外部诱因	全球化趋势	270	1	5	3.47	1.44	4
	市场环境	270	1	5	4.11	1.12	4
	科技环境	270	1	5	4.00	1.04	4
	文化环境	270	1	5	4.09	1.08	4
	政策环境	270	1	5	3.86	1.17	4
	融资环境	270	1	5	3.40	1.29	4
	众创教育培训	270	1	5	3.42	1.35	4
	就业人口问题	270	1	5	3.33	1.23	3
	成功众创者示范效应	270	1	5	3.61	1.41	4
	家人朋友（物质、精神、信息）激励	270	1	5	3.58	1.24	4
内部动因	基本生存需要	270	1	5	3.54	1.12	3
	追求更加可观的收益及众创的利益	270	1	5	3.91	1.07	4
	改善自身环境愿景	270	1	5	4.21	1.01	5
	自尊的需要	270	1	5	4.02	1.25	4
	基于个人兴趣自我消遣	270	1	5	3.67	1.23	4
	实现价值（光耀人生/光宗耀祖）需要	270	1	5	3.40	1.28	3

在外部诱因方面，自组织众创以一定技术生产产品或提供服务来满足市场需求，故市场需求是任何创业的起点，不同需求刺激众创的动力作用显著。就其外部诱因的作用程度反映，市场环境选项标准差 1.12，中位数 4，均值达到 4.11，换算为百分制为 82.2 分，是第一外部诱因，说明市场环境作为外部诱因对于众创行为重要的作用程度。良好的市场环境是众创行为发生的基础，进一

步带动市场其他要素，如有效市场机制、市场信息获取等，促进创造更多企业利益，进而使其追求内部创新等，使内外部要素协同作用。文化环境选项标准差 1.08，中位数 4，均值达到 4.09，换算为百分制为 81.8 分，其为第二外部诱因，说明文化环境作为外部诱因对于众创行为重要的作用程度。这里，文化泛指社会中创业氛围及文化环境，鼓励公众发挥自身智慧实现就业、创业、创富、创造，该因素与市场环境相辅相成。科技环境则是第三诱因，即自组织众创群落可便利采用的技术与通信手段和工具，其选项标准差 1.04，中位数 4，均值达到 4.00，为 80.0 分。

内部动因方面，改善自身环境愿景是自组织众创群落的最直接动力和动机。改善自身环境愿景选项标准差 1.01，中位数 5，均值达到 4.21，换算为百分制为 84.2 分，是第一内部动因，说明改善自身环境的期望对于众创行为重要的作用程度，一方面，单个主体创业面临风险太大且势单力薄；另一方面，因管理、制度跟不上难以形成现代企业。如若以众创群落形式，一方面能最大可能保持其相对独立性、灵活度；另一方面则相对单一自组织众创主体更为高效，容易在协同基础上降低成本、内部共享技术进步带来的收益，与共享愿景更为接近。然后是自尊的需要，以此追求理想抱负与自我价值满足感。"宁为鸡口，无为牛后"能揭示群落众创的动因，体现自我存在的社会认可，其基于人格的饱满程度和人生满意程度等评价。对其作用程度的调查中，自尊的需要选项标准差 1.25，中位数 4，均值达到 4.02，换算为百分制为 80.4 分，是第二内部动因。再则是追求更加可观的收益及众创的利益，这也是重要的动力要素。其他关联人物（亲人、恋人、整体目标等）的环境改变触及创业者的行为动机，其实质是责任担当意识的觉醒。调查中，追求更加可观的收益及众创的利益选项标准差 1.07，中位数 4，均值达到 3.91，换算为百分制为 78.2 分，是排名第三的内部动因。追求集体利益是众创群落较短时间内实现规模经济/范围经济、提升回报、降低风险、增强特色优势的有效途径，"众人拾柴火焰高"，是对个人利益实现更有保障的创业方式。可见，样本数据可信度较高。

其次，在动力要素来源方面，如表 3-6 所示，观测变量的均值平均趋于 3.92，折合为百分制为 70 分以上，说明以上众创行为动力要素变量较为贴切现实；从均值分布看，对众创行为影响的外部动力要素按均值大小由高到低分别为众创市场环境、众创政策环境、众创文化环境，折合百分制为 80 分以上；对众创行为影响的内部动力要素按均值大小由高到低分别是具备创新众创品质、知识、能力，拥有人才资源及技术资源，具备创新众创意识，较好的众创收益预期，为 80 分以上。

表 3-6　动力要素来源变量描述性分析

动力要素来源	变量名称	样本量	最小值	最大值	均值	标准差	中位数
外部	众创文化环境	270	1	5	4.03	1.25	4
	众创政策环境	270	1	5	4.05	1.17	4
	科技环境	270	1	5	3.92	1.11	4
	融资环境	270	1	5	3.65	1.27	4
	众创市场环境	270	1	5	4.18	0.95	4
	家庭（精神、物质、信息）激励与支持	270	1	5	3.77	1.12	4
	教育培训支持	270	1	5	3.53	1.21	4
	众创法律法规健全作为保障	270	1	5	3.82	1.14	4
内部	拥有一定闲余时间	270	1	5	3.82	1.24	4
	拥有一定资金	270	1	5	3.84	1.18	4
	较好的众创收益预期	270	1	5	4.07	1.03	4
	拥有人才资源及技术资源	270	1	5	4.18	1.04	4
	拥有场所及基础设施资源	270	1	5	3.75	1.21	4
	拥有中介及平台资源，众创服务体系等信息资源	270	1	5	3.61	1.11	4
	能够通过创新把握众创机会	270	1	5	3.91	1.06	4
	具备创新众创意识	270	1	5	4.14	0.99	4
	具备创新众创品质、知识、能力	270	1	5	4.32	0.91	4
	具备众创直接或间接经验	270	1	5	3.98	1.13	4

（四）自组织众创的行为动机分析

这里分析方法主要是因子分析与神经网络模型。因子分析的方法约有 10 多种，如重心法、影像分析法、最大似然解、最小平方法、阿尔法抽因法、拉奥典型抽因法等。这些方法本质上大都属于近似方法，是以相关系数矩阵为基础的，所不同的是相关系数矩阵对角线上的值，采用不同的共同性估值。在社会学研究中，因子分析常采用以主成分分析为基础的反覆法。

神经网络分析基于 BP（back propagation，反向传播）神经网络模型，这是模仿人的大脑建构的仿真模型，由神经元和神经元的连接构成神经网络。每个神经元都可以接受来自其他神经元的输入，并计算出输出，这些输出也可以成为其他神经元的输入。一般具有输入层、隐含层、输出层三个部分，输入层的每一个神经元都对应一个输入变量 x，这些变量的值也称为网络输入，隐含层中可能包含一层也可能包含多层神经元。输出层因应用目的不同可以有多个输出神经元或只有一个输出神经元。

　　研究中所有因素所代表的选项有五级，用以代表受访者在创业上的主观动机的强弱程度，其程度由低到高分为 1（非常弱）、2（较弱）、3（一般）、4（较强）、5（非常强）5 个等级；经过数据值的标准化处理之后，对创业者动机强度所代表的值进行因子分析，并选取与创业者动机强度相关性系数高于 0.675 的因素作为各类变量，由大到小分别为：①创业前关注市场机会 19.4（0.749）；②挑战性事业 19.2（0.712）；③欲创立企业王国 19.3（0.692）；④创业前积累创业资源 19.6（0.676）。相关性矩阵见表 3-7。

表 3-7　相关性矩阵

变量（编码）	与创业者动机强度的相关性系数	显著性水平（p）
渴望职业自由 19.1	0.671	0
挑战性事业 19.2	0.712	0
欲创立企业王国 19.3	0.692	0
创业前关注市场机会 19.4	0.749	0
创业前积累管理经验 19.5	0.626	0
创业前积累创业资源 19.6	0.676	0
收益风险偏好 19.7	0.621	0
挑战风险偏好 19.8	0.674	0
创业前积累资金 19.9	0.533	0
创业前亲属资金支持 19.10	0.398	0.004
创业前银行熟人贷款支持 19.11	0.287	0.030
创业前朋友资助 19.12	0.576	0
朋友圈内成功人士影响 19.13	0.276	0.035
家族创业传统影响 19.14	0.519	0
周边成功创业者影响 19.15	0.460	0.001
创业者动机强度	1	

　　研究中输入层神经元的个数与选取因素变量数相同，共为 4 个。输出层神经元个数与因变量数相同，这里只有一个因变量，因此输出层神经元为 1 个。隐含层包含的层数和神经元个数由具体情况来确定。结合经验，初步设定第一层隐含层的神经元个数为输入层神经元个数的 1/2。运行 SPSS 中的神经网络分析，经过多次训练不断调整，最终确定的神经网络模型为：输入层包含 4 个神经元，第一隐含层包含 2 个神经元，输出层为 1 个神经元。根据数据特质，个案的相对数量分区如下：培训占 70%，检验占 20%，支持占 10%。在自定义体系结构中，隐含

层为两层，激活函数选择Sigmoid，输出层中激活函数同样选择Sigmoid，刻度因变量重标度为标准值 0.02。培训类型选择袖珍型批处理，优化算法为梯度下降，输出网络结构选择描述、图表、突触权重，网络性能选择模型摘要，培训选项及相关分析结果如下。最初学习率为 0.4，学习率的较低边界为 0.001，时承学习率减少为 10，动能为 0.9，间隔中心点为 0，间隔偏移量为±0.5。

经对参数估计的分析得到：第一隐藏层中 H(1:2)单元对第二隐藏层函数影响大；对于输出结果应当充分考虑偏差值影响。具体参数评估值见表 3-8。训练中错误概率为 19%，相对错误为 22.%，测试中平方和错误为 6%，相对错误为 34.6%，保留分区中相对错误为 31.1%。

表 3-8　参数评估

预设值		预测值				
		隐藏层 1		隐藏层 2		输出层
		H(1:1)	H(1:2)	H(2:1)	H(2:2)	创业者动机强度
输入层	偏差	3.487	3.036			
	挑战性事业 19.2 = 1	−0.668	1.822			
	挑战性事业 19.2 = 2	0.189	0.580			
	挑战性事业 19.2 = 3	0.725	3.236			
	挑战性事业 19.2 = 4	1.925	−2.368			
	挑战性事业 19.2 = 5	0.753	−0.408			
	创业前关注市场机会 19.4 = 1	−0.567	1.126			
	创业前关注市场机会 19.4 = 2	0.574	0.341			
	创业前关注市场机会 19.4 = 3	−0.490	4.692			
	创业前关注市场机会 19.4 = 4	2.567	−1.912			
	创业前关注市场机会 19.4 = 5	0.906	−1.249			
	创业前积累创业资源 19.6	2.658	−2.150			
	欲创立企业王国 19.3	2.203	−4.113			
隐藏层 1	偏差			−1.109	0.699	
	H(1:1)			4.138	−1.392	
	H(1:2)			0.624	−5.960	
隐藏层 2	偏差					−3.716
	H(2:1)					3.147
	H(2:2)					4.651

网络结构图如图 3-3 所示。图中线条表示预测变量的重要性，连接线根据预测变量的重要性进行加权而得，粗线条表示重要性较高，表明创业前关注创业机会因素中等级四与等级五对隐藏层函数影响的重要性比较高。结合创业动机自变量重要性（表 3-9）也可见这一关系。在第一层次和第二层次中，行为性影响因素分别为"创业前积累创业资源""创业前关注市场机会"，态度性影响因素分别为"欲创立企业王国""挑战性事业"；各行为性因素的重要性之和为 54.5%，各态度性影响因素的重要性之和为 45.4%，由此可得，对于创业者这一群体来说，在创业者动机强度的影响因素中，行为性因素的作用占主导。在态度性影响因素中，"欲创立企业王国"的精神动机对创业者创业强度具有重要影响。神经网络分析结果表明，在所有的影响因素变量中，除协变量"创业前积累创业资源"外，"欲创立企业王国"

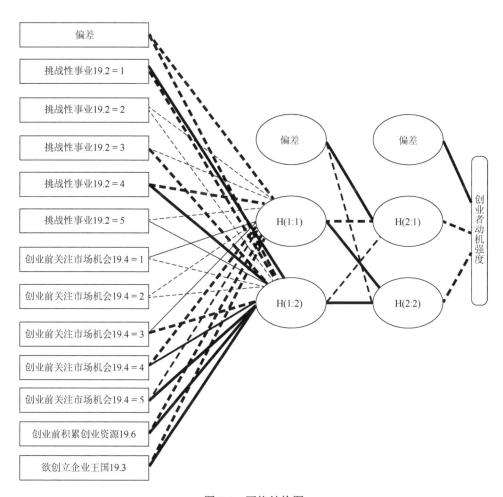

图 3-3　网络结构图

居于第一位。它对输出变量的重要性为 31%，大约是第二层次变量的两倍。这与一般理解相符合：创业者多数是为了自己的事业发展而进行创业。神经网络分析结果表明"创立自己的王国"所带来的影响远远大于市场机会产生的影响和个人兴趣或喜好所带来的影响。

表 3-9　创业动机自变量重要性

因素	重要性	常态化重要程度
挑战性事业 19.2	0.144	37.6%
创业前关注市场机会 19.4	0.161	41.9%
创业前积累创业资源 19.6	0.384	100.0%
欲创立企业王国 19.3	0.310	80.8%

由形成自组织众创的行为动机的错综复杂度可见，行为性因素对创业者动机强度的重要性大于态度性因素，其中"创业前积累创业资源"对创业者创业动机的影响最为重要。因此，关注和帮扶众创的策略应着重引导其积累创业资源来激发创业者动机。

第四节　调研自组织众创主体演进的阶段特征

由自组织众创调研样本得到两种典型的演进方式：其一是突破常规路径或者瓶颈问题而立业；其二是借助具有明显优势、发散力强的众创方式扩散。两类都易于快速取得相对竞争优势，如图 3-4 所示，其他路径则出现更多障碍因素或困难。

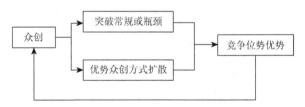

图 3-4　众创驱动市场竞争位势的可持续作用机理

众创自组织的生命周期过程存在两类明显事实：赢得市场或退出市场。前者呈现典型的三阶段或四阶段生命周期，尤其是已成功在市场立足并发展良好的自组织众创主体的生命周期，一般可以分为四个阶段，即将混乱无序—低阶有序—高阶有序的不同状态转换呈现为创生阶段、汇聚阶段、进化阶段、大众参与阶段。

而失败或消失的主体则仅具有一个或两个生命阶段，随机因故难以继续发展。这里仅讨论前者。

（一）混乱无序阶段

混乱无序阶段即自组织众创的第一阶段，得益于政策红利先导作用、环境共融、区域产业的基础禀赋等方面的推动，该阶段众创自组织以多形式在经济发达区域、多中心态势展开。例如，2006 年广州的热泵节能公司芬尼克兹为了让想创业的员工留在公司，摸索出一套双赢的创业机制，从内部主导开展众创，即将组织变成嫁接优秀员工与创业机会的平台，尝试通过向上整合让员工参加创建上游零部件公司，以资源交换式的协作共创在开发的系统中与外界进行资源交换。又如 2015 年海尔率先以客户参与设计、定制的外部市场化形式，正式下线首批由 50 万用户参与众创定制的 263 台洗衣机，实现了对传统工厂大规模制造模式的颠覆。又如苏宁小店、恒顺味道（销售面条）等大企业的品牌价值下沉至其他细分领域也是如此。这些以"开放技术平台＋产业资源支持""产业基金＋专业技术平台"，以品牌降低入市门槛等不同带动模式，向大量自组织众创主体输送"开放技术＋开放市场＋广泛的创业资源接入"的生机，实践形式多样，实现了原组织价值网去中心、规模扩大化、效率提升、价值开源、商业位势等多种益处，充分调动了员工、客户、供应商等参与创业的积极性。而其他无核心技术或专利、知识产权等方面的自组织众创主体的失败率高达近85%，这在大量中小微企业相关研究中有佐证。该阶段内因是自组织众创主体的创业意愿和能力，它们是源泉和动力，自组织众创行为基本关联机理、自组织主体与创客的交互创新机制、自组织与创客内部交互机制分别如图 3-5、表 3-10、图 3-6 所示。

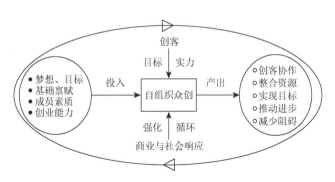

图3-5　自组织众创行为基本关联机理

表3-10　自组织主体与创客的交互创新机制

交互结构维		交互过程维	
规则易变动	决策民主化	资源共享	信任机制
☆创客自发形成的自组织具有局限性 ☆无全局意识与难以具备全局认知并制定规则 ☆组织规则存在模糊性和不断变化的特征 ☆组织规则常需要在创客群体与组织关系中反复磨合和实践得以确定和完善	☆自组织众创由一群有共同利益追求的创客自发形成 ☆目标明确 ☆内部平等协商 ☆决策民主	☆组织内成员资源共享 ☆思想、行为、信息、资源等沟通较全面 ☆能够展现自我	☆由具有一定血缘、社团、人际等共性基础信任的人构成 ☆彼此自觉遵守自组织规则或以信任为纽带 ☆随自组织目标、性质、方向、规模等有序强化外延的信任网络

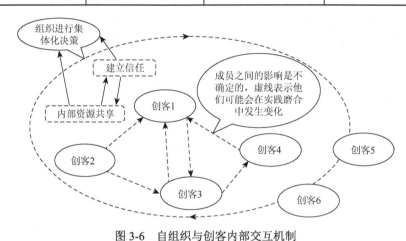

图3-6　自组织与创客内部交互机制

（二）低阶有序阶段

众创自组织进化的第二阶段，得益于外部环境的助力，其主体体系建构得以逐步完善。人才选拔、市场融资成熟度及竞争公平性等要素的优化，均与教育体系、市场招聘选拔的完善程度紧密相连。同时，市场资源配置的交易规则与公平竞争机制的建立，确保了创业资源价值的公开化和市场化，有效保障了产权利益。在这一阶段，创业市场资源得到有序开发、利用和投放，分工不断深化。自组织众创的财富效应和代际管理效应逐渐显现，创业文化影响力持续增强。众创主体的组织结构和功能不断充实完善，创客行为发生质变，组织共同愿景逐渐形成，为未来发展奠定了坚实基础。

（三）高阶有序阶段

经过一定时长的低阶有序阶段的磨合，众创自组织已在业内具有一定的核心竞争力。为形成可持续竞争优势，需要考虑社会责任、周边社区服务担当等正式制度设计，将环境共同体标识融入考虑，规模迅速扩张的同时注重组织扁平化发展，巩固核心竞争力成为重中之重。众创主体内外部有着良好的动力耦合关系，其适应变化的动力能力强大，自增益的开放系统特征与复杂适应性逐渐显现。同时，组织的决策秩序等次形成，决策权分化，核心决策圈价值凸显；组织分工边界明确；内部运营日益规范，部门化控制开始加强，内部制度进入周期建设，文化建设日益精进，组织文化不断完善。此时创新技术的扩散和利益共同观念的强化作用会促成新增长引发的涨落情况。然而，该阶段不少众创主体内部出现了成员共识分层的现象，不同圈层关联利益开始被强化。对外方面，创业主体开拓能力增强，具备一定抗市场风险能力与社会适应力。而未能演化进入高阶有序阶段的众创自组织，保持了以分散经营、偶尔集中决策的独立发展为主的基本状态，或丧失市场竞争优势直至消失。

　　上述自组织内部演化过程用生命周期法表示，如图 3-7 所示。在酝酿期具有创新和冒险精神的创业者提出新奇创意，对周围环境产生扩散性的吸引力，当达到一个临界点时自组织体雏形产生；反之，一些新奇创意行动则以失败告终。进入发展期，知识、技术等内部扩散和应用将创业组织与个人的发展利益紧密关联，加强自组织的利益共同体协作关系；在新阶段其内部协同与外部耗散的共同作用推动涨落到"巨涨落"临界点的发生。越过临界点到达成熟期的自组织的有序程度得到了很大的提升。

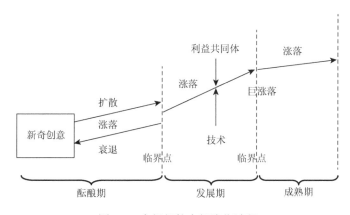

图 3-7　自组织的内部演化过程

　　众创自组织的生命周期也有其他划分，即按发展脉络划分，分别是初创探索阶段、拓展扩张阶段、稳步发展阶段、跨越式发展阶段和多元发展阶段，如表 3-11 所示。

表 3-11　众创发展阶段

发展阶段	行为动能来源变化	实例
初创探索阶段 （1988~1996 年）	众创空间尚处于初创探索阶段，从事基础的物业服务	Regus，Idealab，上海杨浦区等高校孵化器
拓展扩张阶段（1997~ 2003 年）	开始提供一些深层次的创业服务	刘一秒创立的"思八达"
稳步发展阶段 （2004~2008 年）	出现"投资＋孵化"的新模式，新兴的民营众创空间大多处于这一阶段	北京"三验"应用创新园区， Y Combinator，Coworking Space
跨越式发展阶段 （2009~2014 年）	孵化器、苗圃、加速器、大学科技园等开始大规模涌现	"联想之星"，专注互联网创业的 36 氪，柴火创客空间，上海的新车间
多元发展阶段 （2015 年至今）	众多特色众创空间出现，是科技园区创新生态圈的内核	北京众创空间联盟

　　按照以我国市场经济探索为背景的划分方法，则可以基于时间维度的主要特征来认知自组织众创行为的阶段，包含：政府首先推动的自组织创生阶段（1980~1992 年），例如，南下深圳的打工潮、下海潮等。汇聚阶段主要是在 1992~2000 年，先是 1992 年社会主义市场经济体制改革使得经历国有和集体企业改革剥离的企业员工，实质上已处在"自发创业创新"状态，探索个人及家庭的出路成为不得已创业创新的常态。这一时期区域和国家经济发展乏力，经济结构调整，需要原生性的发展动能。后是精英创业潮的涌现，产业、经济结构、市场结构等极大提升自组织创业的有序性与竞争优势序位。而纵深进化阶段主要开启于 2000 年左右，以信息技术与互联网为载体的知识和科技创业席卷不同行业；直至 2014 年迄今，大众与草根创业者登上舞台。

第四章 一般自组织众创行为演化分析

第一节 自组织众创主体行为导向研究

一、行为能力维度定位

在创业生态系统中，如何衡量不同层次、不同维度的自组织众创行为能力，学者有不同观点。例如，有建议认为众创效果的创新性、风险承担性、积极竞争性和前瞻性行为这四个维度[116]应该被考虑。也有建议认为资源整合能力适于衡量，主要体现为：外部资源获取及应用、内部信息共享与风险共担三个方面[121, 122]。尽管我国"双创"如火如荼，但处于任何生命周期的创业企业在实际运行中都存在不同的困难或问题阻碍其发展或转型。例如，能力不足方面，信息不畅、技术能力不足，研发成果无法转化，难以对市场变化快速反应等；又如服务能力方面，在实践中存在"双创"政策服务不稳定、法制体系不健全等问题，政策与地方产业对创业载体定位不清、服务不到位，政策落地难，矛盾纠纷处理存在"玻璃门"或"弹簧门"等难题，还有创业过程中缺少研发资金、自主研发能力不足等问题，这导致创业主体在后续研发与产品升级等方面面临困难。由上，基于众创主体的行为发起（众创导向）—资源整合能力—创业主体的市场立足（生存与发展）能力这三个维度的内在逻辑递进关系，建立探索其能力定位的维度基础。

二、理论假设和模型

Miller 和 Turnbull 在 1986 年提出创业导向型组织的三个构成要素：创新性、风险承担性与先动性[123]。据此，对于具有积极创业导向的自组织而言，共同的目标或者利益追求是其内部的共同创业导向，且对自组织的生存发展能力产生显著的影响。因此，为客观评价目前自组织众创能力的状态，这里提出如下假设，如图 4-1 所示。

H1：自组织众创导向与生存发展能力呈显著正向关系。

由于自组织众创导向具有战略指导性，会对创业行为活动产生直接或间接的影响。自组织的资源整合不仅来源于对外部资源的整合，更重要的是对内部资源的有效整合，并在成员间实现充分的交流沟通。在此基础上，这里提出如下假设。

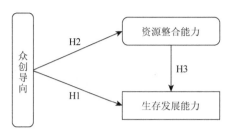

图 4-1　自组织众创导向与其基本行为能力关系示意图

H2：自组织众创导向对资源整合能力存在正向作用。

任何组织的生存和发展都离不开资源，自组织众创主体也是如此，如何利用好自身的已有资源，从外部获取需要的资源并进行消化吸收，使之转化为生存发展能力，是企业资源整合能力要解决的问题所在。而自组织资源整合能力受到组织内部是否存在组织核心、能否进行充分的信息沟通、组织能力等多方面影响。故提出如下假设。

H3：自组织资源整合能力对生存发展能力具有正向作用。

三、研究变量及分析

这里采用的统计分析方法主要有三种：探索性因子分析、验证性因子分析、结构方程模型。使用 SPSS 22.0 中文版和 AMOS 16.0 软件进行分析。数据主要通过网上开放式问卷调查的方式获取。问卷一与问卷二所得的 1000 份随机在线数据调查，选用的调查途径是通过"问卷星""乐调查"这两个调查平台，其有效回收率高达 95.7%，能够实现研究目标的任务。变量释义如表 4-1 所示。

表 4-1　变量释义

潜变量	题项	
众创导向 EO	创新性 EO1	自组织进行了许多创新活动
	风险承担性 EO2	自组织为实现目标更倾向于承担创新带来的风险
	积极竞争性 EO3	自组织非常强调比对手更早推出新产品或服务
	前瞻性行为 EO4	自组织经常率先开展创新活动，引入新产品和新服务
资源整合能力 RIC	外部资源获取 RIC1	自组织资源获取存在稳定可靠的外部来源
	内部信息共享 RIC2	自组织内部存在完善有效的信息沟通机制
	风险共担 RIC3	自组织成员们能做到风险共担
生存发展能力 SDA	维持自身运营 SDA1	自组织众创活动能保持自身运作
	创新成果产出 SDA2	自组织众创活动存在创新成果的产出
	自身规模扩大 SDA3	自组织进行众创活动后能实现自身规模的扩大

基于上述自组织众创导向、资源整合能力与生存发展能力之间的基本关系，并结合调研数据，运行 AMOS 得到如图 4-2 所示的结果。

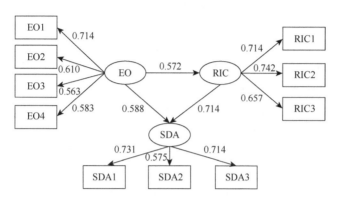

图 4-2 自组织众创创新能力变量的路径关系

结果表明上述变量之间都具有相应的显著效应，拟合指数具有成效，自组织众创创新能力变量的研究假设验证结果如表 4-2 所示。

表 4-2 自组织众创创新能力变量的研究假设验证结果

假设编号	假设关系	总效应	直接效应	间接效应	检验结果
H1	EO & SDA	0.56	0.21	0.35	支持
H2	EO & RIC	0.59	0.59		支持
H3	RIC & SDA	0.51	0.51		支持

首先，在众创导向、资源整合能力、生存发展能力三个指标的关系上，资源整合能力对生存发展能力有 71.4% 的影响效应；众创导向对生存发展能力有 58.8% 的影响，众创导向对资源整合能力有 57.2% 的影响效应，可见，引导自组织创业行为的重要策略之一：应着重促进可整合资源能力方面。

其次，创新性（0.714）与风险承担性（0.610）对众创导向的影响效应更明显，即积极、个性化、有特色的众创导向及行为对成功创业有较大影响。众创导向是否具有前瞻性行为和积极竞争性对众创导向本身更有切实影响。可见，推荐或筛选创业项目时，更应该倾向于贴近实际需求的创业项目，具有一定创新性并有团队愿意风险共担，其次是前瞻性与竞争性。

另外，自组织资源整合能力对生存发展能力有显著影响。内部信息共享是外部资源最大化获取的前提之一，二者协同的最佳效果将有利于促进风险共担。自组织众创是内部信息高度共享的协同活动，更是高风险的市场活动。以团队为基础获取外部资源相对更可取，如人力资本的投入、相关技术资源的购买以及其他物质资源的获取，并能进一步影响扩展性资源整合能力；而该能力对促进自组织快速成就规模效应有积极作用；相辅相成的是，规模化自组织创业发展会进一步促进其资源整合能力的升级换代。

然后，自组织的众创导向与生存发展能力是正相关关系。实证数据表明，众创导向是众多维度中有重要影响的指标，其直接促进自组织众创的方向，对所关联的资源基础与附加资源价值有扩大作用；对生存发展能力有正向显著效应。

最后，自组织生存发展能力方面，维持自身运营是基本的；其次才是自身规模扩大；然后才具有创新成果产出的可能。

综上可见，随着我国自组织创业程度的不断提高，要注重性别对创业认知和情绪影响的差异规律，正确引导其在不同领域的创业服务机制；不断提升人民的教育水平对于促进高水平众创是必要的，从众创导向上因势利导，引导教育程度高的创业者进入研发创造等对国家和社会有长远影响的领域；引导创业者重视创业资源积累，发挥行为性因素对于创业动机的影响；明确创新性合作的关键价值；引导创业者运用新规则或其他技术方式降低协作性成本、交易成本的思维模式；着重促进可整合资源的能力。自组织众创主体需要在创新导向、资源整合能力两方面做关键管理服务，帮助其夯实基础、提升生存能力和成长能力。众创自组织具有自主行为偏好，当组织和系统的结构与功能越复杂时，商业网络的规模性和更高效率具有显然优势；此时它们内在适应、协同等行为能衍生出匹配创业主体的发展规则，满足"众人拾柴火焰高"的合力效果，优势共享、劣势互补，以较低的合作成本实现组织共有较高收益；多方共同需求的同时推动有序状态形成。众创导向与资源整合能力对自组织创新能力形成具有显著影响，自组织众创主体的人格理性充分体现在对资源整合能力的持续优化上。众创发起人/领导团队的自觉先动性、创新性、风险态度、自治性等对创业主体的领域及其发展方向有一定影响。

第二节　一般自组织众创主体协同演化模型原理

由前得知，自组织众创建立离不开其主体与创客的参与，其共同作用才能提升市场绩效并促成创业成功。由前得知，自组织众创包含不同的组织形态，例如，独立经营、联盟、合伙等。这里将不同组织形态的决策动力作为横坐标，市场绩效作为纵坐标，在开放市场与众创氛围中，单个自组织众创涉及的行为目标对象主要包括三方面：内部创客、自组织整体绩效、与组织形态紧密相关的竞争动力。在这个意义上，主要涉及三个方面，如下所示。

关系一：自组织众创主体与内部创客之间关系。

关系二：独立自组织众创行为的发展绩效。

关系三：不同细分部分的组织形态采取的决策动力机制。

具体而言，关系一是自组织内部的成员构成关系，众创主体与创客之间松散的自组织结构，以及需要调整各自目标与内在统一性相互吸引的同时又存在博弈关系，类似情侣；关系二是自组织众创的存在和发展需要依赖自身在市场中的绩效，触发产生高绩效的机制成为关键；关系三是同一市场中存在多个独立且组织形态不同的众创自组织主体，它们有不同的决策动力机制，这些主体共同构建某领域的创业生态系统，相似业务的主体间存在明显的灵活竞合关系。关系一和关系二正是运营中重点处理的内部关系，两者有着不同的行为演化。故不同行为讨论具有独立假设。

一、自组织众创行为形成条件

首先分析样本自组织众创资料的基本条件。

条件一：信任供给源与群体心理。自组织众创中涉及的"社会性成分"和"经济性成分"如表 4-3 所示，在信任供给源方面，自组织众创主体组织承诺或契约、资金投入与人力、资源等软投入占绝大多数；而在群体心理方面，创业者自我价值认同和获得感要高于社区群体归属认同及其价值感。但社会、政策、环境、社会成员等内外环境对创业者的信任供给等同样发挥重要影响。经济学家威廉姆森提出的"交易成本理论"讲明了其合理性，即组织的结构受到交易频率、资产专有性、环境和行为的不确定性影响，当这些要素程度很高时往往科层制结构有利于将各种交易内化到组织内部进行处理，当它们偏向低值时采用社会网络治理（即"自组织形式治理"）会更加有效。社会的信任供给是影响资产专有性和不确定性的极重要的要素，当信任供给十分充足的时候资产专有性会被削弱，资产所有者会通过出租或出借的方式将一部分时间的资产使用权转移给其自组织。由此，资产专有性下降至某一程度则形成共享经济；同时当信任供给充足的时候其自组织和个人的行为不确定性就会下降，即更容易推动自组织的高度共享与自治——自组织类型组织的兴起。

表 4-3　样本信任供给与群体心理

样本指标	社会性成分	社会性成分占比均值	经济性成分	经济性成分占比均值
信任供给源	政策支持和托底	18%	基本硬件投入	26%
	税收减免	8%	资金投入	39%
	组织承诺或契约	74%	人力、资源等软投入	35%
群体心理	自我价值认同	41%	获得感	47%
	社区群体归属认同	32%	价值感	31%
	社会支持认同	27%	幸福感	22%

在群体心理方面，人是群居动物，不能离群独居。古斯塔夫·勒庞在《乌合之众：大众心理学研究》（2014 年）一书中提到："一千个偶然聚集在公共场所的人，没有任何明确的目标，从心理学意义上说，根本不能算是一个群体。"共同目标能有效聚集具有共同愿景的群体，其心理现象和心理活动的产生是群体的基础。他还将群体观念分为两类：一类是那些因一时的环境影响来去匆匆的观念；另一类是基本观念，他们因环境、遗传规律和公众意见而具有极大的稳定性。自组织群体观念经过混乱或复杂系统的清洗后将演化出具有稳定规律或惯性的行为。开放系统中自组织产生于各个成员的自适应和自协调，而群体观念是大量个体相互作用而产生的整体效应或集体效应，体现了系统的协同效应。

条件二：强烈的人际关系链接支持。易于形成人际关系链接的社会环境是自组织企业形成的社会文化条件。清华大学社会学系教授罗家德和贾本土[103]认为自组织形成经历 5 个步骤：人群聚集，产生内外差别，产生身份认同，形成共同目标，形成团体规则。其中，自组织创业者经历从 0 到 1 的形成过程，人际关系条件十分重要。传统社会中，表现为血缘、亲戚、同学等关系层次逐级递减，即基于先天条件形成的血缘型人际关系链接和基于后天条件形成的人际关系链接是人群聚集的基础。人际关系的依赖程度或文化类型区分是扮演身份认同的重要依据。实践中就涌现出许多基于血缘地缘等先天条件聚合的自组织创业团体，其他类型中具有强烈人际关系链接的自组织创业次之。人际关系链接，即俗称的人脉，使得创业者们通过商业利益链实现一致目标的有序结构建立，并进一步将商业边界、效率等成倍放大，试图让回报能在同领域内螺旋式上升或在多个可及领域内循环往复。罗家德和贾本土[103]提到：自组织从产生到发展壮大，一定是一个渐进的过程，一个从无到有、由低级到高级的过程。在前面典型类型中已有相关数据支持。

条件三：自组织众创主体具有不受年龄限制的自驱精神，即自我驱动的觉悟与主动性。自驱精神包括自我约束、团队精神、创客精神等，包含自愿、自觉、自主、自省、共情等基本属性，成员间易于达成共识、内部信任度高、乐意彼此协同，与组织战略共进退，易于达成有序性，能将个人目标有效融合组织愿景与使命目标。这使得自组织众创主体形成了协同、适应、共生的机制。结合调研资料得知，众创主体的核心人物创业时的年龄占比在中青年中有均衡化趋势，超过 50 岁的创业者呈现上升趋势。这被通俗地分为：就业型创业、事业型创业、价值型创业和情怀型创业。而且，在已有基础上裂变扩展的主体量与幅度纵横交错，构织复杂创业系统。

条件四：创业助力系统，这里喻指与自组织众创有关的各类助力创业的扶助系统，涉及培训、帮助、扶持、保障等方面内容。白景坤等[124]研究发现，利用互联网创业的中小型企业会与所依赖的平台一同度过自创生、自成长、自放大、自适应四个阶段，平台在这一过程中发挥了重要的支撑作用。诸多自组织创业主体初期接受过学校、社会、平台、第三方组织提供的不同创业支持，涉及知识、优惠政策、税收减免、专业培训、办公场所等。这些制度安排与服务在一定程度上有降低创业活动中的沟通或交易成本、减少认知障碍、扩大机遇等益处。因此，社会化助力系统的服务对创业有积极意义。调研样本还呈现了一个令人诧异的现象，自组织众创主体的创始资金需求相对前面几个条件而言处于创业主体次要考虑的位置，他们更关注的是"要做什么""怎么做""目前有什么"等问题，主要原因是基本物质与资金有较多获取路径。

二、序参量分析

创业者从策略组中选择建立众创主体，推动组织的有序性发展，依据伺服原理，他们之间的临界无阻尼现象促成主体系统达到某临界相变点，起关键作用的序参量驱使作用发挥的同时左右其他功能的实现。自组织性强烈影响主体系统及内部元素之间的相互作用关系。由于影响协同演化的参量众多，这里需基于关键序参量的演化规律来推定系统的演化规律。

序参量的协同引领主要从两方面展开，一是方向，即对其他参与创业主体的主从关系的确定；二是协同的内容，即围绕成本节约、盈利能力、渠道共享、风险分担、财务协同、技术效率提升、资源供应、环境安全、制度或文化障碍克服等变量展开，它们随不同目标、不同产业领域、不同市场机构呈现不同协同方式，即在不同划分标准下有不同属类。从协同内容而言，自组织众创主体的关键协同可以分为战略协同（目标协同）、管理协同、财务协同三类典型。从生命周期而言，其可以划分为进入协同、发展期协同、成熟期协同以及衰退期协同。从进入/退出市场角度，可以划分为进入协同、竞合协同、退出协同。从时间长短而言，可划分为临时协同与长期协同。从是否正式的角度，可以划分为正式协同与非正式协同。从正式的来源则可划分为制度协同、契约协同、适应性（机动）协同；从形式可见性方面，可划分为显性协同与隐性协同。从作用方式发挥方面，可以划分为链式协同与网络协同。从自组织系统的动态性上，可划分为"低有序度"和"高有序度"等。

举例说明，较大规模自组织众创主体倾向于采用战略协同，即两个以上创业主体基于长期目标、发展方向和资源配置的协同发展战略过程，建立以关键技术、资源分享为中心的核心竞争力，并以此在各个成员间转移和共享。它包含"静态横向协同与动态的进程协同"，即为了获得各自战略的均衡动态竞争优势，众创主体一方面保持现行战略与新战略在进程体系上的协同，另一方面是在一定时期内保持相对稳定的横向静态协同性。无论静态还是动态，它们都可能围绕战略目标所需展开。这对于小规模自组织众创实现战略协同的价值则十分有限。

　　而管理协同或财务协同则是部分自组织众创主体对单一作用功能的要求，目标是期望实现协同效应。众创主体在一定时期，在生产、营销、管理等各环节通过资源整合实现的整体效应即为管理协同效应（management synergy），可以理解为通过差别效率给自组织创业活动的管理效率带来变化，并提高效益。管理协同在一定时期由不同内容组合而成，例如，在自组织众创发起时期，渠道、资源等共享，以及技术效率共享能开拓更大市场，拥有更多市场份额等是协同的主要方面；而在稳定持续发展时期，各构成子系统在原料成本节约、协调沟通、交易成本优化、突破更大市场壁垒以及财务管理等方面实现协同，成为推动整体发展的关键因素；在自组织业务扩展时期，则渠道、成本、管理、国际进入壁垒、文化与法律等方面成为重要协同内容。

　　自组织众创主体还涉及生命周期序参量，涉及创业者自身生命周期特征，或者创业者组织的生命周期或者二者之间的匹配对应关系等，它们均是影响能否创业成功的关键要素之一。按其生命周期与市场进入协同要素来划分，自组织众创不同时期协同内容示意图如图 4-3 所示。

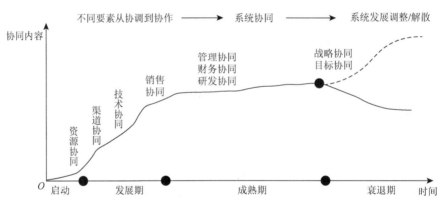

图 4-3　自组织众创不同时期协同内容示意图（自制）

　　自组织众创在建立、发展、成熟等不同阶段，具有不同的协同要素与内容。不同时期的重点协同内容与时期状态紧密相关，并在协同要素时期转换上保持连续性，从单一要素逐步推进系统协同，随生命周期结束而瓦解。在不同协同要素发挥作用的时期，众创目标围绕各主体目标来调整众创主体目标；在系统协同时期，各主体依据众创目标调整自身目标。自组织众创主体与各参与主体所有协同行为围绕成本、利益、发展而展开。不同要素构成所产生的协同效应不同，竞争优势获取和可持续发展是系统和所有参与主体的两个最根本的目标。不同的协同机制有不同的侧重点，但也是围绕这两个根本目标即重要的序参量催生不同参量，以获得持续驱动力。不同情境的序参量有所不同。

这里以某自组织众创主体的稳定期的管理协同（包含资源协同、渠道协同、销售协同）、财务协同、战略协同、运营协同等为例加以说明，见图4-4。

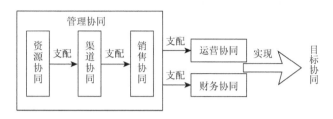

图4-4　某自组织众创主体稳定期目标协同系统机理

自组织众创主体是耗散结构，通过消耗能量维持的、具有一定功能的不平衡的有序结构，即耗散结构[16]，其依靠主要参与主体所构建的组织系统不断吸收新元素、新项目、新创意、新商业模式、新规则等并不断充实，同时不适应市场竞争、弱市场需求的参与主体则不断离开系统，由此自组织众创主体在一定有序且不平衡中维持发展，创业思维系统自组织有序演化过程如图4-5所示。

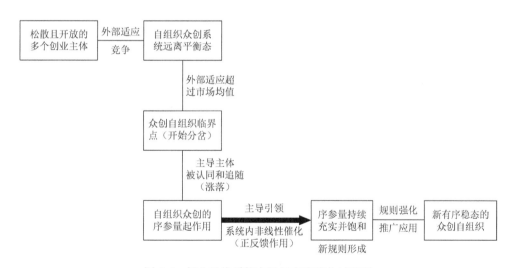

图4-5　创业思维系统自组织有序演化过程图

三、一般自组织众创主体协同演化过程与模型原理

借鉴相关研究思路与方法[11, 17]并扩展应用到自组织众创主体的协同演化过程，发现该过程具有阶段性规律，见图4-6。自组织众创一般经历"偶尔协作期→经常协作期→稳定协调期→契约协同期"四个阶段，对应状况可以划分为"多竞

争少协作→少竞争多协作→协调共享共创→稳定协同"四个阶段,其形成协同之前,序参量具有关键作用,例如,管理协同是战略协同的前提和基础;控制参量 η 对序参量的正反馈作用促进行为协同演化。

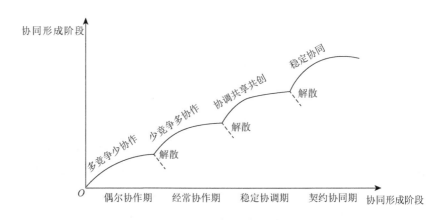

图 4-6　自组织众创行为协同演化过程

(一)一般自组织众创主体协同过程演化模型原理

自组织众创主体涉及广泛的协同内容,例如,成本节约、盈利能力、渠道共享、风险分担、财务协同、技术效率提升、资源供应、环境安全、制度或文化障碍克服等,各方面相互影响与制约并探索和利用自身能力以有效实现目标,可以运用自组织运动方程描述众创主体中各核心要素的状态变化及其相互作用,以 A(agent)、T(technology)、C(shared channel/resourse)、F(financial)、S(strategic synergy)分别代表众创系统的创业主体、关键技术、渠道或资源共享、财务和战略协同行为。

可建立如下的动力学模型:

$$\frac{DS}{\mathrm{d}t} = -kS + \alpha(\underline{A,T},C,F) + P \tag{4-1}$$

$$\frac{\mathrm{d}A}{\mathrm{d}t} = -k_1 S + \alpha_1(\underline{A,T},C,F) \tag{4-2}$$

$$\frac{\mathrm{d}T}{\mathrm{d}t} = -k_2 S + \alpha_2(\underline{A,T},C,F) \tag{4-3}$$

$$\frac{\mathrm{d}C}{\mathrm{d}t} = -k_3 S + \alpha_3(A,T,C,F) \tag{4-4}$$

$$\frac{\mathrm{d}F}{\mathrm{d}t} = -k_4 S + \alpha_4(\underline{A}, T, C, F) \tag{4-5}$$

式中，D 表示求导符号；k_1, k_2, k_3, k_4 和 k 分别表示 A, T, C, F 和 S 的变化率与其原有状态的关系；$\alpha_1, \alpha_2, \alpha_3, \alpha_4, \alpha$ 表示众创系统内部的基本组成成分；A, T, C, F 之间的协同作用则指的是分别对系统中的 A, T, C, F 和 S 各自的变化率影响的大小；P 表示随机涨落外力对自组织众创主体变化的影响；t 表示时间。可见，众创主体现状、构成成分、外部环境中的随机涨落因素等构成了整体发展的方向、速度和程度。

$$\begin{cases} \dfrac{\mathrm{d}q_1}{\mathrm{d}t} = -e_1 q_1 + g_1(q_2, q_3, \cdots, q_8) + f_1 + F_1(t) \\[2mm] \dfrac{\mathrm{d}q_2}{\mathrm{d}t} = -e_2 q_2 + g_2(q_1, q_3, \cdots, q_8) + f_2 + F_2(t) \\[1mm] \qquad\qquad\qquad\vdots \\[1mm] \dfrac{\mathrm{d}q_8}{\mathrm{d}t} = -e_8 q_8 + g_8(q_1, q_2, \cdots, q_7) + f_8 + F_8(t) \end{cases} \tag{4-6}$$

式中，$q_1, q_2, \cdots, q_8$ 分别表示前面协同的相关内容，即成本节约、盈利能力、渠道共享、风险分担、财务协同、技术效率提升、资源供应、环境安全或制度/文化障碍克服等不同方面；$e_1, e_2, \cdots, e_8$ 分别表示 $q_1, q_2, \cdots, q_8$ 的变化率；$g_i(i=1,2,\cdots,8)$ 表示系统内企业状态变量间的相互作用对企业状态变量 $q_1, q_2, \cdots, q_8$ 变化率影响的大小；$f_1, f_2, \cdots, f_8$ 分别表示控制参数对 $q_1, q_2, \cdots, q_8$ 的变化率影响的大小；$F_i(t)(i=1,2,\cdots,8)$ 表示随机涨落，t 表示时间。

由上，在协同演化模型方面，以朗之万方程作为主要的研究工具来描述自组织的行为演化[17]：

$$\begin{cases} \dfrac{\mathrm{d}q_1}{\mathrm{d}t} = -\gamma_1(\eta)q_1 + \eta q_1^2 - \beta_1(\eta)q_1 q_2 + F(t) \\[2mm] \dfrac{\mathrm{d}q_2}{\mathrm{d}t} = -\gamma_2 q_2 + \beta_2 q_1^2 \end{cases} \tag{4-7}$$

举例说明式中各参数代表的意思，就资源型自组织众创协同而言，这里 η 表示资源协同的控制参数；γ_1 是序参量 q_1 的阻尼系数，随着控制参数 η 的增加而减小；β_1 表示序参量 q_1 和 q_2 之间的相互作用力系数，随着资源协同控制参数 η 的增加而减小；γ_2 是序参量渠道协同的 q_2 的阻尼系数，β_2 表示序参量 q_1 和 q_2 的相关系数；$F(t)$ 表示随机涨落，t 表示时间。上述各参数的意思因自组织众创类型的行为不同而不同。

在协同演化过程中，存在慢弛豫参量和快弛豫参量。慢弛豫参量在演化过程中起支配和主导作用，而快弛豫参量起辅助作用。根据绝热消去原理，若快弛豫参量的控制参数对其影响所导致的变化和衰减比快弛豫参量导致的变化和衰减快得多时，可令快弛豫参量对时间的导数等于零，然后将得到的关系代入其他方程，从而得到只有慢弛豫参量的演化方程，通过对该方程的分析可了解系统的自组织演化规律。

在上述二元方程中，资源协同对行为目标协同的影响是基础且深刻的，相较渠道协同 q_2 而言，资源协同是管理协同的基础，是运营一体化协同作用发挥的核心，发挥着更重要的、主导演化的作用。

以市场主导型自组织众创的协同机理为例，可以做如下假定。

$\gamma_2 > \gamma_1 > 0$，渠道协同 q_2 的变化和衰减比资源协同 q_1 的变化和衰减要快得多，则可令 $\dfrac{\mathrm{d}q_2}{\mathrm{d}t} = 0$，从而得到关于 q_1 的方程，有关公式表达如下：

$$\frac{\mathrm{d}q_2}{\mathrm{d}t} = 0 \Rightarrow q_2 = \frac{\beta_2 q_1^2}{\gamma_2} \tag{4-8}$$

由式（4-8）可知，在相互作用力及外部控制参数的影响下，快变量 q_2 受慢变量 q_1 的支配或控制。

将式（4-8）代入式（4-7），则有

$$\frac{\mathrm{d}q_1}{\mathrm{d}t} = -\gamma_1(\eta)q_1 + \eta q_1^2 - \frac{\beta_1(\eta)\beta_2 q_1^3}{\gamma_2} \tag{4-9}$$

由 $\dfrac{\mathrm{d}q_1}{\mathrm{d}t} = -\dfrac{\mathrm{d}V(q_1)}{\mathrm{d}q_1}$ 得其对应的势函数为

$$V(q_1) = \frac{1}{2}\gamma_1(\eta)q_1^2 - \frac{1}{3}\eta q_1^3 + \frac{\beta_1(\eta)\beta_2 q_1^4}{4\gamma_2} \tag{4-10}$$

根据极值条件 $\dfrac{\mathrm{d}V(q_1)}{\mathrm{d}q} = 0$，有 $\gamma_1(\eta)q_1 - \eta q_1^2 + \dfrac{\beta_1(\eta)\beta_2 q_1^3}{\gamma_2} = 0$，$\Delta = \eta^2 - 4\dfrac{\gamma_1(\eta)\beta_1(\eta)\beta_2}{\gamma_2}$，$\eta$ 是外参量，即控制参量，可知 Δ 是 η 的函数，即 $\Delta(\eta)$，可以通过改变控制参量 η 的大小来判断解的性质，即明确了自组织众创的目标协同演化过程。

由于我国众创是多领域、多方式、多种类的，状态复杂，难以巨细研究，具体类型的特征要根据其典型类型展开。

（二）四个阶段

依据周熙登[125]的逻辑思路，这里将其用于自组织众创行为对象。

第一是自由竞争阶段，当 $\Delta < 0$ 时，即 $\eta < \sqrt{\dfrac{4\gamma_1(\eta)\beta_1(\eta)\beta_2}{\gamma_2}}$。这里，控制参数

η 存在管理协同要素正负反馈两种情况的各自反映，阻力因素是 $\gamma_1(\eta)$ 和 $\beta_1(\eta)$，

$F(t)$ 为随机涨落因素。在自由和多头竞争阶段，各个主体处于独立发展的状态，彼此之间在资源、渠道、技术、创意等要素上存在合作，各方追求收益与付出的平衡，但不存在事实上的任何管理协同，导致共同体价值理念与共享共创意愿缺乏，故外界控制参量 η 极小，甚至为零，此时 $V(q_1)$ 式中 d 是唯一稳定解，$q_1 = 0$ 表示自组织系统内所形成的序参量管理协同要素接近为零，如图4-7所示。

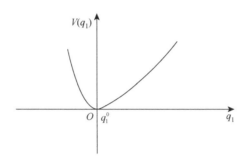

图4-7　$\Delta < 0$ 时自组织众创主体自由竞争阶段势函数 $V(q_1)$ 的示意图

根据协同演化形成过程，自由竞争难以达到创业时期范围经济的成本节约与利润开拓，创业主体与原偶尔协作发展的经常协作伙伴，实现从多竞争少协作转向少竞争多协作，并在协调范畴内推进市场共享、价值共创，更愿意结成稳定的契约协同的合作伙伴关系。例如，管理协同中控制参量 η 对序参量作用的强化，推动自组织从松散到有序的发展。

第二是行为协作阶段，如下。

当 $\Delta = 0$ 时，即 $\eta = \sqrt{\dfrac{4\gamma_1(\eta)\beta_1(\eta)\beta_2}{\gamma_2}}$，求解自组织众创主体在协作阶段的两个定态，$q_1^0 = 0$，$q_1^1 = \dfrac{\eta\gamma_2}{2\beta_1(\eta)\beta_2}$。至于是哪个定态主要由随机涨落 $F(t)$ 决定。自组织众创主体常受到不确定因素的影响，并且影响程度不同，如遭遇突发情况（如新冠疫情）等不可克服因素的影响，自组织众创主体面临解体，序参量则为零。相应地，协调主体可提供的较稳定、固化的业务合作能加强小范围或小规模协作的有效性，但是自组织众创的整体协作效应仍较弱，同时个体自由度水平较高。基于资源、技术、渠道等单个产品要素的协作容易促进各主体形成自组织众创主体，各主体均有一起"建一艘大船"赴商海共进的想法，以范围经济的优势降低整体成本成为促进各主体协同的下一个主要动因。范围经济的利益与各主体单独成本的高低平衡关系成为松散自组织继续或破裂的重要原因。一旦范围经济获得成功，自组织众创的利益捆绑将更为紧密和稳定，行为协作趋于长期稳定；自组织众创主体将探索更行之有效的组织结构或流程、相关制度及其组织文化等。各主体之间的共享愿景与使命开始萌芽和生长；组织哲学、价值观、文化等在碰撞中集聚融合或分裂，行为协作冲突与共进中的小矛盾较为频发；序参量要素将协调参量之间的问题，促进更深入的协调、协同发展，如图 4-8 所示。

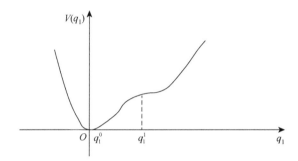

图 4-8　$\Delta = 0$ 时自组织众创主体行为协作阶段势函数 $V(q_1)$ 的示意图

第三是行为协调阶段，如下。

当 $\Delta > 0$ 时，即 $\eta > \sqrt{\dfrac{4\gamma_1(\eta)\beta_1(\eta)\beta_2}{\gamma_2}}$，得到三个定态：

$$q_1^0 = 0, \ q_1^1 = \frac{\gamma_2}{2\beta_1(\eta)\beta_2}\left[\eta - \sqrt{\eta^2 - 4\frac{\gamma_1(\eta)\beta_1(\eta)\beta_2}{\gamma_2}}\right] \quad (4\text{-}11)$$

$$q_1^2 = \frac{\gamma_2}{2\beta_1(\eta)\beta_2}\left[\eta + \sqrt{\eta^2 - 4\frac{\gamma_1(\eta)\beta_1(\eta)\beta_2}{\gamma_2}}\right]$$

如图 4-9 所示，q_1^1 不稳定，因此在行为协调阶段系统随机进入 q_1^0 或 q_1^2，同理，系统进入哪个定态，由随机因素 $F(t)$ 决定，例如，经历了松散主体聚合协调阶段，因竞争、风险等多种因素［如遇不可控因素（如新冠疫情）］影响使得创业组织不得不歇业、丧失用户或导致用户需求转换，此时序参量 $q_1^0 = 0$。必须说明的是，自组织众创情况较为复杂，其形态一般呈现非连续业绩表现，并非时时刻刻有连续型业绩；而且这些非连续业绩的获得并非十分平顺。总的方向是主体间通过协同实现低业绩到高业绩、低利润到高利润、临时交易到契约交易、不确定性到较确定性以及周转快慢等程度转化，主体间从一般的基于业务的协作演进到基于伙伴的熟练业务协调。这种转变强调松散自组织众创主体生产、运输、仓储、流通加工等运作过程通过内部协作交易在时间上、地域上、数量上和质量上的配合，促进系统的运作过程按预定目标进行。这一阶段很难实现成本协同，更多注重资源协同、技术协同、渠道协同，各主体自行控制成本与服务质量。

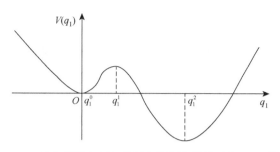

图 4-9　$\Delta > 0$ 时自组织众创主体行为协调阶段势函数 $V(q_1)$ 的示意图

第四是行为协同阶段，即在此阶段，原自组织主体已完成由简单个体向众创系统主体的转变，具有一定的组织结构及层级关系；范围经济利益形成；众创主体具有组织意义上的复杂功能与市场品牌/名誉效应，系统成员间由协调关系演进为协同关系，新有序结构形成，以组织符号、制度规定、文化特色、组织行为方式等与外界产生交互关系，由组织高层对内部系统各类活动进行发展方向指导、调控、监督和评价；将未来长远发展提升至战略层面考虑。该阶段不仅是单个管理要素的协同，而是视为一个系统的内部管理协同和财务意义上的协同效应，从而减少不必要的摩擦损失和交易成本、沟通交流成本；同时因需要持续开拓新市场、新产品和新技术，研发上除了内部不断挖掘，也有多种方式的外部研发协同往来；然后进一步推进系统与子系统的战略协同与目标协同。结合一般现实案例情况，目标协同多是以项目制为基础的外部协同，战略协同主要是内部子系统的长远计划融合协同。此时的自组织众创主体从管理、财务以及研发协同到系统调整的战略协同与目标协同，需要跨入更高发展层次，包含更为丰富、规范、刚性的有序组织形态；也可能面临系统调整失败，系统逐渐陷入衰退期，序参量不断被更迭。

用公式表示如下，当控制参数 η 对管理协同要素正反馈不断加强，其阻力因素 $\gamma_1(\eta)$ 和 $\beta_1(\eta)$ 不断减小，当 $\gamma_1(\eta) = 0$ 或 $\beta_1(\eta) = 0$ 时，自组织系统实现协同，得到两个定态解，即 $q_1^0 = 0$，$q_1^1 = \dfrac{\eta\gamma_2}{\beta_1(\eta)\beta_2}$，如图 4-10 所示。其定态表现由随机因素 $F(t)$ 决定，当 $q_1^0 = 0$，自组织众创主体解散。

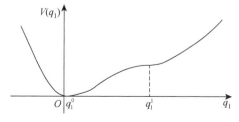

图 4-10　$\gamma_1(\eta) = 0$ 或 $\beta_1(\eta) = 0$ 时，行为协同阶段势函数 $V(q_1)$ 的示意图

第三节 竞合视角的自组织众创行为关系的演化博弈

自组织众创主体之间由于存在契约内协同、契约外竞争的关系，呈现的行为模式即竞合行为关系。例如，自组织众创主体 A 与创客 A，即 A 自组织众创中的 A 创客，以此类推。

一、自组织众创主体间的行为模式

（一）基本假设

H4：博弈主体是具有技术优势的自组织 A（或创客 A）和具有资源优势的自组织 B（或创客 B），两者的主体行为均为有限理性。

H5：自组织 A 和自组织 B 都可以选择"合作"和"不合作"两种行为策略。

H6：因开放共享时代与技术、环境条件等，自组织 A 和自组织 B 之间信息较为对称。

H7：自组织 A 选择"合作"策略的概率为 x，选择"不合作"策略的概率为 $1-x$；自组织 B 选择"合作"策略的概率为 y，选择"不合作"策略的概率为 $1-y$。

（二）损益变量选取与设定

U_{A0}、U_{B0} 分别表示自组织 A 和自组织 B 各自所得到的基本收益。

π 表示自组织 A 和自组织 B 进行合作时，得到的超额利益（$\pi > 0$）。

α 表示超额收益在自组织 A 和自组织 B 之间的分配系数（$0 < \alpha < 1$）。

U_{A1} 表示自组织 A 选择"不合作"策略时在原基本收益的基础上得到的产业增值收益。

U_{B1} 表示自组织 B 选择"不合作"策略时在原基本收益的基础上得到的产业增值收益。

C_{A0}、C_{B0} 分别表示自组织 A 和自组织 B 各自所付出的初始投入成本。

C_{A1} 表示自组织 A 选择"不合作"策略时的机会损失。

C_{B1} 表示自组织 B 选择"不合作"策略时的机会损失。

C_{A2}、C_{B2} 分别表示自组织 A 和自组织 B 在合作过程中，各自付出的成本。

根据上述所选取的变量，得出自组织 A 和自组织 B 的收益矩阵如表 4-4 所示。

表 4-4　自组织 A 和自组织 B 的收益矩阵

策略组合	自组织 A 的收益	自组织 B 的收益
（合作，合作）	$U_{A0} + \alpha\pi - C_{A0} - C_{A2}$	$U_{B0} + (1-\alpha)\pi - C_{B0} - C_{B2}$
（合作，不合作）	$U_{A0} - C_{A0} - C_{A2}$	$U_{B0} + U_{B1} - C_{B0} - C_{B1}$
（不合作，合作）	$U_{A0} + U_{A1} - C_{A0} - C_{A1}$	$U_{B0} - C_{B0} - C_{B2}$
（不合作，不合作）	$U_{A0} - C_{A0}$	$U_{B0} - C_{B0}$

（三）收益期望函数构建

根据收益矩阵，可得自组织 A 和自组织 B 的期望收益如下。

1. 自组织 A 的期望收益

设 U_{11} 表示自组织 A 选择"合作"策略时的期望收益，U_{12} 表示自组织 A 选择"不合作"策略时的期望收益，$\overline{U_1}$ 表示自组织 A 的平均期望收益，则

$$U_{11} = y(U_{A0} + \alpha\pi - C_{A0} - C_{A2}) + (1-y)(U_{A0} - C_{A0} - C_{A2})$$
$$U_{12} = y(U_{A0} + U_{A1} - C_{A0} - C_{A1}) + (1-y)(U_{A0} - C_{A0}) \qquad （4\text{-}12）$$
$$\overline{U_1} = xU_{11} + (1-x)U_{12}$$

2. 自组织 B 的期望收益

设 U_{21} 表示自组织 B 选择"合作"策略时的期望收益，U_{22} 表示自组织 B 选择"不合作"策略时的期望收益，$\overline{U_2}$ 表示自组织 B 的平均期望收益，则

$$U_{21} = x[U_{B0} + (1-\alpha)\pi - C_{B0} - C_{B2}] + (1-x)(U_{B0} - C_{B0} - C_{B2})$$
$$U_{22} = x(U_{B0} + U_{B1} + C_{B0} - C_{B1}) + (1-x)(U_{B0} - C_{B0}) \qquad （4\text{-}13）$$
$$\overline{U_2} = yU_{21} + (1-y)U_{22}$$

（四）动态复制方程

（1）自组织 A 选择"合作"策略时的动态复制方程为

$$F_1(x) = \frac{\mathrm{d}x}{\mathrm{d}t} = x(U_{11} - \overline{U_1}) = x(1-x)[y(\alpha\pi - U_{A1} - C_{A1}) - C_{A2}] \qquad （4\text{-}14）$$

（2）自组织 B 选择"合作"策略时的动态复制方程为

$$F_2(y) = \frac{\mathrm{d}y}{\mathrm{d}t} = y(U_{21} - \overline{U_2}) \tag{4-15}$$
$$= y(1-y)\{x[(1-\alpha)\pi - U_{B1} + C_{B2}] - C_{B2}\}$$

（五）演化稳定策略分析

为了求解演化博弈的均衡点，令

$$\begin{cases} F_1(x) = x(1-x)[y(\alpha\pi - U_{A1} - C_{A1}) - C_{A2}] = 0 \\ F_2(y) = y(1-y)\{x[(1-\alpha)\pi - U_{B1} + C_{B2}] - C_{B2} = 0\} \end{cases} \tag{4-16}$$

显然，式（4-16）存在四个特殊均衡点(1, 1)、(1, 0)、(0, 1)、(0, 0)，它们构成演化博弈解域的边界$\{x, y \mid x = 0, 1; y = 0, 1\}$，由此围成的区域可称为三方博弈的均衡解域，一般情况下域内还存在满足下式的均衡解$E = (x^*, y^*)$，即

$$\begin{cases} y(\alpha\pi - U_{A1} - C_{A1}) - C_{A2} = 0 \\ x[(1-\alpha)\pi - U_{B1} + C_{B1}] + U_{B1} - C_{B1} = 0 \end{cases}$$

解得

$$\begin{cases} y(\alpha\pi - U_{A1} - C_{A1}) - C_{A2} = 0 \\ x[(1-\alpha)\pi - U_{B1} + C_{B1}] + U_{B1} - C_{B1} = 0 \end{cases}$$

则

$$E = \left(\frac{U_{B1} - C_{B1}}{U_{B1} - C_{B1} - (1-\alpha)\pi}, \frac{C_{A2}}{\alpha\pi - U_{A1} - C_{A1}} \right) \tag{4-17}$$

根据弗里德曼（Friedman）提出的方法，动态演化博弈系统的均衡点的稳定性可根据雅可比矩阵的局部稳定性分析得到。因此，根据上述复制动态方程，可

得雅可比矩阵为：$J = \begin{pmatrix} \dfrac{\mathrm{d}F(x)}{\mathrm{d}x} & \dfrac{\mathrm{d}F(x)}{\mathrm{d}y} \\ \dfrac{\mathrm{d}F(y)}{\mathrm{d}x} & \dfrac{\mathrm{d}F(y)}{\mathrm{d}y} \end{pmatrix} = \begin{pmatrix} a_{11} & a_{12} \\ a_{21} & a_{22} \end{pmatrix}$，其中$a_{11}$、$a_{12}$、$a_{21}$、$a_{22}$ 分别为

$$\begin{aligned} a_{11} &= (1-2x)[-C_{A2} + y(\alpha\pi - U_{A1} - C_{A1})] \\ a_{12} &= x(1-x)(\alpha\pi - U_{A1} - C_{A1}) \\ a_{21} &= y(1-y)[(1-\alpha)\pi - U_{B1} + C_{B1}] \\ a_{22} &= (1-2y)\{U_{B1} - C_{B1} + x[(1-\alpha)\pi - U_{B1} + C_{B1}]\} \end{aligned} \tag{4-18}$$

则根据式（4-18），各局部均衡点处a_{11}、a_{12}、a_{21}、a_{22} 的取值，如表4-5所示。

表 4-5 局部均衡点处 a_{11}、a_{12}、a_{21}、a_{22} 的取值

均衡点	a_{11}	a_{12}	a_{21}	a_{22}
$(1,1)$	$-[-C_{A2} + y(\alpha\pi - U_{A1} - C_{A1})]$	0	0	$-(1-\alpha)\pi$
$(1,0)$	C_{A2}	0	0	$(1-\alpha)\pi$
$(0,1)$	$-C_{A2} + y(\alpha\pi - U_{A1} - C_{A1})$	0	0	$U_{B1} - C_{B1}$
$(0,0)$	$-C_{A2}$	0	0	$U_{B1} - C_{B1}$
(x^{*}, y^{*})	0	M	N	0

其中，M 和 N 的表达式分别为

$$M = \frac{-(U_{B1} - C_{B1}) \cdot (1-\alpha)\pi \cdot (\alpha\pi - U_{A1} - C_{A1})}{[U_{B1} - C_{B1} - (1-\alpha)\pi]^2},$$

$$N = \frac{C_{A1} \cdot (\alpha\pi - U_{A1} - C_{A1} - C_{A2}) \cdot [(1-\alpha)\pi - U_{B1} + C_{B1}]}{(\alpha\pi - U_{A1} - C_{A1})^2}\psi \qquad (4\text{-}19)$$

据上可知，在局部均衡点 $E = \left(\dfrac{U_{B1} - C_{B1}}{U_{B1} - C_{B1} - (1-\alpha)\pi}, \dfrac{C_{A2}}{\alpha\pi - U_{A1} - C_{A1}} \right)$ 处，雅可比

矩阵的迹 $\mathrm{tr}J = 0$，则局部均衡点 E 为"自组织 A-自组织 B"演化博弈策略的鞍点，因此，只需判断其余 4 个局部均衡点是否属于演化博弈稳定点。下面以 $(1,1)$ 为例，讨论系统满足渐近稳定的条件。

易知，系统在 $(1,1)$ 处的雅可比矩阵为

$$J = \begin{pmatrix} -[-C_{A2} + (\alpha\pi - U_{A1} - C_{A1})] & 0 \\ 0 & -(1-\alpha)\pi \end{pmatrix}$$

解得，此时的特征值 $\lambda = \begin{bmatrix} -[-C_{A2} + (\alpha\pi - U_{A1} - C_{A1})] \\ -(1-\alpha)\pi \end{bmatrix}$，当同时满足 $\alpha\pi > U_{A1} +$

$C_{A1} + C_{A2}$ 且 $\pi > 0$ 时，两个特征值均为负数，此时 $(1,1)$ 是渐近稳定的。同理可得其他三个平衡点处的局部稳定性，见表 4-6。

表 4-6 自组织 A 和自组织 B 演化博弈的均衡点和稳定性

均衡点	特征值符号	稳定性
$(1,1)$	当 $\alpha\pi > U_{A1} + C_{A1} + C_{A2}$ 且 $\pi > 0$ 时，均为负值	渐近稳定性
$(1,0)$	有正值	不稳定性
$(0,1)$	有正值	不稳定性
$(0,0)$	当 $C_{A2} > 0$ 且 $U_{B1} < C_{B1}$ 时，均为负值	渐近稳定性

由表 4-6 可得,"自组织 A-自组织 B"演化博弈的目标策略为 (1,1) 和 (0,0),即两者同时选择"合作"策略或者同时选择"不合作"策略,在其他均衡点时,都处于不稳定状态。

以上分析表明,当自组织 A 由于共同合作而得到的超额利益 $\alpha\pi$ 大于自组织 A 选择"不合作"策略时的产业增值收益 U_{A1} 与机会损失 C_{A1} 及合作时产生的成本 C_{A2} 的总和时,两者同时选择"合作"策略。

(六)模型启示

上述演化博弈明确了拥有不同优势的自组织博弈的演化稳定策略。简言之,在无关政治、无不明干预的情况下,众创行为中的自组织 A 与自组织 B 都重视合作过程中所得到的超额收益,实现两者的优势共享、劣势互补,是竞争情况下合作共赢、风险分担的典型行为心理。假定具有技术优势的企业主导的自组织 A 和具有资源优势的企业主导的自组织 B,双方能实现技术优势与资源优势的共享,就显然能降低独立经营时的机会成本和合作时产生的成本,才能达到"1+1>2"的互惠互利的最终目标。

如果当自组织 A 合作时产生的成本 $C_{A2}>0$,同时自组织 B 选择"不合作"策略时的产业增值收益 U_{B1} 小于机会损失 C_{B1} 时,两者同时选择"不合作"策略。即说明,众创过程中要尽量减少合作产生的成本,以此提高选择"不合作"策略时的机会成本,吸引自组织之间进行合作。这里假设具有技术优势的企业主导的自组织 A 和具有资源优势的企业主导的自组织 B,为了促进双方的合作,即要避免自组织 A 联合自组织 B 实现技术突破时反而产生过高成本,否则,自组织 A 就会失去合作意愿或兴趣。

由此得到三个重要建议,如下。

其一,引导属性同类或相似性极高在一定时机、一定条件下合作的自组织众创主体,形成规模性更有利于因规模经济而获得市场竞争优势。同区域大量、分散的小规模属性相似或相同的自组织从资源消耗与效率难以提升两方面都不具有优势,这可以从税收、社会支持、产学研协同、创新金融等方面予以协调,对地方竞争力有序性构造也有助益。

其二,大力推进差异化较为显著的区域或者自组织之间、不同要素构成的互动交流,例如,贵州火爆的"村超"①,包括丰富的文化与体育元素的创新性结合,就促成新生产力的形成。

其三,引导不同领域自组织过程中,通过调研明确协作的摩擦或不可知成本,

---

① 全名为"贵州榕江(三宝侗寨)和美乡村足球超级联赛"。

从相互吸引、无序混沌到有序性建立，以新规则或其他技术方式切实推进协作性成本的降低。

二、自组织众创主体之间的关系演化

通过上述演化博弈明确了拥有不同优势的自组织众创主体博弈的演化稳定策略。自组织众创主体与自组织内部创客之间的行为博弈竞合较为松散、影响有限，而区域内相似业务种类的自组织众创主体系统之间的行为博弈则影响较大，如果是以群落为单位的产业类别，则对区域创业潜能、动力激励与可持续都会产生一定影响。而且，无论松散型还是规范性的自组织众创主体均会导致各参与主体和组织之间的不同行为选择与目标一致性不完全匹配。鉴于演化博弈无法描述自组织之间的动态决策过程，需要在以上演化博弈基础上构建系统动力学模型，用以描述自组织双方长期行为演绎，以深入探索众创主体行为演化的动力关系。

系统动力学模型如方程组：

$$F_1(x) = \frac{dx}{dt} = x(U_{11} - \overline{U_1}) = x(1-x)[y(\alpha\pi - U_{A1} - C_{A1}) - C_{A2}]$$

$$F_2(y) = \frac{dy}{dt} = y(U_{21} - \overline{U_1}) = y(1-y)\{x[(1-\alpha)\pi - U_{B1} + C_{B1}] + U_{B1} - C_{B1}\}$$

$$U_{11} = y(U_{A0} + \alpha\pi - C_{A0} - C_{A2}) + (1-y)(U_{A0} - C_{A0} - C_{A2}) \qquad (4\text{-}20)$$

$$U_{12} = y(U_{A0} + U_{A1} - C_{A0} - C_{A1}) + (1-y)(U_{A0} - C_{A0})$$

$$U_{21} = x[U_{B0} + (1-\alpha)\pi - C_{B0} - C_{B1}] + (1-x)(U_{B0} + U_{B1} - C_{B0} - C_{B1})$$

$$U_{22} = x(U_{B0} - C_{B0} - C_{B2}) + (1-x)(U_{B0} - C_{B0})$$

该方程组反映了自组织 A 与自组织 B 之间的行为选择态势，博弈方策略选择随时间变化的变量为该系统动力学模型的流位变量，不同策略选择下博弈双方的损失、收益作为系统动力学模型的辅助变量，相关变量解释见表 4-7，由这一方程组建立相应的系统动力学流程图见图 4-11。

表 4-7　基于系统动力学的自组织 A-自组织 B 的变量解释

变量类型	变量说明
流位变量	自组织 A 合作的概率 X，自组织 B 合作的概率 Y
流率变量	$dX/dt, dY/dt$
辅助变量	不同策略下自组织 A 获得的收益 (U_{11}, U_{12})；不同策略下自组织 B 获得的收益 (U_{21}, U_{22})
常量	U_{A0}、U_{B0} 分别表示自组织 A 和自组织 B 各自所得到的基本收益 π 表示自组织 A 和自组织 B 进行合作时，得到的超额利益（$\pi>0$） α 表示超额收益在自组织 A 和自组织 B 之间的分配系数（$0<\alpha<1$） U_{A1} 表示自组织 A 选择"不合作"策略时在原基本收益的基础上得到的产业增值收益

变量类型	变量说明
常量	U_{B1} 表示自组织 B 选择"不合作"策略时在原基本收益的基础上得到的产业增值收益 C_{A0}、C_{B0} 分别表示自组织 A 和自组织 B 各自所付出的初始投入成本 C_{A1} 表示自组织 A 选择"不合作"策略时的机会损失 C_{B1} 表示自组织 B 选择"不合作"策略时的机会损失 C_{A2}、C_{B2} 分别表示自组织 A 和自组织 B 在合作过程中各自付出的成本

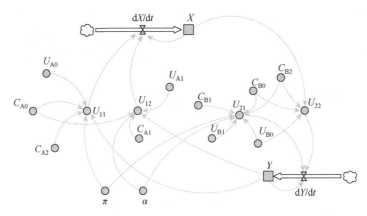

图 4-11　自组织 A-自组织 B 行为选择的系统动力学流程图

利用系统动力学模型运用虚拟数据进行模拟，模型中各常数之间存在下列关系：

$$U_{B1} < C_{B1}$$
$$U_{B1} < C_{B1} + (1-\alpha)\pi$$
$$U_{B1} - C_{B1} > U_{B1} - C_{B1} - (1-\alpha)\pi \qquad (4\text{-}21)$$
$$\alpha\pi > U_{A1} + C_{A1}$$
$$C_{A2} < \alpha\pi - U_{A1} - C_{A1}$$

根据这些关系设计算例参数，并进行系统动力模拟。

假设在初始状态下，各参数值如下：

$$U_{A1} = U_{B1} = 2, \quad C_{A1} = 2, \quad C_{A2} = 1, \quad C_{B1} = 10, \quad \alpha = 0.5, \quad \pi = 16 \qquad (4\text{-}22)$$

根据演化结果分析可知，在本算例中，

$$X^* = \frac{C_{B1} - U_{B1}}{C_{B1} - U_{B1} + (1-\alpha)\pi} = 0.5$$

$$Y^* = \frac{C_{A2}}{\alpha\pi - U_{A1} - C_{A1}} = 0.25$$

当 $0.5 < x < 1$ 时，$y = 1$ 是演化稳定策略；当 $0.25 < y < 1$ 时，$x = 1$ 是演化稳定策略。

　　结论表明：①当自组织 A 或 B 在合作中获得的超额收益大于在合作中的各项支出及不合作时获得的收益时，双方会采取合作策略；②当自组织 A 在合作中产生的成本大于获得的收益，B 的合作收益小于机会成本，双方采取"不合作"策略。

　　简言之，商业规则与竞争的存在，使得自组织众创主体之间的关系建立取决于至关重要的两点：一是合作收益与成本多少；二是与其他要素相较而言，众创主体目标收益可能嵌套于博弈及演化过程通过保留或依附关联问题目标的达成而实现解决。这印证了竞合视角下影响自组织众创行为关系建立与协作演化的要害因素。

三、基于情侣博弈的自组织众创主体与创客的行为演化博弈

（一）情侣博弈型自组织众创主体与创客的合作机制

　　一般而言，自组织众创主体与创客这两类对象之间的商业目标并不完全一致，即在市场竞争与诸多不确定性面前组织目标与个人目标相统一的同时又存在矛盾，属于依赖共存的关系实质。因此，二者的行为过程与结果表现并不完全可控，彼此具有不同行为选择及收益目标差别，恰如情侣博弈，行为原理如表 4-8 所示。在这类博弈中，虽然双方的收益不同，但是有收益优于没收益，合作优于不合作。

表 4-8　基于情侣博弈的自组织众创主体与创客的博弈关系

男孩	女孩		对照	自组织众创主体	创客	
	过山车	旋转木马			支持	反对
过山车	(2, 1)	(0, 0)		支持	(3, 1)	(0, 0)
旋转木马	(0, 0)	(1, 2)		反对	(0, 0)	(1, 3)

　　如果双方能够达成一致(3, 1)，虽然自组织众创主体作为主导方得到的收益会大于创客，但是有收益总比没有收益好，故创客选择跟随众创主体的方案，即共同合作促使双方利益最大化，但是如果创业主体的方案使自身的利益受损，则创客也不支持。由此，处理这个博弈的关键在于理性预估两者合作会产生的超额收益与成本，使双方合作实现方向一致性与利益最大化。值得一提的是，在众创主体与创客之间的演化博弈中，合作机制是显而易见的选择。

　　这里做基本假设与变量的确定。

　　H8：博弈主体是自组织众创主体与创客，二者的主体行为均为有限理性。其中，自组织众创主体为非政府主导类型的载体对象或者创业者最终成立的组织载体，为创业者们提供营业活动所需；创客是具有创业精神的主要参与者。

H9：自组织众创主体与创客都可以选择"合作"和"不合作"两种行为策略。

H10：自组织众创主体与创客之间信息对称（彼此完全坦诚相见）。

H11：应对不确定性时，自组织众创主体选择"合作"策略的概率为 θ，选择"不合作"策略的概率为 $1-\theta$；创客 B 选择"合作"策略的概率为 γ，选择"不合作"策略的概率为 $1-\gamma$。

这里的损益变量选取与设定如下。

S_{A0}、S_{B0} 分别表示自组织众创主体与创客都选择"不合作"策略时，各自所得到的基本收益。

I 表示自组织众创主体与创客进行合作时，得到的超额利益。

β 表示超额收益在自组织众创主体与创客之间的分配系数（$0<\beta<1$）。

P 表示在合作过程中，当一方继续坚持合作而另一方中途不合作时，中途违约的一方在原基本收益的基础上所得到的额外收益（$P>0$）。

F 表示在合作过程中，当一方继续坚持合作而另一方中途不合作时，中途违约的一方应支付给对方的违约金（$F>0$）。

D_{A1}、D_{B1} 分别表示在合作过程中，自组织众创主体与创客各自所付出的成本。

G 表示具有一定政府（或行业协会）支持而给予自组织众创主体 A 的激励，如财政补贴、税收优惠等。

根据上述所选取的变量，得出众创主体和创客的收益矩阵如表 4-9 所示。

表 4-9 自组织众创主体和创客的收益矩阵

策略组合	自组织众创主体的收益	创客的收益
（合作，合作）	$S_{A0}+\beta I+G-D_{A1}$	$S_{B0}+(1-\beta)I-D_{B1}$
（合作，不合作）	$S_{A0}+F+G-D_{A1}$	$S_{B0}+P-F$
（不合作，合作）	$S_{A0}+P-F$	$S_{B0}+F-D_{B1}$
（不合作，不合作）	S_{A0}	S_{B0}

进一步构建收益期望函数，根据收益矩阵表，可得自组织众创主体与创客的期望收益如下。

1. 自组织众创主体的期望收益

设 E_{11} 表示自组织众创主体选择"合作"策略时的期望收益，E_{12} 表示自组织众创主体选择"不合作"策略时的期望收益，$\overline{E_1}$ 表示自组织众创主体的平均期望收益，则

$$E_{11} = \gamma(S_{A0} + \beta I + G - D_{A1}) + (1-\gamma)(S_{A0} + F + G - D_{A1})$$
$$E_{12} = \gamma(S_{A0} + P - F) + (1-\gamma)S_{A0} \qquad (4\text{-}23)$$
$$\overline{E_1} = \theta E_{11} + (1-\theta)E_{12}$$

2. 创客的期望收益

设 E_{21} 表示创客选择"合作"策略时的期望收益，E_{22} 表示创客选择"不合作"策略时的期望收益，$\overline{E_2}$ 表示创客的平均期望收益，则

$$E_{21} = \theta[S_{B0} + (1-\beta)I - D_{B1}] + (1-\theta)(S_{B0} + P - F)$$
$$E_{22} = \theta(S_{B0} + F - D_{B1}) + (1-\theta)S_{B0} \qquad (4\text{-}24)$$
$$\overline{E_2} = \gamma E_{21} + (1-\gamma)E_{22}$$

据上，得到自组织众创主体选择"合作"策略时的动态复制方程为

$$F_1(\theta) = \frac{\mathrm{d}\theta}{\mathrm{d}t} = \theta(E_{11} - \overline{E_1}) = \theta(1-\theta)[\gamma(\beta I - P) + F + G - D_{A1}] \qquad (4\text{-}25)$$

而创客选择"合作"策略时的动态复制方程为

$$F_2(\gamma) = \frac{\mathrm{d}\gamma}{\mathrm{d}t} = \gamma(E_{21} - \overline{E_2}) = \gamma(1-\gamma)\{\theta[(1-\beta)I - P] + P - F\} \qquad (4\text{-}26)$$

演化稳定策略分析如下。

为了求解演化博弈的均衡点，令

$$\begin{cases} F_1(\theta) = \theta(1-\theta)[\gamma(\beta I - P) + F + G - D_{A1}] = 0 \\ F_2(\gamma) = \gamma(1-\gamma)\{\theta[(1-\beta)I - P] + P - F\} = 0 \end{cases} \qquad (4\text{-}27)$$

显然，式（4-27）存在四个特殊均衡点（1，1）、（1，0）、（0，1）、（0，0），它们构成演化博弈解域的边界 $\{\theta, \gamma \,|\, \theta = 0,1; \ \gamma = 0,1\}$，由此围成的区域可称为三方博弈的均衡解域，一般情况下域内还存在满足下式的均衡解 $T = (\theta^*, \gamma^*)$，即

$$\begin{cases} \gamma(\beta I - P) + F + G - D_{A1} = 0 \\ \theta[(1-\beta)I - P] + P - F = 0 \end{cases}$$

解得

$$\begin{cases} \theta^* = \dfrac{F - P}{(1-\beta)I - P} \\ \gamma^* = \dfrac{D_{A1} - F - G}{\beta I - P} \end{cases}, \quad T = \left(\dfrac{F - P}{(1-\beta)I - P}, \dfrac{D_{A1} - F - G}{\beta I - P} \right)$$

根据 Friedman 提出的方法，动态演化博弈系统的均衡点的稳定性可根据雅可比矩阵的局部稳定性分析得到。因此，根据上述复制动态方程，可得雅可比矩阵

为：$J = \begin{pmatrix} \dfrac{\mathrm{d}F(\theta)}{\mathrm{d}\theta} & \dfrac{\mathrm{d}F(\theta)}{\mathrm{d}\gamma} \\ \dfrac{\mathrm{d}F(\gamma)}{\mathrm{d}\theta} & \dfrac{\mathrm{d}F(\gamma)}{\mathrm{d}\gamma} \end{pmatrix} = \begin{pmatrix} b_{11} & b_{12} \\ b_{21} & b_{22} \end{pmatrix}$，其中 b_{11}、b_{12}、b_{21}、b_{22} 分别为

$$b_{11} = (1-2\theta)[F+G-D_{A1}+\gamma(\beta I - P)]$$
$$b_{12} = \theta(1-\theta)(\beta I - P)$$
$$b_{21} = \gamma(1-\gamma)[(1-\beta)I - P] \tag{4-28}$$
$$b_{22} = (1-2\gamma)\{P-F+\theta[(1-\beta)I - P]\}$$

则根据式（4-28），各局部均衡点处 b_{11}、b_{12}、b_{21}、b_{22} 的取值，如表 4-10 所示。

表 4-10　局部均衡点处 b_{11}、b_{12}、b_{21}、b_{22} 的取值

均衡点	b_{11}	b_{12}	b_{21}	b_{22}
$(1,1)$	$-[F+G-D_{A1}+(\beta I - P)]$	0	0	$-[(1-\beta)I - F]$
$(1,0)$	$-(F+G-D_{A1})$	0	0	$(1-\beta)I - F$
$(0,1)$	$F+G-D_{A1}+(\beta I - P)$	0	0	$-(P-F)$
$(0,0)$	$F+G-D_{A1}$	0	0	$P-F$
(θ^*, γ^*)	0	H	K	0

其中，H 和 K 的表达式分别为

$$H = \frac{(F-P)\cdot[(1-\beta)I - F]\cdot(\beta I - P)}{[(1-\beta)I - P]^2} \tag{4-29}$$

$$K = \frac{(D_{A1}-F-G)\cdot[\beta I - P - (D_{A1}-F-G)]\cdot[(1-\beta)I - P]}{(\beta I - P)^2} \tag{4-30}$$

根据表 4-10 可知，在局部均衡点 $T = \left(\dfrac{F-P}{(1-\beta)I - P}, \dfrac{D_{A1}-F-G}{\beta I - P}\right)$ 处，雅可比矩阵的迹 $\mathrm{tr}J = 0$，则局部均衡点 T 为"自组织众创主体-创客"演化博弈策略的鞍点，因此，只需判断其余 4 个局部均衡点是否属于演化博弈稳定点。下面以 $(1,1)$ 为例，讨论系统满足渐近稳定的条件。

易知，系统在 $(1,1)$ 处的雅可比矩阵为

$$J = \begin{pmatrix} -[F+G-D_{A1}+(\beta I - P)] & 0 \\ 0 & -[(1-\beta)I - F] \end{pmatrix}$$

解得，此时的特征值 $\lambda = \begin{bmatrix} -[F+G-D_{A1}+(\beta I - P)] \\ -[(1-\beta)I - F] \end{bmatrix}$，当同时满足 $\beta I + G + F > D_{A1} + P$ 且 $(1-\beta)I > F$ 时，两个特征值均为负数，此时 $(1,1)$ 是渐近稳定的。同理可得其他三个平衡点处的局部稳定性，见表 4-11。

表 4-11 自组织与创客演化博弈的均衡点与稳定性

均衡点	特征值符号	稳定性
(1, 1)	当 $\beta I + G + F > D_{A1} + P$ 且 $(1-\beta)I > F$ 时，均为负值	渐近稳定性
(1, 0)	有正值	不稳定性
(0, 1)	有正值	不稳定性
(0, 0)	当 $F + G > D_{A1}$ 且 $P > F$ 时，均为负值	渐近稳定性

由表 4-11 可得，"自组织众创主体-创客"演化博弈的目标策略为 (1,1) 和 (0,0)，即两者同时选择"合作"策略或者同时选择"不合作"策略，在其他均衡点时，都处于不稳定状态。

综上所述，当众创主体由于共同合作产生的超额收益 βI 与得到政府给予的激励 G 及违约金 F 的总和大于合作中主体产生的成本 D_{A1} 与违约所得的额外收益 P 的总和，且创客因合作产生的超额收益 $(1-\beta)I$ 大于违约金 F 时，两者都会选择"合作"策略。当违约金 F 与政府给予的激励 G 的总和大于合作中创业主体所付出的成本 D_{A1}，且违约所得的额外收益 P 多于违约金 F 时，两者都会选择"不合作"策略。

由此可知，在众创行为中，双方基于目标一致地、真诚地、竭尽所能地协同合作是众创主体可持续发展的基础，政府、行业协会或商会等提供一定的财政补贴和税收减免激励具有"抛砖引玉"的拉动作用，会鼓励彼此之间进行合作；同时在合作过程中，合作机制是信任、利得、契约共同作用的结果，而获得法律相关保障支持或者提高违约金惩罚、建立违约档案等是自组织众创主体信任机制必不可少的重要内容。

（二）情侣博弈型自组织众创行为的关系演化

基于以上合作机制基础，将自组织众创主体与创客的动态决策过程建构基本系统动力学模型，借此来描述双方决策的长期动力演化。

结合前面假设，自组织众创主体、创客双方具有以下情况。①自组织众创主体与创客一方不合作，一方合作；不合作一方获得的额外收益大于其损失。②自组织众创主体与创客合作时的支出大于（一方合作，一方不合作时）不合作一方支出的成本与政府为鼓励双方合作给予的优惠之和。③自组织众创主体与创客合作时双方获得的收益大于（一方合作，一方不合作时）不合作一方的违约金。④自组织众创主体与创客一方不合作，一方合作；不合作一方获得的额外收益与损失之差小于自组织众创主体与创客合作时创客获得的收益与（一方合作，一方不合作时）不合作一方的违约金之差。⑤自组织众创主体与创客合作时的支出相较（一方合作，一方不合作时）不合作一方支出的成本与政府为鼓励双方合作给予的优惠之和的差小于合作时自组织获得的收益与（一方合作，一方不合作时）不合作一方的违约金之差。基于系统动力学的自组织众创行为演化的系统变量见表4-12。

表 4-12　基于系统动力学的自组织众创行为演化的系统变量

变量类型	变量说明
流位变量	自组织众创主体合作的概率 θ，创客合作的概率 γ
流率变量	$\mathrm{d}\theta/\mathrm{d}t$，$\mathrm{d}\gamma/\mathrm{d}t$
辅助变量	不同策略下自组织众创主体的得益 (E_{11}, E_{12})；不同策略下创客的得益 (E_{21}, E_{22})
常量	S_{A0}、S_{B0} 分别表示自组织众创主体与创客都选择"不合作"策略时，各自所得到的基本收益 I_1，I_2 表示自组织众创主体与创客进行合作时，双方分别得到的超额利益 P 表示在合作过程中，当一方继续坚持合作而另一方中途不合作时，中途违约的一方在原基本收益的基础上所得到的额外收益 F 表示在合作过程中，当一方继续坚持合作而另一方中途不合作时，中途违约的一方应支付给对方的违约金 D_{A1}、D_{B1} 分别表示在合作过程中，自组织众创主体与创客各自付出的成本 G 表示政府支持合作而给予众创主体的激励，如财政补贴、税收优惠等

通过系统动力模型的建立，得到自组织众创主体与创客之间合作的系统动力学流程图（图4-12），模型涵盖的主要变量和常量有：流位变量、流率变量、辅助变量、常量，由上文中分析演化博弈的复制动态方程而来。

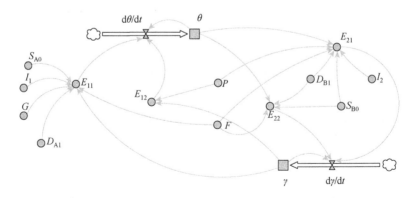

图 4-12　自组织众创主体与创客演化博弈的系统动力学流程图

这里，在满足上述假设下设计算例参数，并进行系统动力模拟。假设在初始状态下，各参数值如下：$P=2$，$F=3$，$G=5$，$I_1 = I_2 = 12$，$D_{A1} = 10$。

根据演化结果可知，在本例中，

$$\theta^* = \frac{F-P}{I_2-P} = 0.1, \quad \gamma^* = \frac{D_{A1}-F-G}{I_1-P} = 0.2$$

当 $0.1 < \theta < 1$ 时，$\gamma = 1$ 是演化稳定策略；当 $0.2 < \gamma < 1$ 时，$\theta = 1$ 是演化稳定策略。

根据以上分析，在演化过程中博弈双方的选择策略相互影响；只有当 $\theta > \theta^*$，$\gamma > \gamma^*$ 时，系统才收敛于 $(1,1)$。

第四节　自组织众创主体触发高绩效的行为机制

自组织众创主体获得高绩效取决于诸多内外部因素，然而这些因素无论从数据获取还是方法使用上，都难以穷尽其复杂的行为机制。

从行为动力源而言，众创主体涉及的人、财、物等都具有绩效涨落的影响力，例如，自组织众创主体对事业的发展和引导主要依赖创客的行为，广泛涉及创客的质与量、行为创新性、风险承担、竞争表现、行为的前瞻性等，而一个行业或社会中创业创新者越多，创业组织形态也越丰富，意味着组织主体越多，产生的社会活力越旺盛，行为引领性也越强。而在无论何种创业组织形态中，创业导向能集中体现该区域或行业创业精神与实际行为发展，它与众创主体的资源整合能力共同构成衡量主体发展绩效的典型维度。这些行为通过对资源的识别、获取、利用等整合能力来实现主体的目标绩效。事实上，自组织众创主体在行为发起之时就具有导向上的多目标需求，既需满足自身经济、发展等内在需求，又需满足一定可整合资源能力的公共效益，甚至社会责任目标。因此，在全面审视这些因素的基础上，将其有机整合和分类，可以归结为：创客导向指标、资源整合指标、社会效益指标三类。这里的社会效应不仅包含自组织众创主体自身的创新绩效，还包括建立品牌影响力和商业信用，原因在于这体现了众创主体融入环境的程度以及未来商业的持续力。相较其他内外部因素（如对环境不确定性、客户忠诚度等）而言，这样分类有利于获取较为稳定的观测资料与信息，反映主体产生相变的内在逻辑主线。基于激发创业导向与资源整合能力推动众创主体目标实现的内在工作机制如图 4-13 所示，本节用理论验证其合理性与科学性。

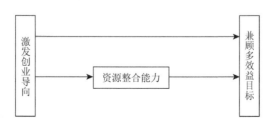

图4-13　自组织众创主体发挥绩效的简明机制图示

一、理论假设和模型

首先是自组织众创主体激发社众的创业导向与综合效益的关系。创业导向是以创业创新前瞻性行为与可能面临的风险承担展开相应主动自觉和积极的商业活动，被广泛证实对创业者本人、市场、商业活动、社会经济产生正向影响，有利于达成个人、市场、社会的多效益目标，即综合效益。可以从创新性、风险承担性、积极竞争性和前瞻性行为四个维度衡量众创的创业导向。假设如下。

H12：自组织众创主体激发社众的创业导向对综合效益有提升作用。

其次在于自组织众创主体的资源整合能力与综合效益之间的关系。

自组织众创主体是两个以上独立创业者的有机整合，涉及的整合资源能力包括现有的、未来新吸纳和拓展的能力。故假设如下。

H13：自组织众创主体资源整合能力对综合效益有积极作用。

最后是创业导向、资源整合能力共同作用与自组织众创主体综合效益之间的关系。众创主体创业导向和资源整理能力具有内部强烈正相关关系，具有连锁效应，它们共同作用于其主体的综合效益。这里假设如下。

H14：自组织众创主体的创业导向与其资源整合能力对综合效益产生正向作用。

二、数据收集与研究方法

本节数据源自 1000 份第三次在线数据调查，有效回收率高达 95.7%。

变量测量方面，由于这里变量均为潜变量，故选用 AMOS 21.0 软件验证假设模型，选用结构方程验证变量之间的关系。因子载荷见表 4-13。

表 4-13　因子载荷

潜在变量	题项		因子载荷
创业导向 EO	创新性 EO1	众创主体进行了许多创新活动	0.823
	风险承担性 EO2	众创主体为实现目标更倾向于承担相应风险	0.756
	积极竞争性 EO3	众创主体非常强调比对手更早推出新产品或服务	0.762
	前瞻性行为 EO4	众创主体能率先开展创新活动，推出新产品和新服务	0.726
资源整合能力 RIC	资源识别 RIC1	众创主体可以通过自身活动确定所需资源的类型和数量	0.748
	资源获取 RIC2	众创主体可以从外部获取更多所需的资源	0.732
	资源运用 RIC3	众创主体能对已有资源做到有效运用	0.794

续表

潜在变量		题项	因子载荷
综合效益 ESB	创新绩效 ESB1	众创主体创新绩效有显著提升	0.721
	品牌影响力效益 ESB2	众创主体的创新产品和服务影响了更多的消费者	0.723
	商业信用 ESB3	众创主体获得更高程度的商业信用认可	0.716

分析得到变量间的作用机制关系如图 4-14 所示。

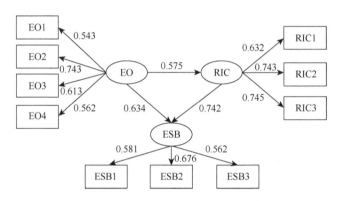

图 4-14　自组织众创发挥绩效机制作用示意图

通过假设检验得出众创主体创新绩效影响的验证结果如表 4-14 所示，表明所有的假设都获得了支持。

表 4-14　众创主体创新绩效影响的验证结果

假设编号	假设关系	总效应	直接效应	间接效应	检验结果
H12	EO&ESB	0.65	0.21	0.44	支持
H13	RIC&ESB	0.57	0.57		支持
H14	EO、RIC&ESB	0.63	0.63		支持
	RMSEA = 0.034　　GFI = 0.87　　AGFI = 0.83　　CFI = 0.84				

注：RMSEA 全称为 root-mean-square error of approximation（近似误差均方根）；GFI 全称为 goodness of fix index（拟合优度指数）；AGFI 全称为 adjusted goodness of fit index（调整后拟合优度指数）；CFI 全称为 comparative fix index（比较拟合指数）

简言之，自组织众创主体激发创业导向和资源整合能力对自身综合绩效均有正向促进作用。首先，众创能促使主体对自身效能的提升，巩固和塑造自身的核心竞争力；其次，众创主体面对风险与挑战积极担当，以创业导向激发潜能，这从内部奠定更稳固的绩效基础。从内外部资源整合能力方面，自组织众创主体本质地开始于不同独立创业者的聚合，具有资源识别、获取、分配和运用的多方面能力，对自身绩效有明显的正向影响作用。整体而言，创业导向与资源整合能力作为自组织众创的内在属性对其发展绩效有积极影响。

第五节 不同形态自组织众创的决策动力博弈

由实践已知，自组织众创存在不同形态，例如，分为单一主体、多主体以及拥有多种多样的发展方式和运行机制，它们共同构成区域性该领域的创业生态系统，相对重要的主体各自的决策动力机制对该创业生态系统产生一定影响。这些主体间存在不同场景下的竞争动力决策与非竞争动力决策。

一、基本假设

H15：在不考虑其他外界环境影响的情景下，视自组织众创主体与其他同业众创主体构成一个相对完整的区域某领域的创业生态系统。

H16：自组织众创主体与其他同业众创主体视为博弈的主体，各参与主体均为有限理性个体，且信息具有不完全对称性。

H17：自组织众创主体可以选择单形态自组织众创与其他同业众创主体合作，也可以选择多形态自组织众创与其他同业众创主体进行合作，同时其他同业众创主体可以选择竞争动力决策去获得更多的经济利益和非竞争动力决策以获得更多的社会效益，其中自组织众创主体选择单形态自组织众创和其他同业众创主体选择竞争动力的意愿分别为 x、y，$x, y \in [0,1]$，且为时间 t 的函数。

H18：当自组织众创主体选择单形态自组织众创与其他同业众创主体进行合作时，需补贴自组织 f_1。若其他同业众创主体选择竞争动力决策，其他同业众创主体可获得的效益为 π_1，若其他同业众创主体选择非竞争动力决策，其他同业众创主体可获得的效益为 π_2；其他同业众创主体进行竞争动力决策时需支付 c_1 的运营成本并获得 $\bar{\pi}_1$ 的经济收益，其他同业众创主体选择非竞争动力决策时需支付 c_2 的运营成本并可获得 $\bar{\pi}_2$ 的经济收益，同时由非竞争动力决策带来品牌知名度以及企业形象的提高而获得额外收益 R_1。

H19：当自组织众创主体选择多形态自组织众创与其他同业众创主体进行合作时，需补贴自组织 f_2。若其他同业众创主体选择竞争动力决策，其他同业众创主体可获得的效益为 π_3，若其他同业众创主体选择非竞争动力决策，其他同业众创主体可获得的效益为 π_4；其他同业众创主体进行竞争动力决策时需支付 c_3 的运

营成本并获得 $\bar\pi_3$ 的经济收益，其他同业众创主体选择非竞争动力决策时需支付 c_4 的运营成本并获得 $\bar\pi_4$ 的经济收益，同时由于非竞争动力决策带来品牌知名度以及企业形象的提高而获得额外收益 R_2。

H20：考虑到非竞争动力决策的主要目的是通过社会福利去提高品牌知名度和企业形象。因此当其他同业众创主体选择非竞争动力决策时，相对于竞争动力决策其他同业众创主体的效益更高，企业的收益更低，即 $\pi_1 < \pi_2$，$\pi_3 < \pi_4$，$\bar\pi_1 > \bar\pi_2$，$\bar\pi_3 > \bar\pi_4$。其他同业众创主体的规模大于自组织众创主体的规模，自组织众创主体相对其他同业众创主体而言所获得补贴较少，运营成本更高，即 $f_1 < f_2$，$c_1 < c_3$，$c_2 < c_4$。

H21：在不影响结论的前提下，为方便模型求解，假设 $R_1 = R_2 = R$。

根据上述假设以及变量定义，可构建出自组织众创主体与其他同业众创主体博弈支付矩阵，如表 4-15 所示。

表 4-15　自组织众创主体与其他同业众创主体博弈支付矩阵

自组织众创主体	其他同业众创主体	
	竞争动力决策（y）	非竞争动力决策（$1-y$）
单形态自组织众创（x）	$(\pi_1 - f_1,\ \bar\pi_1 - c_1)$	$(\pi_2 - f_1,\ \bar\pi_2 - c_2 + R)$
多形态自组织众创（$1-x$）	$(\pi_3 - f_2,\ \bar\pi_3 - c_3)$	$(\pi_4 - f_2,\ \bar\pi_4 - c_4 + R)$

二、构建复制动态方程

自组织众创主体选择单形态自组织众创与其他同业众创主体合作的期望收益为 U_{G1}，选择多形态自组织众创与其他同业众创主体合作的期望收益为 U_{G2}，平均期望收益为 U_G。

$$U_{G1} = y(\pi_1 - f_1) + (1-y)(\pi_2 - f_1) \tag{4-31}$$

$$U_{G2} = y(\pi_3 - f_2) + (1-y)(\pi_4 - f_2) \tag{4-32}$$

$$U_G = xU_{G1} + (1-x)U_{G2} \tag{4-33}$$

由式（4-31）～式（4-33）构建演化博弈中的其他同业众创主体复制动态方程为

$$\begin{aligned} F(x) = \frac{\mathrm{d}x}{\mathrm{d}t} &= x(1-x)(U_{G1} - U_{G2}) \\ &= x(1-x)[y(\pi_1 - \pi_3 + f_2 - f_1) + (1-y)(\pi_2 - \pi_4 + f_2 - f_1)] \end{aligned} \tag{4-34}$$

其他同业众创主体选择竞争动力决策的期望收益为 U_{E1}，选择非竞争动力决策的期望收益为 U_{E2}，平均期望收益为 U_E。

$$U_{E1} = x(\bar\pi_1 - c_1) + (1-x)(\bar\pi_3 - c_3) \tag{4-35}$$

$$U_{E2} = x(\bar{\pi}_2 - c_2 + R) + (1-x)(\bar{\pi}_4 - c_4 + R) \tag{4-36}$$

$$U_E = yU_{E1} + (1-y)U_{E2} \tag{4-37}$$

此时其他同业众创主体的复制动态方程为

$$F(y) = \frac{dy}{dt} = y(1-y)(U_{E1} - U_{E2})$$
$$= y(1-y)[x(\bar{\pi}_1 - \bar{\pi}_2 + c_2 - c_1 - R) + (1-x)(\bar{\pi}_3 - \bar{\pi}_4 + c_4 - c_3 - R)] \tag{4-38}$$

根据式（4-34）和式（4-38）构建企业创业决策行为的复制动态系统为

$$\begin{cases} \dfrac{dx}{dt} = x(1-x)[y(\pi_1 - \pi_3 + f_2 - f_1) + (1-y)(\pi_2 - \pi_4 + f_2 - f_1)] \\ \dfrac{dy}{dt} = y(1-y)[x(\bar{\pi}_1 - \bar{\pi}_2 + c_2 - c_1 - R) + (1-x)(\bar{\pi}_3 - \bar{\pi}_4 + c_4 - c_3 - R)] \end{cases} \tag{4-39}$$

三、博弈模型的演化及稳定性分析

根据 Friedman 提出的方法，动态演化博弈系统的均衡点的稳定性可根据雅可比矩阵的局部稳定性分析得到。因此，根据上述复制动态方程，可得雅可比矩阵为

$$\boldsymbol{J} = \begin{pmatrix} \dfrac{dF(x)}{dx} & \dfrac{dF(x)}{dy} \\ \dfrac{dF(y)}{dx} & \dfrac{dF(y)}{dy} \end{pmatrix} \tag{4-40}$$

$$\frac{dF(x)}{dx} = (1-2x)[y(\pi_1 - \pi_3 + f_2 - f_1) + (1-y)(\pi_2 - \pi_4 + f_2 - f_1)]$$
$$\frac{dF(x)}{dy} = x(1-x)(\pi_1 - \pi_3 - \pi_2 + \pi_4) \tag{4-41}$$
$$\frac{dF(y)}{dx} = y(1-y)(\bar{\pi}_1 - \bar{\pi}_2 - \bar{\pi}_3 + \bar{\pi}_4)$$

$$\frac{dF(y)}{dy} = (1-2y)[x(\bar{\pi}_1 - \bar{\pi}_2 + c_2 - c_1 - R) + (1-x)(\bar{\pi}_3 - \bar{\pi}_4 + c_4 - c_3 - R)]$$

令 $\dfrac{dx}{dt} = 0$、$\dfrac{dy}{dt} = 0$，结合雅可比矩阵，得到 5 个动态均衡点 $(1, 0)$、$(0, 0)$、$(0, 1)$、$(1, 1)$、(x^*, y^*)。

$$(x^*, y^*) = \left(\frac{c_4 - c_3 - R + \bar{\pi}_3 - \bar{\pi}_4}{\bar{\pi}_3 - \bar{\pi}_4 + \bar{\pi}_2 - \bar{\pi}_1 + c_1 - c_2 + c_4 - c_3}, \frac{f_2 - f_1 + \pi_2 - \pi_4}{\pi_2 + \pi_3 - \pi_1 - \pi_4} \right) \tag{4-42}$$

矩阵 J 的行列式为

$$\det J = (1-2x)(1-2y)[y(\pi_1 - \pi_3 + f_2 - f_1) + (1-y)(\pi_2 - \pi_4 + f_2 - f_1)]$$
$$\times [x(\pi_1 - \pi_2 + c_2 - c_1 - R) + (1-x)(\pi_3 - \pi_4 + c_4 - c_3 - R)] \quad (4\text{-}43)$$
$$- x(1-x)(\pi_1 - \pi_3 - \pi_2 + \pi_4)y(1-y)(\bar{\pi}_1 - \bar{\pi}_2 - \bar{\pi}_3 + \bar{\pi}_4)$$

矩阵 J 的迹为

$$\operatorname{tr} J = (1-2x)[y(\pi_1 - \pi_3 + f_2 - f_1) + (1-y)(\pi_2 - \pi_4 + f_2 - f_1)]$$
$$+ (1-2y)[x(\bar{\pi}_1 - \bar{\pi}_2 + c_2 - c_1 - R) + (1-x)(\bar{\pi}_3 - \bar{\pi}_4 + c_4 - c_3 - R)]$$

$$(4\text{-}44)$$

企业与其他同业众创主体博弈各均衡点对应的 $\det J$ 以及 $\operatorname{tr} J$ 如表4-16所示。

表4-16 雅可比矩阵 $\det J$ 与 $\operatorname{tr} J$ 的表达式

均衡点	类型	等式结果
(0,0)	$\det J$	$(\pi_2 - \pi_4 + f_2 - f_1)(\bar{\pi}_3 - \bar{\pi}_4 + c_4 - c_3 - R)$
	$\operatorname{tr} J$	$(\pi_2 - \pi_4 + f_2 - f_1) + (\bar{\pi}_3 - \bar{\pi}_4 + c_4 - c_3 - R)$
(0,1)	$\det J$	$-(\pi_1 - \pi_3 + f_2 - f_1)(\bar{\pi}_3 - \bar{\pi}_4 + c_4 - c_3 - R)$
	$\operatorname{tr} J$	$(\pi_1 - \pi_3 + f_2 - f_1) - (\bar{\pi}_3 - \bar{\pi}_4 + c_4 - c_3 - R)$
(1,0)	$\det J$	$-(\pi_2 - \pi_4 + f_2 - f_1)(\bar{\pi}_1 - \bar{\pi}_2 + c_2 - c_1 - R)$
	$\operatorname{tr} J$	$-(\pi_2 - \pi_4 + f_2 - f_1) + (\bar{\pi}_1 - \bar{\pi}_2 + c_2 - c_1 - R)$
(1,1)	$\det J$	$(\pi_1 - \pi_3 + f_2 - f_1)(\bar{\pi}_1 - \bar{\pi}_2 + c_2 - c_1 - R)$
	$\operatorname{tr} J$	$-(\pi_1 - \pi_3 + f_2 - f_1) - (\bar{\pi}_1 - \bar{\pi}_2 + c_2 - c_1 - R)$
(x^*, y^*)	$\det J$	$\dfrac{(c_2 - c_1 - R + \bar{\pi}_3 - \bar{\pi}_4)(c_1 - c_2 + R + \bar{\pi}_2 - \bar{\pi}_1)(f_2 - f_1 + \pi_2 - \pi_4)(f_1 - f_2 + \pi_3 - \pi_1)}{(\bar{\pi}_4 - \bar{\pi}_2 + \bar{\pi}_1 - \bar{\pi}_3)(\pi_2 + \pi_3 - \pi_1 - \pi_4)}$
	$\operatorname{tr} J$	0

系统动态演化过程中逐渐稳定的充要条件是: $\det J > 0$, $\operatorname{tr} J < 0$。若 $\operatorname{tr} J = 0$,则为鞍点。稳定性分析结果如表4-17所示。

表4-17 稳定性分析结果

情形		平衡点	(0,0)	(0,1)	(1,0)	(1,1)	(x^*, y^*)
1	$\bar{\pi}_1 - \bar{\pi}_2 + c_2 - R > c_1$ $\bar{\pi}_3 - \bar{\pi}_4 + c_4 - R > c_3$ $\pi_1 - f_1 > \pi_3 - f_2$ $\pi_2 - f_1 < \pi_4 - f_2$	$\det J$	+	−	−	+	
		$\operatorname{tr} J$	−	不定	+	−	0
		ESS	ESS1	否	否	ESS2	鞍点

续表

情形		平衡点	(0, 0)	(0, 1)	(1, 0)	(1, 1)	(x^*, y^*)
2	$\bar{\pi}_1 - \bar{\pi}_2 + c_2 - R < c_1$ $\bar{\pi}_3 - \bar{\pi}_4 + c_4 - R > c_3$ $\pi_1 - f_1 > \pi_3 - f_2$ $\pi_2 - f_1 > \pi_4 - f_2$	det J	+	−	+	−	
		tr J	+	不定	−	不定	0
		ESS	否	否	ESS3	否	鞍点
3	$\bar{\pi}_1 - \bar{\pi}_2 + c_2 - R > c_1$ $\bar{\pi}_3 - \bar{\pi}_4 + c_4 - R > c_3$ $\pi_1 - f_1 < \pi_3 - f_2$ $\pi_2 - f_1 > \pi_4 - f_2$	det J	+	+	−	−	
		tr J	+	−	不定	不定	0
		ESS	否	ESS4	否	否	鞍点
4	$\bar{\pi}_1 - \bar{\pi}_2 + c_2 - R > c_1$ $\bar{\pi}_3 - \bar{\pi}_4 + c_4 - R > c_3$ $\pi_1 - f_1 < \pi_3 - f_2$ $\pi_2 - f_1 < \pi_4 - f_2$	det J	+	−	+	+	
		tr J	+	不定	+	−	0
		ESS	否	否	否	ESS5	鞍点

注：ESS（evolutionarily stable strategy，演化稳定策略）是一个纳什均衡，隐含着复制动态博弈的动态思想。"+"为平衡点大于0，"−"为平衡点小于0

情形1：当$\pi_1 - f_1 > \pi_3 - f_2$，$\bar{\pi}_1 - \bar{\pi}_2 + c_2 - R > c_1$。即当其他同业众创主体选择竞争动力决策时，其他同业众创主体选择单形态自组织众创策略所获得的收益高于其他同业众创主体选择多形态自组织众创策略所获得的收益；同时，其他同业众创主体在自组织众创主体选择单形态自组织众创策略时，竞争动力决策下的收益低于非竞争动力决策下的收益。(0, 0)、(1, 1)是博弈的演化稳定策略，即(多形态自组织众创, 非竞争动力决策)、(单形态自组织众创, 竞争动力决策)，情形1的复制动态相位图如图4-15所示。

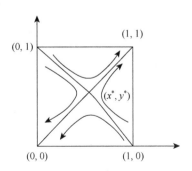

图4-15　情形1复制动态相位图

在此情形下自组织众创主体和其他同业众创主体的行为策略选择过程为：就自组织众创主体而言，当其他同业众创主体选择竞争动力决策时，自组织众创主体选择单形态自组织众创的相对净支付为正；当其他同业众创主体选择非竞争动力决策时，自组织众创主体选择单形态自组织众创的相对净支付为负。

因此，自组织众创主体的策略选择将受到其他同业众创主体的影响，当其他同业众创主体倾向于选择竞争动力决策时，自组织众创主体将倾向于选择单形态自组织众创。当其他同业众创主体倾向于选择非竞争动力决策时，自组织众创主体将倾向于选择多形态自组织众创。对于其他同业众创主体来说，当自组织众创主体选择单形态时，其他同业众创主体选择竞争动力决策的相对净支付为正；当自组织众创主体选择多形态时，其他同业众创主体选择非竞争动力决策的相对净支付为正。因此，自组织众创主体的策略选择将根据其他同业众创主体的策略选择而定，当其他同业众创主体倾向于选择竞争动力决策时，自组织众创主体将选择单形态；当其他同业众创主体倾向于选择非竞争动力决策时，自组织众创主体将选择多形态。

情形 2：当 $\pi_2 - f_1 > \pi_4 - f_2$，$\bar{\pi}_1 - \bar{\pi}_2 + c_2 - R < c_1$。即当其他同业众创主体选择非竞争动力决策时，自组织众创主体选择单形态策略其他同业众创主体所获得的收益高于选择多形态策略所获得的收益；同时，其他同业众创主体在自组织众创主体选择单形态策略时，竞争动力决策下的收益低于非竞争动力决策下的收益。$(1, 0)$ 是博弈的演化稳定策略，即(单形态自组织众创, 非竞争动力决策)，其中情形 2 复制动态相位图如图 4-16 所示。在此情形下自组织众创主体和其他同业众创主体的行为策略选择过程为：就自组织众创主体而言，当其他同业众创主体选择竞争动力决策时，自组织众创主体选择单形态的相对净支付为负；当其他同业众创主体选择非竞争动力决策时，自组织众创主体选择单形态的相对净支付为正。因此，自组织众创主体倾向于单形态。对于其他同业众创主体来说，无论自组织众创主体选择单形态还是多形态时，其他同业众创主体选择竞争动力决策的相对净支付均为负；因此，其他同业众创主体更倾向于选择非竞争动力决策。

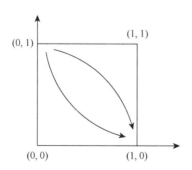

图 4-16　情形 2 复制动态相位图

情形 3：当 $\pi_1 - f_1 < \pi_3 - f_2$，$\bar{\pi}_3 - \bar{\pi}_4 + c_4 - R > c_3$。即当其他同业众创主体选

择竞争动力决策时，自组织众创主体选择单形态策略其他同业众创主体所获得的收益低于选择多形态策略所获得的收益；同时，其他同业众创主体在自组织众创主体选择多形态策略时，竞争动力决策下的收益高于非竞争动力决策下的收益。$(0,1)$是博弈的演化稳定策略，即(多形态自组织众创, 竞争动力决策)，其中情形 3 复制动态相位图如图 4-17 所示。在此情形下该自组织众创主体和其他同业众创主体的行为策略选择过程为：无论其他同业众创主体选择竞争动力决策或非竞争动力决策，自组织众创主体选择单形态的相对净支付均为负，选择多形态的相对净支付均为正。因此，自组织众创主体更倾向于选择多形态。对于其他同业众创主体来说，当自组织众创主体选择单形态时，其他同业众创主体选择竞争动力决策的相对净支付为正；当自组织众创主体选择单形态时，其他同业众创主体选择非竞争动力决策的相对净支付为负。因此，其他同业众创主体倾向于选择竞争动力决策。

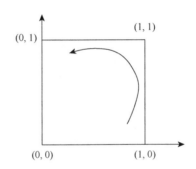

图 4-17　情形 3 复制动态相位图

情形 4：当$\pi_2 - f_1 < \pi_4 - f_2$，$\bar{\pi}_3 - \bar{\pi}_4 + c_4 - R > c_3$。即当其他同业众创主体选择非竞争动力决策时，自组织众创主体选择单形态策略其他同业众创主体所获得的收益低于选择多形态策略所获得的收益；同时，其他同业众创主体在自组织众创主体选择多形态策略时，竞争动力决策下的收益高于非竞争动力决策下的收益。$(1,1)$是博弈的演化稳定策略，即(单形态自组织众创, 竞争动力决策)，其中情形 4 复制动态相位图如图 4-18 所示。在此情形下自组织众创主体和其他同业众创主体的行为策略选择过程为：就自组织众创主体而言，当其他同业众创主体选择竞争动力决策时，自组织众创主体选择单形态的相对净支付为正；当其他同业众创主体选择竞争动力决策时，自组织众创主体选择多形态自组织众创相对净支付为负。因此，自组织众创主体更倾向于选择单形态。当其他同业众创主体倾向于选择非竞争动力决策时，自组织众创主体选择单形态或多形态时，其他同业众创主体的相对净支付均为负。因此，当其他同业众创主体更倾向于选择竞争动力决策时，自组织众创主体更倾向于选择单形态。

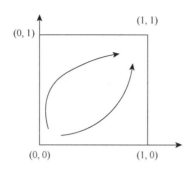

图 4-18 情形 4 复制动态相位图

四、研究发现

单一自组织众创主体的行为与组织形态对其他自组织、整个区域创业系统存在不同影响。

其一，自组织众创主体策略的选择同其他同业众创主体的策略选择过程，是双方动机与行为交互影响、循环互动、不断调适的动态演化博弈过程。在不完全信息条件下，基于有限性，自组织众创主体和其他同业众创主体通过对有利行为不断学习、调整策略、改善利益，在考虑对方的行为策略以及相应的初始成本、预期收益以及风险的前提下做出行为策略选择，相对净支付对演化稳定策略形成路径产生重要影响，决定演化稳定策略的形成。

其二，演化稳定策略的形成过程表明，自组织众创主体与其他同业众创主体行为相互影响、互为前提条件，形成策略选择的双向一致性。此种情形说明策略选择与自组织众创选择的双向促进效应，在一定条件下，竞争动力决策对自组织众创选择自组织方式具有推动作用。但是，如果其他同业众创主体策略选择仅基于自身的相对净支付考虑，可能会产生悖反情形，导致其他同业众创主体的逆向行为决策，即面对自组织众创主体选择多形态的策略时，其他同业众创主体不愿意采取竞争动力决策，继而负反馈传导给自组织众创主体，这将不利于形成预期政策效应。因此，其他同业众创主体应摒弃仅从利益博弈优势角度审视问题的旧有观念，转而致力于协助自组织众创主体挑选合适的组织形式，并优化其相对净支付状况。在此基础上，应依据实际情况制定恰当的策略激励措施，以推动众创生态的良性发展。

其三，同一区域的创业系统中，某自组织众创主体的行为选择与相近领域其他同业众创主体的策略选择密不可分，在不同的情况下，其他同业众创主体与自组织众创主体的选择并不相同，在前面四种情况下，当 $\pi_1 - f_1 > \pi_3 - f_2$，$\bar{\pi}_1 - \bar{\pi}_2 + c_2 - R > c_1$ 时，(0,0)、(1,1) 是博弈的演化稳定策略，即(多形态自组织众创, 非竞争动力决策)、(单形态自组织众创, 竞争动力决策)。当 $\pi_2 - f_1 > \pi_4 - f_2$，$\bar{\pi}_1 - \bar{\pi}_2 + c_2 - R < c_1$ 时，$(1,0)$ 是博弈的演化稳定策略，即(单形态自组织众创, 非竞争动力决策)。当 $\pi_1 - f_1 < \pi_3 - f_2$，$\bar{\pi}_3 - \bar{\pi}_4 + c_4 - R > c_3$ 时，$(0,1)$ 是博弈的演化稳定策略，即(多形态自组织众创, 竞争动力决策)。当 $\pi_2 - f_1 < \pi_4 - f_2$，$\bar{\pi}_3 - \bar{\pi}_4 + c_4 - R > c_3$ 时，$(1,1)$ 是博弈的演化稳定策略，即(单形态自组织众创, 竞争动力决策)。

第五章　自组织众创群落的行为形成与演化

　　自组织众创群落的行为与单个自组织众创形态的行为及演化规律不同。

　　群落是自组织众创的典型形式之一，它是由众多创业主体聚合而成的创业载体，是产业群落的雏形。它们因产业类别、价值链、技术链及产品周边、特色等而聚集，例如，被誉为"中国纽扣之都"的温州桥头镇的纽扣产业集群、绍兴嵊州的领带产业集群、广东中山古镇的灯饰产业集群、河北邢台清河的羊绒产业集群等，纷纷由自组织众创群落发展而来。一般由几个独立创业者合作开始，通过从简单到程度复杂或层次提升、从封闭到开放、从非平衡到稳定（平衡）的路径，演化为包括更多不同类属的小群落，进一步演进为较大规模的群落或巨大群落组织，如在空间组织意义上的产业群落等。一些相关研究将此描述为孵化——这是个由上至下的概念，很难全面反映自组织众创群落自身的演化特征。因为一个非正式组织到正式组织的演化受到不同阶段、不同因素的影响，体现在合作意志、目标、途径以及彼此相适应的规则，这是一个进化的过程；其进化即从一定环境中的非正式组织到由若干相互联系、相互作用的部分组成具有特定功能的有机整体，即群落型组织，例如，具有稳固性的网络社群。值得一提的是，中小规模的自组织众创群落很容易因为内外部要素改变而产生逆过程，最终从可控到失控。

第一节　不同类型的自组织众创群落的行为演化

　　根据前面分析，基于自组织众创群落的市场切入点，这里将群落划分为：市场主导型、技术主导型、资源主导型、客户主导型等四类，各类型行为演化分析如下。

一、市场主导型自组织众创群落行为演化

　　市场主导型自组织众创是诸多分散性、追求个性化的众创形态，规模可大可小，是行业经济领域市场中无处不在的"楔子"和根系。随着竞争越来越激烈，以市场本身为导向而存在的众创主体，始终以自身的战略认知、目标和资源等优势占领市场先机，并确定自己的市场有利地位。这样的战略认知源于面对社会趋

势变化、消费习惯变迁、满足日常需求而广泛存在的创业形态，例如，快餐行业主体、电商行业主体等自组织众创主体。

（一）市场主导型自组织众创群落行为界定

1990 年 Kohli 和 Jaworski[126]提出市场导向就是根据目前市场或顾客的需求或潜在需要来进行分析汇总，然后将形成的信息流反馈到组织的相关部门如技术中心或研发部门，这些相关部门进行处理后将结果反馈回组织，由组织统一给予回复。

学者从组织文化和组织行为两个角度进行了可操作性研究。Narver 等[127]从组织文化角度将市场导向分为顾客导向、竞争者导向、部门间协调三个行为成分和长期目标、利润导向两个决策标准。郑继兴等[128]从组织行为角度将市场导向分为三个层面，即市场信息的产生、市场信息的传播和对信息的反应。目前主流观点是将市场导向按照市场需求阶段划分为两类：第一类是市场驱动型市场导向，即为了满足现已存在的市场和顾客的需求所产生的；第二类是驱动市场型市场导向，这类主要是将培育或开发新的、尚未形成需求的潜在市场作为关注点进行的导向，相对第一类来说第二类的风险会更大些，当然所带来的机会和回报也会更高。

从资料看，将市场导向与自组织众创联结起来的研究较少，典型关联的文献如下。第一，空间自组织网络观。施文君[129]对空间自组织网络进行了研究，分析空间自组织网络的特点，将空间自组织网络进行分类。年大琦[130]提出大学生网络自组织和学生正式组织共存，在提升学生组织活力、改进学校学生管理和满足学生个性需求等方面都发挥重要作用；在构筑组织间合作共赢新格局和构建组织间良性互动新范式等方面实现正式组织与大学生网络自组织间的融合发展。第二，市场生态观。周博文和张再生[131]提出众创经济发展和人类中心回归，将众创逻辑模式引入生态治理，众创生态是通过大众创新创业推动生态治理的资本化运作和市场化改革的行为逻辑模式。孙荣华和张建民[132]探究了众创空间满足市场需求、供给均衡、结构维度及相互关系，以及运行机制与绩效评价等内容。第三，市场价值导向共创观。Furci[133]提出应以市场导向与价值共创为核心，关注众创空间发展阶段和创业流程。第四，专业市场观。冯又层和蔡勖[134]应用自组织特征映射的方法对全世界 50 个主要的证券指数进行聚类，研究证券之间的非线性关联。郭银平[135]基于自组织理论对《自组织视角下专业市场的演化分析》的研究认为：专业市场具备自组织系统的特征，其演化是自组织的提出，子系统的竞争与协同是专业市场演化的基本动力，商户的创新偏好及科技进步等涨落因子是演化的诱因，专业市场是以超循环形式进行演化的，提出了加快专业市场升级与演化的建议。第五，区块链融合观。信集[136]的研究《"毛衫汇"：推动块状经济转型升级》，阐述了"传统的生产销售模式已无法满足小批量、个性化的市场需求，'毛衫汇'以洪合毛衫市场众创基地为实体依托，以打造全新的智慧毛衫生态圈为目标，促进在行业大数据下各生产企业的工艺优化、流程优化、资源有效对接与应用"。

该类型群落的特征表现为：扁平化和学习型的组织结构，层次关系并不固定。

首先以扁平化为主体的柔性组织结构是市场主导型自组织众创群落的最佳选择之一，目标是使交易费用和生产费用最小化。柔性组织结构一般包括三种类型。一是模块化组织，群落自组织将无法胜任的部分业务外包给其他组织，减少不必要的交易成本，专注于其核心业务的发展。二是虚拟组织，在这种情况下市场中不同的自组织群落，共享彼此的技术、业务，进入彼此的市场。它们放弃了对于自身组织的部分控制，着重强调彼此之间的合作，依赖彼此优势联合布局市场和产品，并进入到一个新市场，实现多赢。三是无边界组织，即很难与其他组织形成明确边界、层级结构、等级链的创业主体；或者缺乏明确管理幅度的边界或外部客户边界，满足的是随机客户需求，仅存在一定小量的供应商边界；也没有外部市场的边界。这种组织拥有较少的管理层次、小规模业务单位，提倡创造性的文化和活动，在横向和纵向更频繁地沟通，强调分权。上述三种组织的组织结构都有利于获取资源、利用机会、降低交易费用和生产费用。

其次是学习型组织。自组织众创群落存在的重要意义之一，即为各主体通过组织资源、知识等有限共享增强整个系统的相关资本价值，该过程最重要的就是通过组织的学习机制完成从个体到组织知识、创意等迁移，专业知识传播，个体愿景与组织愿景融合，各种流程优化等，促成系统资源和资本的价值建构。有观点认为：创业组织如同投入到学习中的大脑，是一个学习场所，是一个能够将其成员整合入学习网络的组织气氛，为了持续变革和创新，创业组织就必须成为"一个聪明的大脑"，在考虑组织的重要隐喻时，就认为对那些有兴趣提高组织有效性的人而言，头脑隐喻是非常重要的，头脑总是在学习，并喜欢柔性地、创造性地知觉、解决、指导行为以克服复杂难题。Siddons[137]也认为日本企业成功的原因在于日本人建立了"思考型组织"。将学习型组织特征放到自组织上，即学习型自组织的特征主要包括以下三点。一是先进的领导观念。领导团队鼓励自组织的成员主动学习、开拓视野，营造创新的环境从而使得自组织可以迅速适应变化的市场环境。二是包容的组织文化。这种组织文化有利于速打破组织内外边界，接纳不同人的价值观、知识，在组织中允许不同于组织主流文化的异质价值观存在。三是促进组织结构柔性化。

最后，市场主导型自组织众创群落存在互为影响与支撑的三个层次，包括核心（创业精神）、结构层（体制、机制、组织及人员等）、内外联结层（柔性组织结构）。其中创业精神是核心，结构层是内核载体，内外联结层是各独立创业主体的组织。三个层次之间彼此影响和交互作用。

（二）市场主导型自组织众创群落的行为演化过程

该类型群落由内到外涉及较多要素，结合调研样本绘制基本要素关系如图 5-1 所示。环境载体是众创主体开展活动的必备条件，包括区域、经济水平及产业发展基本状况，这些条件与群落组织数量、结构和质量的组织效率及活力紧密相关。作用于自组织群落行为的四大机制分别是风险机制、竞争机制、激励机制与价格机制。

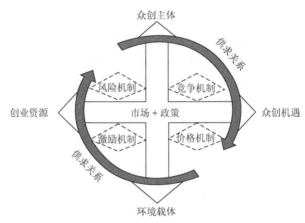

图 5-1　市场主导的自组织众创群落要素关系图

就该类型自适应行为而言，市场环境变化对该类型群落有重要影响，影响结果可分为微涨落、微涨落累积、巨涨落、涨落回归。微涨落使群落系统过分偏离原有状态，群落可以通过自修复和自复制过程对波动造成影响；巨涨落现象，如新冠疫情，则会使群落从外至内丧失可依存的条件和基础，即群落体系产生了极大改变，甚至失去发展稳定性到可能崩溃的境地。它们之间的微涨落累积则同样可能导致群落重构或解体。可以认为：微涨落在群落自组织维持机制中占主导地位，而巨涨落在自组织创新机制中占主导地位。其经典案例，如20 世纪著名胶卷公司柯达公司主营业务为传统胶卷，在占据长达几乎一个世纪的市场主导地位之后（微涨落），市场上出现了数码相机并迅速占领市场（巨涨落）。柯达公司因以传统胶卷作为其主营业务却没有及时转型而最终被淘汰。

就该类型的协同演化而言，协同主导阶段是高级阶段。从自组织众创形成对无序阶段时间的终结，过渡到单一主体对群落的主导直至群落自组织的协同主导占据重要支配地位，此时，整个系统的协同能力与绩效会在复合系统主体之间关系的稳定状态点即达到巅峰状态，当边界很难或无法再次扩展、绩效难以突破瓶颈时，群落迎来拐点，面临重构或逐步衰退，市场主导型自组织群落协同演化阶段示意图如图 5-2 所示。

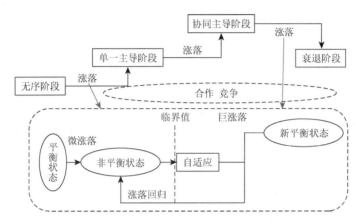

图 5-2　市场主导型自组织群落协同演化阶段示意图

该类型自组织众创群落的突变行为演化，一般受市场需求及消费购买行为的直接影响，配合购买行为的质量功能、价格、心理需求等三个因素做测试，用曲线表示其影响程度变化的波动性。这里引用物理学中的"场"来刻画市场能量释放要素的影响，即消费者行为的各种因素在不同的时期或不同的环境下，对市场能量的影响程度具有随时间发生波动性变化的特征，将市场能量的影响场绘制出来是个波动场。通常研究该问题普遍用到系统图法、PDPC（process decision program chart，过程决策程序图）法、营销策略法等方法。

研究为此特定采样东部地区某餐饮自组织众创群落，该案例在两年多发展过程中，菜品质量、价格、对顾客心理需求估计等不同要素的振幅、频率与影响场的正负效应发生显著变化，有些新因素产生而另一些却消失。这里，东部地区某餐饮市场主导型自组织众创群落的突变演进如图 5-3 所示。

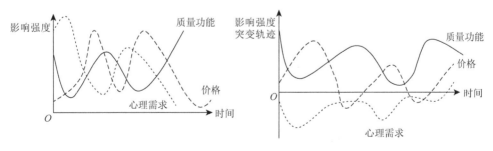

图 5-3　东部地区某餐饮市场主导型自组织众创群落的突变演进图示

系统图法即将目的（措施）手段展开的工具，可用于危机预测指标制度体系的框架设计、对策选择等。PDPC 法一般用于探讨突发性事件的发展路径并提出有效防范的措施。一般按时间顺序，将系统对事物的表现进行全过程决策制图。PDPC 法是预测事物的发展可能出现的各种不利情况，提出多种应急措施，以便达到目标的工具。

相较其他类型，市场主导型自组织众创群落更重视热点营销，善用 4P［产品（product）、价格（price）、渠道（place）、促销（promotion）］、7P［产品、价格、渠道、促销、人（people）、有形展示（physical evidence）、服务过程（process）］等营销策略。核心 4P 元素，又被称为控制因素，群落采用的市场营销无不穷尽其策略、彰显其复杂性。

二、技术主导型自组织众创群落行为演化

（一）技术主导型自组织众创群落行为界定

技术主导型自组织众创是创业领域的弄潮儿和先锋队，以科技为核心发展要素，以创新为身份标签。在"双创"政策和互联网技术的驱动下，技术创新主体的范围从专业的企业研发人员扩大到更广泛的普通大众[4]，技术创新占有更重要的地位，创新模式和方法也进一步转变。该类型案例众多，光和未来、东方嘉诚、纳什空间、金融客咖啡、优客工场、果壳空间、国安龙巢众创空间、光合空间、乐邦乐成、中关村创业大街、清华 x-lab、V 创空间、滴滴出行、小米、美团单车（原摩拜单车）、百度健康、小马过河、工业互联网 +、智造空间、斯泰克、倒易空间、仁清科技等均与技术主导有关。

该类型可以界定为：两个或两个以上的个人、创业企业、民间组织等，通过技术合作框架推动信息共享、经验交流，以知识产权、专利创造及转让、设计和专家合作等方式获得和出售创新成果，提升效率、降低成本，以实现合作多赢的目标。该类型组织一般基于前沿、重要技术开发相关产品及业务，具有潜在的高额利润空间与较为充分的市场调研基础，对未来发展业绩具有引领和预见性。并且，群落中专业技术参与人员占主流，因以知识产权或专利为基础、研发科技类畅销产品为目标，专业技术人员分工明确，技术环节流程化，形成以技术驱动资源、科研、生产、市场等的相互作用。而且群落系统内的知识产权意识和工作氛围自发自觉，工作环境充满共治、共享的文化氛围。群落众创主体具有柔性合作机制，即围绕科技产品与创业人员的专业化与多源性，在宽领域、广应用市场中灵活展开协同，是稳定群落系统的运行基石，从而推动非平衡态到平衡稳态、高级化演进。同时，群落具有不确定性发展轨迹。由于科技产品受到偏好、替代品、价格、技术更新等多种因素

的涨落影响，大部分该类型群落的市场绩效极不稳定，甚至市场产品处于无序或垄断的竞争状况。比较明确的是，协同机制在利于降低风险的同时提升其产品的科技水平与发展绩效，技术合作是不确定性环境中的确定性竞争优势要素。

该类型群落众创有如下自组织特征。

其一，技术系统具有开放性，跟知识经济的外溢性一样，通过全球或国内市场无限制或局部限制等不同开放程度，以科技手段引进、改造、创新，这成为该类型群落众创的主要方向和途径，目前该类别更多在开放新兴科技领域发挥作用。这些组织通过开放不断引进先进的知识经验、科学技术和设备，推进产品更新换代。

其二，稳健性与非平衡性。稳健性指的是在异常和危险情况下系统生存的关键[138]，原本用于统计学，20世纪70年代在控制理论的研究中兴起。家族自组织形成过程中由于缺乏专业型知识人才，遭受外部环境的不断变化的影响，突发事件频发，而稳健性能使自组织对内部和外界各种干扰具备一定的抗干扰能力，即应急突变的能力，通过控制能力保持组织的稳定，使得自组织具备恢复力，能恢复到原有轨道。恢复力在这里指的是自组织在保持自身功能不变的情况下，通过调整系统行为控制参数及程序能够吸纳的扰动量。组织恢复力越高，应急突变能力就越强。由于我国地区发展不平衡，不同区域的行业技术在阶段、结构、方式与水平等方面都大相径庭，故行业发展非平衡性明显。

其三，非线性相互作用明显。研究案例显示，该类型众创行为的非线性作用突出表现在工程技术人员、一线技术工人与营销人员等在进行技术创新活动时具有短期市场目标与价值取向，导致员工行为与群落长期目标和战略节奏之间存在冲突，以及计划与行为实践的市场反应和期望值呈现非线性关系。

其四，涨落性。本书对养生市场中热疗突然备受追捧展开调查发现，该领域由于技术更新换代周期缩短，加上互联网高速、广泛的传播能力，使得与其他交叉领域的物质、能量和信息加速交换，某一参量（如人员、价格、合作等）在与环境相互作用过程中快速达到一定临界值（如大客户满意度），从而短时间内以加盟、许可等方式快速推广，引发对其他养生方式快速替代，使微小技术进步就推进产品或服务的乘数效应，进一步带来规模经济或范围经济效果。

技术是创新行为发生的易变量，尤其在公众舆论、地区政府或行业推动下不断汲取物质流、能量流、信息流之后，容易驱使群落超越原平衡状态产生相变甚至飞跃，促进其有序、有利结构的建立。上述特征为诸多研究证实，如技术合作因素推动企业摆脱"木桶效应"的羁绊，使组织保持了技术学习和技术创新的主动权。马双和曾刚[139]、刘岩等[140]发现企业间技术合作对其创新绩效存在显著影响，是科技成果转移、转化的重要方式[141]；特别是在创业型科技中小企业的快速发展过程中，技术合作起着重要的作用[142]。如果是绿色技术合作，政策支持和资金投入力度是企业展开技术合作的重要保障[143]。还有如不同动机对技术合作的模式起着调节作用[144]。

自组织众创群落案例中，技术合作是提高绩效、快速发展的重要方式，然后是技术改造或适度创新，技术引进却极少。在实践中也不乏以技术合作为依附载体而实质从事其他方面业务的众创群落，如金融科技贷款等。

（二）技术主导型自组织众创群落行为演化过程

技术主导型自组织众创群落行为演化过程同样具有自适应、协同互动、突变三种不同情形，如智能产品研发、移动出行等案例。

就自适应行为而言，该类型演化行为包含四个阶段：探试适应阶段、筛选匹配阶段、内部协同阶段、反馈调整阶段（图5-4）。它们围绕期望目标多次对适应行为进行优化，构成循环。第一阶段主要通过社会网络关系和社交渠道推进试探性知识转移和吸收能力测试，以促进合作与交流为目标。第二阶段，通过众创意向在可创造相对高价值的潜力组织中筛选匹配，以技术吸纳应用、市场资源/渠道融合、顺利产出产品或扩大市场份额为目标。第三阶段，以群落创业体为整体系统的意义在于专业技术分工纵深化，完善系统内外部建设，依据制度和文化治理群落，与外部组织从资金、战略、联盟等方面有更多复杂交互，推动组织向生态化发展，良好的适应性机制初具雏形，价值共同体意识被各构成组织和个人接受。这是自适应过程的中高级阶段。第四阶段是双向适应过程，主要是群落构成组织根据系统整体发展方向及节奏对标补差，或者系统根据群落中的先锋创业体逐步调整，故为双向适应关系。该类型众创群落的自适应行为离不开内部员工、用户、公众三大主体。内部员工在产品研发、反思与重塑的过程中，与用户体验和大众反馈进行深度互动，通过思想的碰撞与交流，共同孕育出创新成果。这一过程，实际上也是大众将产品的潜在价值转让给创业者的创造性转化过程。

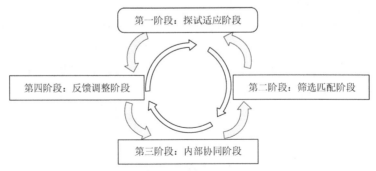

图5-4　技术主导型众创群落自适应性行为演化阶段

就协同行为而言，该类型组织通过竞争中的协同增加新的进步元素，拥有更多市场需求，故兼具开放性与非平衡态的特征[145]，不断突破现有的平衡态。同时，它得益于所在开放系统的作用和功能发挥，例如，包括宏观环境安全体系、风险投资支持体系、创业扶持体系、孵化器体系[146]在内的相关有序体系的支持，它们之间的协同作用在提升群落成活率和成功率方面发挥着举足轻重的作用，具体体现在拓展时空自由度、降低创业风险和获得更多社会支持等多个方面。周博文和张再生[84]、陈章旺等[147]、高涓和乔桂明[148]对此有相关论证。由于这些体系的四个子系统相互独立[149]，因此初创阶段众创群落自组织主体对这些系统构建的认知、协同利用十分关键；随着阶段性升级，在竞争的非平衡结构中，技术资源合作与整合也常常不容易，除了技术本身的困难，还有其他不同附带要素需要协同，而且开放系统与众创主体各要素之间均为非线性机制在发挥作用。

　　该类型群落的竞合协同策略选择，对于群落主体与成员创业主体都适用。成员也有可能在自组织演化过程中衍生出其他新的业务支系，形成内部竞争，这是自组织内的一大潜在劣势。成员自组织协同互动演化包括合作型协同演化和竞争型协同演化。前者主要呈现为顺畅合作与协同不畅、群落利益受损的不合作；良性竞争协同包括双赢或多赢的适应策略，恶性竞争是群落内部因信任、关系等恶化导致单方或多方利益受损的自适应演化策略。后者导致协同行为失败，成员不能融入系统成为有机组织的一部分，个体意志与集体思维的差异导致组织机体残缺，不能以完整系统提升组织价值和创造力，处于个体或半组织形态，始终面临高昂的内部交流和沟通成本的困境。反之，有效群落众创则大幅降低这些协同和沟通成本，在满足自组织行为条件下，具体协同行为包括涌现、混沌、学习三个过程，从单个创业体到群落组织化，内部经过四个阶段，见图5-5。第一阶段：市场中某单个创业体的先进技术吸引其他成员涌现加入。第二阶段：群落系统与多个创业主体成员的协同以及成员之间的协同，主要是内部管理、运营、分配等多重冲突形成的混沌，内部面临以管理为主导的协同，外部表现为群落雏形与社会、市场、竞争环境的适应；如若群落与成员能够彼此适应，则跨越混沌进入群落学习阶段。混沌主要表现为组织行为因果不清、关系不明、策略措施不当、目标无法完成、弱势竞争导致疲软等状态。第三阶段：群落学习阶段，通过制度治理保障群落系统的正常运行，对外以群落组织展开竞争，保持市场地位的主体协同。学习包含两种含义：其一是群落各成员本身是技术类创业体，最重要的竞争力即为学习能力，学习过程就是市场竞争过程，如吸取标杆企业的先进经验，成员间的互利合作、相互学习等；其二是群落通过学习，需要在环境感知和竞争中调整学习方略与展示学习结果。第四阶段：众创群落规范组织化，内部制度管理是常态，更多以文化治理树立社会形象和履行群落社会责任。对外则是随政策导向与行业、技术前沿等发展不断演进。这里根据移动出行技术（滴滴出行）的公开资料制作了其众创行为演化系统图（图5-6）。

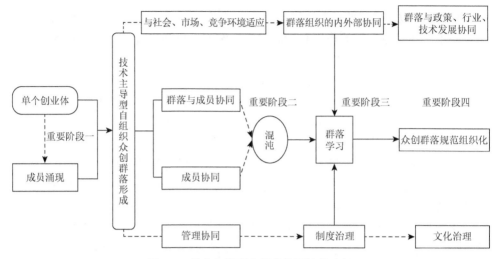

图 5-5　技术主导型自组织协同演化路径

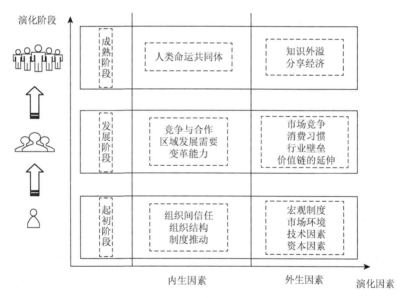

图 5-6　滴滴出行自组织众创行为演化系统图

就应急突变行为而言，该类型遭遇的突变主要是源于对领域技术前沿、所处技术阶段的认知和判断有偏差。由前理论得知，突变是用形象而精确的数学模型来描述和预测事物的连续性中断的质变过程[150]。突变与渐变的本质区别不是变化率的大小，而是变化率在变化点附近有无"不连续"。故突变与渐变的重要区别是，一个属于间断性范畴，另一个属于连续性范畴[151]。经典案例如苹果公司采用触屏技术对曾经的王牌诺基亚品牌的颠覆。而该类型面对的是以知识和技术、技术合作或联盟为媒介的个体与个体、个体与企业、企业与企业或其他主体之间的分工、合作[152]，市场竞合关系的目标是形成共有创新产品/服务、制定标准、建立大数据信息库等，希望达到的市场竞争力有如下演化情况。

一是在群落组织正规化过程中，当某个参数或行为达到行业划分的临界点时，如进入关键领域、企业结构性变革、公共突发事件等外部环境因素的干扰，群落即转变为另一个有序/无序的状态，这类演变极难预测。二是不连续的演化，即群落采用了非常规技术或因新合作方式而灵活调整产品或服务，灵敏适应市场风向的突变，并取得卓越的成绩。这类演进变数复杂、起伏大，单个组织很难准确预测发展，寻常路径难以达到。三是群落自组织连续性自我革新的演进路径，通过持续不断的自我创新引领市场发展。此类创业产品具有获得非凡绩效的潜能。然而它们常被其他大企业等提前"收割"。此类演化凭借正确方向和自我革新完成可能的突变从而达成效果预期。综上，该类型行为关联的突变参量是全方位的，来自性质、方向、环节等方面，群落通常根据突变性质提供差异性行为响应，推动系统结构适应变革平稳过渡。突变是把双刃剑，既是解决技术产品的新机遇或瓶颈，也是发展的障碍。典型的三类应急突变行为包括：①连续性演化路径，例如，通过自主可预测路径采用"自催化"方式，如利用领先型科技创新来应对变化；②非连续的演化路径，如对自身能力可控、可预测的部分积极有效应对，不可控部分则主要以观望、等待等相关行为应对；③正在临界点或关键区域的应对常常因"小激励"的累积而导致正负向均可能的大涨落。

群落应对突变的基本策略主要是内部治理和外部治理[153]。一是强化内部治理，包括强化成员间的信任机制，雇用职业经理人，应用权变思维决策，进行资源重组、大胆创新等。二是对标全球前沿，强化学习或引进、革新先进技术，着力发展行业标杆技术或推出周边产品。故政府通过相关政策如鼓励国际技术合作、降低准入限制、法律法规保障、技术合作投资服务等，使群落产生更大的社会溢出效应。

然而，该类型位居失败创业类型的首位，市场演绎了诸多失败例证，原因是目标有偏、低技术含量、同质化、恶性竞争等，一些领域仍在上演。事实上我国创业存在大众化、同质化和空心化等不能忽视的问题，创业是高风险商业活动[154]。

三、资源主导型自组织众创群落行为演化

（一）资源主导型自组织众创群落行为界定

该类型群落众创活动围绕以非技术要素为主的资源展开，例如，资源本身、

历史/文化禀赋、地理优势、交通要道等，是既定物质资料/基础禀赋亟须有效商业化过程，相对幸运的创业一簇。如农家乐、江西系统门窗等，以及各地乡村旅游、各地特色小镇等。虽然此类创业路径和方法不尽相同，除去失败的市场策略外，此类创业失败率较低，收益回报相对稳定，属于微涨落范畴。一般而言，它们自身既是相关领域创业生态系统产品的基础组成部分，也是与多种技术展开合作协同的重要主体。特点如下：拥有初级或较为原始状态的可开发、利用的资源，经过一定形式转化即具有商业价值；创业行为多围绕资源的开发和形式转化展开；多因相似资源而聚集产生规模效应，易形成传播影响并辐射周边区域；群落关键人物具有精神领袖作用；退出壁垒也相对较低，同时其行为具有连锁效应，对内容错程度高。

（二）资源主导型自组织众创群落行为演化过程

就其自适应行为而言，由于参与众创的主体拥有使用权和支配权，使得资源转化率高，资源要素在可及范围内流动强、障碍较少，因此针对需求变换的方式适应行为较灵活。因资源边界的有限性，群落行为在生产要素、资源开发利用、经营方式、融资、战略等综合水平上一般保持相对稳定，其常态属于渐进式调整模式，而跨边界协同形成的非平衡态演化是相变的根本原因。尽管该类型相关影响要素或变量较多，但因为资源的限制，相对其他类型众创群落而言，仍然属于非线性相互作用起伏落差较小的一类，除非消费习惯或需求有重大变化。因而该类型行为的相对稳定性较高，风险相对较小，较少出现无序状态，即便如此，经过一定调整也相对容易恢复到新的有序稳定状态。

其适应行为可以分为三阶段：初始阶段，可以概括为整合资源要素、明确方向，创业个体和群落调整自适应行为；相互作用阶段，表现为群落整合资源，制定系统战略，展开要素投入、各项专能培训、降低内部沟通和协调成本等，提供价值创造途径；稳定演化阶段，群落内不断开发资源利用方式，提升群落系统品牌和群落组织的整体层次，丰富创业活动，深入拓展市场。在该过程中，群落主体与各创业参与主体从分散的独立体逐渐融入为有机系统，从相对封闭转换到更大开放状态，包括内部人力、技术、文化等；系统功能增强、资源使用和配置效率增强、制度更加规范、整体竞争特色或优势逐渐形成，有明显范围经济效果。这些自适应行为成效包括：降低外部不确定性，使群落涨落幅度稳健化；增强内部共同体意识和使命。具体的自适应行为概括为形成"协作网络"，即建立内外部协作网络并促成扩散效应，包括：强化内部沟通，降低交流成本；加强伙伴意识，以资源为基础形成群落核心竞争力；抑或利用市场机会策略，如购并、合并、分包等战略手段扩展市场边界；打造统一对外的资源交流平台，努力以自身为中心或顶层打造生态体系,同时整合其他异质性资源,进一步多领域开源,引领创业体从主业向周边产品延伸,进而夯实持续发展的坚实基础。

就其协同行为而言,该类型主要体现在双向互动(组织资源与行为主体之间)、多层嵌套、非线性作用、正反馈效应、扩散等方面。其一,双向互动。协同互动主体不是一方决定另一方的演化,而是存在双向因果关系。一旦已有组织资源被群落系统行为主体开发和利用,以此为基础,群落主体即可以创造出新的组织资源提供给新的众创参与主体,包括物质或非物质的条件资源。其二,多层嵌套(图5-7)。与自身之外的协同互动是一种跨界行为,可能发生在高级、中级、低级的层级之间,也可能发生在其他较高或较低的层级之间,包括群落主体利用组织内部资源,如员工知识、技术等自发进行的各类创业活动,也包括与外部资源,如高校、科研机构、政府政策的协同演化。其三,非线性作用。由于关联因素多样而且动态变化,系统行为与各主体之间的协同演化本质上体现为随环境要素、目标、主体行为反应等差异化的非线性关系,群落协同演化呈现诸多不确定性。其四,正反馈效应。在竞争作用下,群落行为协同演化的正反馈具有强化作用,使得优者更优、强者更强,形成循环涨落态势。例如,群落系统采用先进技术开发利用资源产生组织的高绩效,高绩效使得群落系统希望进一步优化技术创造更好的市场表现。组织资源得以高效率利用与非可替代性的形成,促进形成新的组织资源。正反馈的强化机制使得群落组织内外部众多微小变化加速发展,不断积累的微涨落逐渐扩大化,群落则向更高级状态进化,而原系统状态逐渐变得不稳定,偏离原有的均衡状态。然后,扩散主要基于当前群落行为的持续吸收能力、学习能力和创新能力产生正反馈效应,吸引更多的创业主体参与活动、创造更多有利机会。

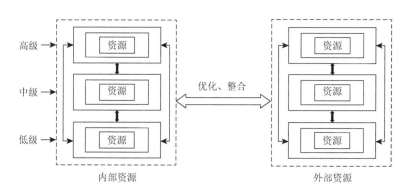

图5-7 多层嵌套

该类型的行为周期可以分为三个阶段。其一是组织资源识别,这包括识别、整合、优化等细分过程,识别包含内外部、高低价值资源、可开发程度等辨别,确定主导性组织资源序参量。其二是整合阶段，通过协同互动整合有效资源，提高资源开发和利用效率，推动多元化范围经济以及专业化规模经济。其三，突出关键资源的核心竞争力建构，使其成为群落赖以长期发展的主要支撑。该类型行为具有五种明显的目标和效果期望，分别为资源的有效配置和开发利用、实现产品升级换代、占据新的市场领域、扩大组织影响力并能不断进化、群落有机会在衰退或风险中持续保留资源的核心部分。其协同的典型行为包括：从单独资源到多途径资源的开发利用，建立"资源共同体"；强势创业主体偏好逐渐演绎为群落系统的偏好；创业主体之间的协同互动随组织资源形态变化而存在或弱化。

该类型应急突变行为演化，主要围绕资源情况进行结构调整、补充或重构、方向转移。资源有限性和开发利用的有效性决定了群落系统在市场上能走多远。即在有限性方面，资源的涨落是组织的涨落，资源情况是群落组织的最大制约。在开发利用上，群落的经常性战略和措施都围绕资源展开，包括战略、市场、技术、文化、人员等均由资源状况而定，资源稀缺性决定群落组织的市场绩效，以及经营的风险程度。群落系统的稳态程度同时还受到其他要素的非线性作用影响，如市场机遇、相关资源技术、资源效用转移或扩散、知识专利、用户需求等。具体的应急演化主要是群落系统随着资源开发利用的持续负熵不断增加的过程处理，系统的平衡状态在稳定态与不稳定态之间转换。由于突变常超越常态要素下的线性作用，尤其是资源系统的有序程度增强使得各种熵增因素（如资源量突遭变化、需求转向、技术被迭代、政策转向等）迅速变化，例如，不断增强甚至威胁到群落系统的稳定临界点（即熵值波动的极值），突发即破坏相对平衡态，引致常规资源配置失效，资源开发利用能力闲置或丧失，群落需重构或增强稳定态。因而，强化资源控制成为群落系统突发情况治理的重中之重；由于进入非常态，需调整预期与组织结构匹配变化，为了引入负熵流、强化内部学习行为、吸引其他主体加入群落系统，则需要用资源更新、资源交换等方式来协同和适应群落突变的临界点状态。突变行为发展路径见图 5-8。

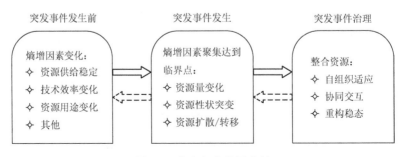

图 5-8 突变行为发展路径

根据调研情况，资源主导型自组织众创群落应对突变常常围绕以下内容展开。第一，提高资源效率的技术。通过技术更新调整资源性产品的功能、外观、性能等是获得协同互动的便捷途径。第二，组成更高效的联合体。这主要是为了改变非稳态的绩效预期，通过行业上下游或同行关联资源组织的联合战略或某种合作机制，建立与该资源密切相关的知识、技术、市场份额、信息等资源管理中心，是突破群落自身局限、提升资源利用率的有效方式，更有利于降低阻碍要素的非线性作用的影响。第三，提升管理水平。管理水平是群落内部从战略规划到策略实施一切活动结果的体现，包括群落的制度水平、文化氛围、组织结构与效能、人员素质、市场竞争力等内容。第四，减少资源闲置或浪费。资源闲置和浪费是群落提升目标绩效的负向指标。这恰恰反映了技术水平有限性或无法克服的资源损耗，管理惰性导致低效的资源价值重构方式是造成各要素负向非线性变化与负向涨落的重要推手。第五，控制非线性要素的作用及其涨落的影响范畴。

四、客户主导型自组织众创群落行为演化

捕捉和满足用户需求是任何商业组织增强现有顾客忠诚度、发掘潜在客户、降低产品研发风险的有效工具。而吸引公众从被动接受商品到可以直接、主动参与产品创意、研发、体验等环节，是直接激发多源创新思维和活力、提高产品性能与质量创新的有效靶向，属于产品研发、服务创新的原动力构建；将客户融入创业组织业务范畴，还有利于缩短试探市场和开发过程周期、稳固客户关系、拓展市场、建立良性循环的群落微生态系统。这对客户之间来说是双赢，不仅使产品的个性化价值得到实现、获得满意度，通过相互交流和体验增加外延知识，提升学习能力、收获认知利益，丰富了生活兴趣，还在互联网的新型虚拟社会关系网络中获得更广泛的人际交往，产生"成员"才有的品牌/组织群体的归属感、存在感，甚至自豪感，也能体现自我服务社会的价值——这些客户内在价值的丰富化常给创业组织带来产品创意上"意外的惊喜"与现实利益的激励。例如，小米手机的"米粉"，即小米粉丝在小米社区的合作交流、海尔智慧家居社区等，使用户与商业组织建立了牢固的同进关系。

（一）客户主导型自组织众创群落行为界定

客户主导型自组织众创群落行为是为了顺应市场趋势、捕捉用户需求、创造商机，战略性地延伸客户关系管理（customer relationship management，CRM），让用户直接参与到产品设计、研发、服务等内容和过程，从而开发用户需求、改进体验、发展潜在客户、提升商业组织的公众社区形象等的整合和优化供给服务

的行为总和。这些行为权衡考虑了组织资源、惯例、规则、战略目标等内容，对上下游资源或渠道有更多涉入机会。这同时创新了客户关系管理。客户关系管理理论在 1999 年由 Gartner Group 公司提出，注重企业提供全方位的管理视角、赋予更完善的客户交流能力，其关键进程，包含客户的信息获取、信息整合、信息利用和客户评价等[155]，原指现代企业利用现代便利的网络环境、先进的现代信息化处理技术，将海量客户信息转化为企业需要的信息，为企业经营决策提供依据，从而提高顾客满意度和企业竞争能力。现代背景下的客户关系管理，即维护与客户之间的良好关系，充分了解客户的需求，以客户的价值感知为中心标尺，鼓励客户参与产品研发设计，吸引新客户、保留老客户、提升客户忠诚度与满意度，满足客户价值的同时实现创业组织的价值创造，正是传递了客户资源价值，才能不断开拓新市场。可见，客户直接参与产品开发设计等进一步扩展了客户关系管理。

该群落行为有如下特点。

其一，群落关注搜集客户行为数据信息并从不同维度实施分类管理。这些维度包括需求、层级、意见、想法、忠诚度、参与研发度、体验度等，并推动用户参与产品研发设计、测试、定制等过程。例如，按需求与体验参与产品开发的程度，用户可以划分为：简单型与复杂型，个性化与多样化，一般与创新型等，并按相应特征发展为客户。总结用户到客户的发展规律，表现为：广泛获悉信息的用户—潜在用户—体验用户—准客户—客户—新产品用户—……—新产品的潜在用户（循环）。客户需求是创业发展的风向标。

其二，群落行为要以客户动态价值为准则。客户实际需求动态行为激发群落做好全流程、全方位的客户关系管理关系维护，提升客户价值（即满意度）、培养客户忠诚度等，保障动态竞争中的相对优势。

其三，群落系统的组织体系天然具有开放、扁平化、柔性化特征，这容易促成群落主体与对象之间服务与被服务、共享与共创的关系。因为客户的价值就是客户关系管理的核心，而激发客户这些"外部资源"内部化过程——发挥自我效能与组织协同创新，不仅提升组织的学习与创新能力，还依赖客户参与更容易撬动市场新需求。极致群落甚至可以做到有多少客户即意味着有多少创客，如同生态系统生长的丰富根系。由此，客户的价值从一种可能延伸到了无限可能；客户是组织资源和市场的重要媒介，加强与媒介的强联系，有利于促进群落提升竞争力与创新能力，直接作用于客户满意度和忠诚度、拓宽市场，并且降低交易成本、沟通交流成本，提高金融资本合理配置效率，以及更容易推动群落生态网络关系的建构。群落组织、组织内部要素、客户、外部环境之间的交互行为为群落提供更多机会。但不是所有群落众创主体都能处理好以客户为主导的交互关系，例如，存在创业交互壁垒过高，某些壁垒厚度难以跨越，低壁垒却效应差等问题。所以应在众创群落系统中同样重视对客户的知识产权保护。

（二）客户主导型自组织众创群落行为演化过程

就该类型的自适应行为而言，客户资源是群落的正熵。从原理上讲，自组织开放系统的熵分为正熵和负熵，其内部矛盾导致正熵生成并持续增加，正熵也是群落不稳定的根源，正熵的不断增加导致管理效益的降低。负熵的流入可以补偿系统内正熵的增加，故群落可从外界引入负熵来抑制内部正熵的增加，能不断使其自身趋于有序，实现适应外部环境变化的目的，使负熵和正熵之间达成一种特定关系：当负熵输入较低无法抑制正熵增加时，组织趋于无序化；随着负熵的不断增大，组织不断趋于有序；当负熵的输入超过一定阈值，企业会处于耗散结构状态，实现从低层次有序向高层次有序的跃迁。正是这一开放系统与环境不断地交换能量、物质和信息，促使自组织呈现由无序到有序、由较低有序到较高有序的转变并形成新的稳定结构。负熵能够抑制正熵带来的消极影响，从而维持组织管理的秩序与生存发展。该类型群落行为相对其他类型而言，是较为复杂的有机群落组织，由客户需求带动技术、资源、投产等变化，客户最终成为产品和服务的购买者和使用者，是商业组织的价值兑付者，即"衣食父母"，围绕产品需求提供资源、技术、质量、功能、服务等使客户满意成为组织存在的本质。相关自适应行为同时也是政策、市场竞争以及产业结构发展的反映，是在多种内外部因素共同作用下不断从低层次向高层次的有序化跃迁，自适应演化过程如图5-9所示。

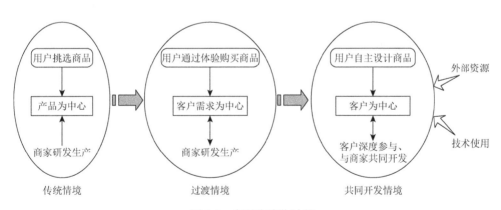

图 5-9　自适应演化过程

传统情境仍然是继承了以产品为中心的开发模型，用户挑选所需产品；随着用户需求与体验变化，逐渐过渡到以客户个性化需求为中心，同时创业组织处于多向发展试探时期，内部开发略有混乱，系统内部各要素（客户、技术、销售、资源等）均围绕各类意向客户跃跃欲试，但仍然处于以产品竞争客户的思维，产品研发与客户需求的融合变得极为重要，通过组织机制吸引客户加入产品研发、以客户需求为中心促成广泛和深度沟通研发，即进入过渡阶段。伴随研发产品相对高频的交易、内外部环境、技术和质量等各要素的强化，系统内部涨落作用开始发酵。客户逐渐深度参与需求开发、研发设计、体验等重要环节，甚至自主设计商品，成为关键生产要素的一部分，加上通过正熵形成的创新组织交流信息、理念等，形成更多灵活多样的方式，如转包、外包等。这是共同开发情境，参与用户与体验用户即为首批销售对象，以高满意度带动网络营销，极大稳固了群落系统与客户共同构建的有效市场，资源输入输出更容易达成有机平衡，并为未来的优化、改良或升级系统服务打下良好的基础；客户的深度参与在市场中无形地对群落组织的市场位序起到了辅助作用。

就该类型的协同行为而言，该群落行为是一个寻求负熵的过程，熵流值越大，即外界同样的投入时系统的输出就越大，系统功能就越强。如果系统内部的负熵较多就会变得更加有序，反之则更加混沌。该类型通过吸引客户参与产品设计与研发这一"媒介"将客户资源与创新思维、能力等不断吸收、整合到组织内部，形成组织意义上的信息资源、物质和能量，即增加系统中负熵抵消了组织原有正熵，在组织微观演化与环境宏观演化的多向因果关系中推动组织向更加合理有序的方向演化。良性正反馈使群落组织从一定不稳定性的振荡、涨落或突变方式向高级和稳定状态发展，以客户为中心的深度参与相对没有参与还会促进群落组织的路径依赖，即与系统正反馈相联系路径的自我强化和控制。一旦群落组织与客户之间的协同效应形成，即以客户这一创新主体为主导的、与群落组织形成一体化深度协作的价值创造互动过程形成，当其正反馈机制和报酬递增规律共同作用时，即使存在随机非线性因素的干扰，群落组织也会沿着"不可逆的自我强化趋势"的轨迹或路径演化下去，群落与客户将持续这种互信合作的趋势协同发展，目标是形成"1＋1＞11"的协同效应。如果按照生命周期划分，则主要通过三个阶段达成协同：孕育期、萌芽期、成长期。在孕育期，群落多以产品为中心的模式寻找客户、开拓市场；到萌芽期，逐渐与主动型、代表性的客户建立联系，知晓需求，协作开发产品，通过人才、技术、资金等不同资源引入，促进更深入的行为协同；到成长期，群落技术逐步成熟，产品的创新风险降低，规模扩张，形成多方协同的系统。

自适应行为实现了群落组织人格化与客户总体相互适应、实现价值共创的结果，其关键是对双方自适应行为的深入理解与有效转化。双向理解指的是：其一，群落组织对客户需求的理解，可能从技术上实现，并且这一创意能够向规模化量产转变；其二，客户对群落组织技术的信任和对产品的满意度，以及因参与程度而可能在后期营销中扩散效应的发挥。这一双向适应包含了充分的信息沟通和通透的理解支持，从而建立产品共同体的共识基石与客户愿意参与的条件基础。彼此适应过程中的关系管理机制及规范程度是真正吸引客户参与的关键。群落与客户协同演化的阶段如图 5-10 所示。

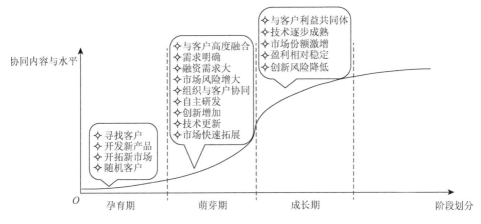

图 5-10 群落与客户协同演化的阶段

该类型的应急突变行为，常由需求转向、习惯/偏好、转换成本、满意度等非连续的因素引起，导致群落组织产品开发方向、品牌知名度、客户关系管理等发生变化。例如，就与客户关系维护的良好程度而言，包括处理客户抱怨的策略，甄别客户价值的能力等。客户关系管理是该类型的核心内容，决定客户与群落组织的关系类型、程度、发展策略。而沟通、预测、情景模拟是解决该类型来自客户的问题的重点方法与策略，通过类似案例和反复情况，遵循规律进行适应性处理。例如，"经验-决策"行为策略：组织通过市场调研了解客户需求变化，针对需求转向等常规型行为，一般现实方法是依靠经验与直觉加强交流和沟通来匹配，再提出解决办法。针对低频次但影响面较广的问题，则依据客户类型展开"预测-应对"行为策略。例如，突然要求增加某成型产品的功能，则在引入客户参与研发时即通过加强应对措施的预先计划性准备好相关应急预案。但客户需求千变万化，影响要素多为非线性要素，还常无规律可循，则以案例推演降低组织开发和市场风险仍然是有效的，尤其是跨时空、跨文化、跨行业、跨体制的类似案例的处理流程值得借鉴，典型方式方法还可以上升为行为模式广而告之。对于非常规行为应急，则主要依靠群落组织的"情景-应对"行为策略。通过即时的情景推演，从思维、心理、习惯/情绪、反馈、趋势等多要素进行行为剖析，探寻改变的原因、动机、内在机理以及趋势等，确定"情景-应对"推演行为的态势发展，理清源于客户行为突变的基本脉络和主要矛盾，实施有效降低变化风险的策略。例如，客户自身参与产品开发却不愿意体验使用等自相矛盾的行为影响。客户主导型自组织众创群落行为突变演化情况见图 5-11。

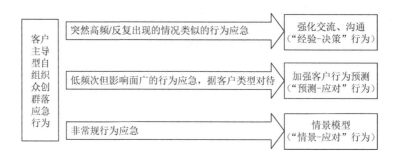

图 5-11　客户主导型自组织众创群落行为突变演化情况

该类型的核心是：群落组织建立并不断完善高质量客户关系管理。具体策略包括：与客户互动增强，交流沟通常态化，深化信任；建立客户行为数据库，加强对主流客户价值和行为的预测分析；通过积极有效的客户激励机制，吸引客户积极参与开放式创新；通过多源思维在多领域市场抢占竞争先机。

第二节　样本自组织众创群落行为特征

一、竞合视角的自组织众创群落演化方式及行为

所有自组织众创群落本质皆是经济组织，是满足市场需求、发挥擅长技术、形成分工协作的竞合组织系统。结合杭州、苏州、无锡等样本，它们具有如下竞合属性模式。

（1）平台聚合式（图 5-12），其指非内嵌聚合的自组织众创群落形态，主要由属性、功能等各不相同的创业主体简单集合在一起，形式上虽然表现为离散且独立的存在，但有着密切的付酬-供给的"信任"关系。核心主体主要发挥着集聚、供给硬件环境或促进客体交互的空间支持与机制关联的作用。如若这些客体离开空间等硬件支持，加之主体与创业者之间无内嵌机制，则该模式存在崩溃的隐患。平台聚合式众创空间就是典型的群落，一些特色小镇也具有相关模式。

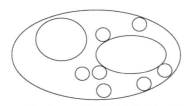

不同形状、不同性质的自组织参与主体

图 5-12　平台聚合式自组织众创群落模式

（2）卫星式（图5-13）。该模式是较小的自组织创业群体通过业务或技术的层级关系而形成的众创聚合体；集中于时尚潮流类商品、特色街、个性化需求商品等自组织群落；群落内部较为离散，但容易形成整体特色，优势是容易吸引到外部有兴趣的参与者。

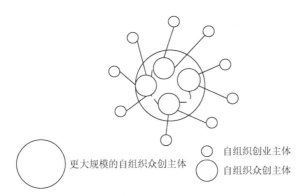

图5-13　卫星式自组织众创群落模式

（3）轮轴式（图5-14）。该模式主要指群落内企业围绕某些关键资源、核心产品或技术展开，由多个一定规模的自组织众创主体共同建立，由较为稳定或长期形成的关联机制发挥作用，单一自组织主体无法独立完成。

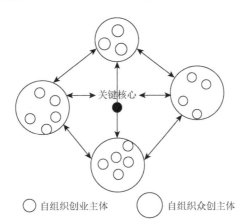

图5-14　轮轴式自组织众创群落模式

（4）混合式，即上述几种群落的集合。

自组织众创群落在市场竞争中具备较强的环境适应能力。相对无类别区分的简单、离散型聚合群落，卫星、轮轴和混合式更为先进和复杂，群落主体与自组织客体之间存在一定程度的内嵌关系，表现为项目孵化、融资扶持、加速量产等利益协同，不断成就群落主体、自组织创业者和政府共同多赢等目标，如高度灵活的梦想小镇、美国硅谷等例证。对上述模式引入规模化程度、当地业务活动水平、决策、组织间联系、劳工交换、文化发展程度、融资来源、稳定性等指标进行演化方式的类比，具体特征如表5-1所示。这些模式中成功案例的共同路径是：通过较短时间、较快速度内嵌于所在区域市场，并融入当地文化来发挥优势，能多方式地适应策略修正群落建立早期存在的需求分散化、个性化、与产业链分离度高或紧密度低等不足问题，并灵活协同其他市场主体的发展需求。

表 5-1 不同群落的特征

特征	平台聚合式群落	卫星式群落	轮轴式群落	混合式群落
规模化程度	低	高	高	高
当地业务活动水平	相对高	除服务外普遍偏低	由低到高	大众水平
决策	由当地决策	集中决策，分散执行	独立决策	授权级别决策
组织间联系	多	多	少	多
劳工交换	高	中	高（来自外部）	高
文化发展程度	发达	发达	不发达	建设水平不等
融资来源	内部方式多	独立+中介	独立	混合
稳定性	高	依赖于组织及组织间密切度	不均衡	不确定

上述模式均涉及自适应、协同两个核心自组织行为特征。

一般自组织众创群落的自适应行为包括：对内秉持创业精神不断提升自身竞争力优势，"伺机"寻求横向并购，提高市场占有率与专业化技术水平，产生更大聚集效应的同时努力降低自身各类成本，并积极寻机参与纵向价值整合。如果相关适应行为失败，继续尝试调整或退出的策略。有良好前期积累的众创群落，专业化与技术水平较高，分工体系较为稳固，信任系统日渐建立，集群内部组织结构和运行机制日趋成熟有效；此时，其在供应、渠道等方面有较稳定的合作，环境适应力强，群落品牌效应增强，规模经济、范围经济、外部经济、资源共享度等较前大幅提升，对分散创业者有"入驻扎寨"的吸引力。与外部协作有自我话语权，与相似业务群落形成各自的"市场山头"，竞争上主要是竞合、差异化战略；重大机遇面前则主要是群落整体的适应性调整。

在协同方面，不同自组织群落的协同行为演化有显著相似性，即多主体之间通过涨落性创造优势或渐进性缩小差异，以沟通交流等方式推动多赢。涨落性主要源于多种情况：群落内外市场供给与需求、技术水平，市场反应行为的不均衡、不匹配；上下游难以实现有机同步；缺乏有效协同机制；各主体间生命阶段不一致；知识、产权专利等不相适应等。这些问题在缺乏必要资源、条件或市场先机的新自组织群落形成之初最为明显，以协同获取市场先机的主导性有积极推动作用，包括横向或网络化的交互渗透协同，纵向业务或技术价值链的上下游商家的合作等。这种涨落性决定了群落内外部协同性的渐进特点，即群落在阶段性协同中的行为结果常常并非一蹴而就，会产生滞后效应，不具备一夜突变的可能性，通常是渐变过程。

自组织众创群落的协同行为包括对象、元素与具体实现方式等内容，协同对象包括上下游企业、竞争者、供应商、科研机构以及第三方组织等；协同要素包括资源、技术、资金等；具体协同模式同样也不尽相同，包括强化优势、消化吸收、先模仿后协同、外包等不同方式或路径，它们可能单向发起协同，也可能双向或以复杂网络方式发挥协同作用；追求实现成本降低、销售提高、减少损失、战略纠偏、加速创新等目的。以上协同均由环境、技术等突变因素导致行为间断、终止或飞跃，群落协同行为对象、内容、模式如表 5-2 所示。

表 5-2　群落协同行为对象、内容、模式

协同对象	协同元素	具体协同方式/手段
●竞争者	●资金	●战略联盟
●替代者	●知识	●参与有资金赞助的科研项目
●供应商	●技术	●研究合同
●用户	●资源	●非正式的技术研究
●科研机构	●战略	●技术转让许可
●其他第三方组织	●渠道	●技术援助
	●信息	●人才培养
	●其他	●知识转移
		●科研人员转移
		●其他

各类型群落协同存在差异性的交互情况，这里还可以进一步地划分为两种不同类型：协同竞争与协同合作，合作是完成竞争的策略之一。在协同竞争方面，群落基于长短期战略目标的考虑，将人力、财务、市场份额等要素作为竞争手段，通过红海战略与蓝海战略等技术手段实现市场扩张，将恶性竞争转变为良性竞争，以创造更大市场价值回报为共同目标，可能是纵向策略上处于供需关系的组织间先合作降低成本后再与其他组织展开竞争；或者横向策略上同类或相似群落之间先协同后竞争。协同合作主要是纵向价值链上下游、产学研等组织进行协同，减少交易成本，提高成本效率。如丰田的企业网络联系，丰田正是借助这种类似于面包圈的企业网络间的协同作用，跻身世界品牌五百强。这是自组织众创群落巩固核心优势、跨越进入多种壁垒相邻领域的低成本友好方式，以此协同互相提高自身竞争力。

二、自组织众创群落协同的阶段演化

不同类型自组织群落的生命周期存有差异。根据一般组织共有特征和要素，这里选用市场、制度、商业信誉、竞争等共有因子展开一般特征分析，描绘的完整生命周期及行为演化过程如图 5-15 所示。群落产生初期，自组织个体依赖相关制度激励与自身能力（尤其是市场中全方位的摸索学习和尝试）适应市场；群落内以个体产品交易或技术研发为主建立基本网络关系。随着群落的内部交流、知识、技术等快速传播与扩散，群落内竞争协作与柔性协同逐渐成为主要特色；到成熟期时群落在区域已具备一定规模和市场地位。随着群落交易惯例的固化以及文化建立，群落以信任＋契约为基础共同调控其战略发展协同关系；群落具备区域特色产业的基础构成部分，品牌知名度得到市场认可，竞争优势增强。

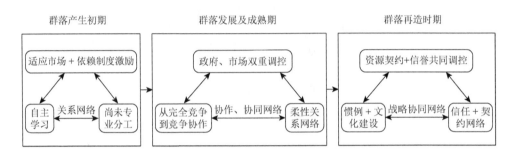

图 5-15　群落自组织完整生命周期及行为演化过程

群落自适应与协同的行为演化是贯穿其始终的固有属性，使群落有不同规模和特定的生命周期。尽管各群落的具体演进过程要素不同，但其行为的一般演化过程具有相似性，如图 5-16 所示。

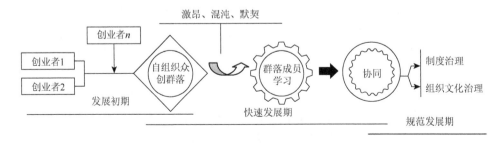

图 5-16　样本自组织众创群落的一般演化过程

从自适应行为而言，一般中小规模的自组织众创群落存在三种不同自适应行为支撑其生命周期，分别是建立核心能力、实现竞合、重新定位等自适应行为。

众创群落产生初期是形成自身核心能力的动态调整适应力的行为。众创主体刚刚进入行业，根据群落及外部环境变化动态调整行为满足变化着的市场需求，根据自身所拥有的资源、技术等基本确立群落的分工及角色，明确核心能力和自有竞争优势。内部或外部环境中的多样性或多变性是造成群落及存在于其中的个体适应性行为的重要原因，这些因素会激发群落成员进行各自核心能力的自适应调整，从而使自身适应需求的变化，维护在整个产业群落中的竞争优势。在第二阶段，即群落发展及成熟期，是自适应竞合行为。群落充分利用外部或内部环境机遇挖掘潜力、拓展新市场新领域，与其他主体展开更复杂、更高级、更大规模的相关合作，与在位目标商展开竞争/合作，取长补短、优势互补、创造更大价值。第三阶段即群落再造阶段，是重新定位的自适应行为演化。对于外部不可控因素，如行业技术更新、被龙头企业挤兑或并购等，需要创业主体的学习行为、经验汲取来重新定位自己并重新适应。传统中小自组织众创主体由于地理空间相对集中、规模较小、专业技术实力偏弱，此时具有创业精神、降低交易成本和提高市场占有率或者寻求纵横向联合以深化产业分工就显得格外重要。因此，除了不断地自我适应外，协同群落变化优化自我行为也同样重要。较大规模的群落自适应行为从选择到方式则要自由得多，不仅专业技术水准与分工程度，而且对外协作程度与水平、竞争手段、正负反馈管理的强化方式等方面都比中小群落更为高级，有更多机会实行差异化经营，并实现规模/范围经济或更高资源共享度，参与产业链分工机会更为密集，而且更容易推进正反馈自适应强化效应。例如，大群落中由自组织众创自发演化而来的产业群落就是一个产业高价值回报的自适应行为系统，群落的各参与主体在时间、竞争、正反馈机制、协同等自适应行为中通过从无序到有序的转变不断演化为产业链。这与产业群落路径演进的动力学机制方面的研究结论一致。

而群落协同行为的周期则不同，一般情况下群落之间的协同互动行为主要经历三个阶段（图 5-17）。在初始阶段该群落通过试探性行为寻求可协同组织，包括对象来自多方面，如价值链上下游业务合作者、横向同类型意愿合作组织以及产学研等组织，倾向于优先加强横向协同互动，再考虑纵向或其他。发展阶段则基于多种缘由展开，如资源、研发、知识技术、战略等，以优先强化纵向协同控制更多价值的关键链，同时面临更为强大的横向相似业务组织的竞争。在成熟阶段的协同演化一般基于之前阶段协同的成效展开，是价值共同体的深入合作，甚至包括不同组织文化融合、管理机制或组织机制灵魂再造等，从而实现相互作用、共同价值。

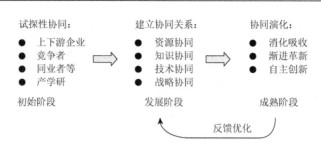

图 5-17　协同互动行为发展路径

　　自组织行为均面临突变行为及其正负双面影响。自组织众创群落的自适应行为与协同行为演化过程极易受到经济、自然灾害、国际环境等不确定性因素的影响，尤其应急准备计划难以应对突来复杂影响时，犹如生态学的基因突变一样，突变因子同样易使群落生命周期的连续过程中断或相变。协同过程更多地通过历史经验制定应急策略从而增加事中处理、事后反馈和优化应急的行动方案。故自组织群落突变行为结果一般有三类：其一，突变导致群落体系完全相变，致使群落系统崩溃；其二，突变使得群落急速进化到更高层次，拥有更复杂的范畴业务，系统面临的不平衡、不稳定问题明显，诸多短板也亟待提升；其三，群落目标连续渐进过程被中断或有限相变，造成一定程度影响，自组织需要采取有效应急行为来减损纠偏，保证其预定方向和稳固必要范畴的发展。将其与生物界进化机制对比如表 5-3 所示。结合调研资料，得出六大主导性原因发挥重要作用。

表 5-3　生物界、自组织众创群落进化机制对比

样本	周期	发展特性	进化原因	突变性质	应急行为
生物界	生命周期	渐进性：逐渐发展进化 突变性：存在基因突变	基因突变与自然选择的结果共同作用	不确定性 无序性	生物自然行为反应
自组织众创群落	群落生命周期	渐进性：逐渐成长、发展、成熟、衰退 突变性：相变或中断	需求、社会、市场、文化等共同选择的结果	不确定性 限定有序性 生命周期间断、中断、相变	事前计划性应急方案 事中历史经验处理 事后反馈 优化应急方案

第六章 自组织众创的区域价值影响

第一节 概 念 框 架

一、变量选择

由前得知，自组织众创活动受到诸多因素的影响。为进一步了解其对区域发展产生的价值，这里结合我国国家统计局的相关数据以及调研数据，选用地区生产总值、克强指数、自组织众创、科技创新、普惠金融发展指数、社会网络、制度质量（政府机构质量）、政府干预程度、教育、经济开放性等指标展开分析，具体变量界定及其释义如表6-1所示。

表6-1 变量信息

类别	变量	指标	定义
因变量	地区生产总值	GDP	各省市人均实际地区生产总值
	克强指数	KI	英国著名政经杂志《经济学人》创造的用于评估中国GDP增长量的指标。克强指数是三种经济指标——工业用电量、铁路运货量和银行中长期贷款余额的结合
自变量	自组织众创	MASS ENT	主要统计以2个以上的个人创业者为基础而形成的创业主体（即排除单人），例如，自营就业率指标可以衡量
	科技创新	INN	通过专利发明的数量来衡量
	普惠金融发展指数	IFDI	可通过该地区的地理渗透性、实用性和可负担性来衡量
调节变量/控制变量	社会网络	SN	通过信息共享率来衡量
	制度质量（政府机构质量）	GOVINSQ	反映政府机构综合服务质量
控制变量	政府干预程度	GOVINTD	衡量政府的干预程度
	教育	EDU	指在该地区注册的高校、学院等学校广义大学学生的教育水平指标
	经济开放性	ECOO	即进出口总额占地区生产总值的百分比

注：研究数据来自调研样本、国家统计局官方网站、《中国统计年鉴》和各省市统计年鉴，并进行了对应的标准化处理，MASS ENT 后文统一为 ENT

二、变量阐释

（1）体现创业企业家精神的指标包括：带动就业量、克服市场挑战、抗争精神、提供具有创新性特色产品/专利发明、冒险精神、实现自我价值等，其行为价值创造能促进知识溢出[156]、提升效率、活跃区域创业环境和提升创新意识，再以创业促经济增长。由于没有严格对应的研究数据，这里将自组织众创对象的数据对应为包含 3 个以上的个体经营户或者民营企业所构成的众创体，以其自主创业率的比例来计算的自组织众创情况，例如，包括"民营企业主""个体户主""民营企业受雇者及个体户主（不包括农村受雇者）"，涉及如下指标。

$\text{ENT}_{i,t}$ 代表个人和私营企业的自组织众创率，其中 i 表示特定省市，t 表示各自的时间。此外，$\text{perworker}_{i,t}$ 代表区域众创主体包含的或者具有合伙人身份雇用的自组织创业人数，$\text{worker}_{i,t}$ 代表该地区的员工人数。度量计算公式如下：

$$\text{ENT}_{i,t} = \frac{\text{perworker}_{i,t}}{\text{worker}_{i,t}} \times 100\% \qquad (6\text{-}1)$$

（2）科技创新，在模型中主要指应用性创新，非产业重大、关键或战略性创新。我国经济高速发展时期的重大关键技术类创新主要由国有企业、专业型研究机构或组织等承担完成，对满足人们日益增长的需求等消费产品的技术创新则广泛来自非国有企业类型。因此，这里将技术创新纳入模型，主要是从满足日常生活生产的发展成果考虑，它们满足了市场柔性需求广泛的发展，对活跃经济和容纳就业意义重大，是提高全要素生产率的关键驱动力，也是短期和长期经济发展的引擎。这方面具体数据资料的采集使用了复合技术手段，包含典型案例的技术创新评分评级折算，也包含区域自组织众创对象的专利申请及发明数量，最终表现的具体计算公式如下：

$$\text{INN}_{i,t} = \frac{\text{total patents granted}_{i,t}}{\text{total patents invention}_{i,t}} \times 100\% \qquad (6\text{-}2)$$

式中，$\text{INN}_{i,t}$ 表示已授予专利发明的总数；i 表示特定省市；t 表示相应的时间；$\text{total patents granted}_{i,t}$ 表示授予居民和非居民的专利总和；$\text{total patent invention}_{i,t}$ 表示专利发明申请总量。

（3）普惠金融发展与所有创业活动都有密切关系，是整个创业系统的"血液"，其重要性不言而喻。详细指数的计算分为三个过程。首先，对变异系数进行计算，这有助于确定每个指标对应的权重；然后，计算第一个指标的平均值及其各自的标准偏差 δ_i。变异系数 λ_i 通过以下公式测量：

$$\lambda_i = \frac{\delta_i}{Z_i} \tag{6-3}$$

其次，将总和相加并计算权重

$$\omega_i = \frac{\lambda_i}{\sum\limits_{i=1}^{n} \lambda_i} \tag{6-4}$$

最后，计算每个维度的引用值，其中 Z_i 表示 i 维度。

$$Z_i = \omega_i \times \frac{F_i - \min F_i}{\max F_i - \min F_i} \tag{6-5}$$

式中，ω_i 表示式（6-4）计算的权重；F_i 表示 i 维的真实值；$\max F_i$ 表示最大值；$\min F_i$ 表示最小值。最后一步是全面衡量普惠金融发展指数，包括每个维度的价值和权重，例如，小额贷款、低息贷款、创业资金支持、税收优惠/减免、人才创业配套支持等。对于当中涉及的权重、价值评价，研究小组按照 Likert 量表分类法综合进行指标价值评级、打分，对不同区域的进行横向标准化处理。

$$\mathrm{IFDI}_1 = \sqrt{\frac{\sum Z_i^2}{\sum \omega_i^2}} \tag{6-6}$$

$$\mathrm{IFDI}_2 = 1 - \frac{\sqrt{\sum (\omega_i - Z_i)^2}}{\sqrt{\sum (\omega_i)^2}} \tag{6-7}$$

$$\mathrm{IFDI} = \frac{\mathrm{IFDI}_1 + \mathrm{IFDI}_2}{2} \tag{6-8}$$

（4）社会网络指标。自组织众创成立的重要原因随其生命周期不同而不同，一般的自组织众创主体能存活超过三年，则基本达到了前面理论上分析的"契约＋信任＋战略"协同作用的状态，运用社会网络做这方面的综合指标具有可行性。学者曾采用不同的措施和方法对社会网络进行实证评估。其中，信任程度、民间社会组织、网络规模和互动程度在以前的文献中被使用过，即运用不同的方法来捕捉社会网络环境中的不同范畴情况。为了更好地解释社会网络在区域背景下的重要性，作者以信息共享率和互联网使用指数，代表社会网络的连接性和共享。社会网络的建议计算如下：

$$\mathrm{SN}_{i,t} = \log\left(\frac{\text{no. of net user}_{i,t}}{\text{total regional population}_{i,t}} \times 100\% \right) \tag{6-9}$$

式中，$\mathrm{SN}_{i,t}$ 表示信息共享率；i 表示特定省市；t 表示相应时间；$\text{no. of net user}_{i,t}$ 表示该地区的互联网用户数量；$\text{total regional population}_{i,t}$ 表示区域总人口。使用信息共享率作为变量表示众创主体在区域层面的社会网络，也表明整个区域网络社会的整体视角和创业先进程度，表示"双创"是引领潮流而使用的先进工具，也更好反映了人际联系的特征。故这里采用信息共享率作为社会网络的衡量标准。

（5）克强指数。众所周知，克强指数是由英国政经杂志《经济学人》于2010年推出，用于分析当地经济状况的数据。克强指数以工业用电量、铁路货运量和银行中长期贷款余额作为衡量指标因素来追踪区域的经济变化，以便于挤掉统计数字的水分，克强指数中这三个指标分别所占比例为40%、25%及35%。工业用电量是指国家（地区）某一时期内按物质生产部门、非物质生产部门和家庭划分的能源消费总量，但应排除一次能源转化为二次能源的消耗和节能过程中的损失。一般来说，这个分项指数指的是工业生产形势。铁路货运量表示通过铁路运输的货物水平。该分项指数代表了运输业在经济及其整个国民服务方面的有效性。中长期贷款是指银行和其他金融机构根据无条件还款原则，以一定利率向企业和个人提供一年以上资金的信贷形式。该分项指数是衡量市场信心的有效方法，同时代表经济中普遍存在的经济环境，并表明未来与经济运营相关的风险。这三个分项指数也体现了注重整体经济增长和发展的敏感性。将这三个分项指数合并，代表了尝试以国内生产总值作为衡量各国进步的前瞻性尺度的公平想法。其中，三个指数在指数汇总过程中都采用了增长率序列，可以使用线性聚集方法。克强指数的计算基于以下过程完成。首先，对变异系数进行计算，确定每个指标的权重；其次，计算第一个指标的平均值及其各自的标准 σ_i，变异系数通过 φ_i 的公式进行计算。

克强指数的计算过程如下。

$$\varphi_i = \frac{\sigma_i}{X_i} \tag{6-10}$$

之后，将总和相加并计算权重

$$\Omega_i = \frac{\varphi_i}{\sum_{i=1}^{n} \varphi_i} \tag{6-11}$$

然后，计算每个维度的引用值，其中 X_i 表示 i 维度。

$$X_i = \Omega_i \times \frac{D_i - \min D_i}{\max D_i - \min D_i} \tag{6-12}$$

式中，Ω_i 表示式（6-11）计算的权重；D_i 表示 i 维度的真实值；$\max D_i$ 表示最大值；$\min D_i$ 表示最小值。

根据每个维度的值和权重对克强指数进行综合测量。

$$KI_1 = \sqrt{\frac{\sum X_i^2}{\sum \Omega_i^2}} \tag{6-13}$$

$$KI_2 = 1 - \frac{\sqrt{\sum(\Omega_i - X_i)^2}}{\sqrt{\sum(\Omega_i)^2}} \tag{6-14}$$

$$KI = \frac{KI_1 + KI_2}{2} \tag{6-15}$$

（6）地区生产总值，是按区域划分的人均地区生产总值，它是理解整体和区域经济发展的传统指标之一，主要用人均实际产值来体现，即省级的实际总产值除以财政年度末各省市的总人口。这里，为了避免价格效应，研究中以 2017 年为基期计算各省市地区生产总值的不变价格，获得实际总值。具体用式（6-16）来衡量：

$$GDP_{i,t} = \log(\text{per capita real } GDP_{i,t}) \tag{6-16}$$

式中，per capita real $GDP_{i,t}$ 表示一年中 t 时间 i 省/市的人均实际地区生产总值。

（7）政府机构质量作为调节变量主要体现政府经济指导、管理和服务的质量，对支持和促进区域经济增长发挥着非常重要的作用。这里以 $GOVINSQ_{i,t}$，即一年中 t 时间 i 省/市政府财政支出对数来衡量政府机构质量，并将教育和技术支出占地区生产总值的比例排除在外，因为创业教育与创业的内源性可能导致共线性或自相关等潜在问题。

$$GOVINSQ_{i,t} = \log\left(\frac{\text{govf expenditure}_{i,t}}{GDP_{i,t}} \times 100\right) \tag{6-17}$$

式中，govf expenditure$_{i,t}$ 表示 i 省/市政府在一年中 t 时间将教育和技术支出占地区生产总值的比例排除后的财政支出；$GDP_{i,t}$ 表示 i 省/市在一年中 t 时间的人均实际地区生产总值。

（8）控制变量包含三个，$GOVINTD_{i,t}$ 表示 t 年和 i 省/市政府对经济发展的干预程度，以政府财政支出对数占地区生产总值的比例来衡量，并排除教育和科技支出占地区生产总值的比例。$EDU_{i,t}$ 表示以 t 年 i 省/市在校大学生人数的对数来衡量的教育水平。$ECOO_{i,t}$ 表示经济开放水平，由 t 年 i 省/市进出口总额与地区生产总值之比的对数来衡量。

$$GOVINTD_{i,t} = \log\left(\frac{\text{govt fiscal exp}_{i,t}}{GDP_{i,t}} \times 100\right) \tag{6-18}$$

$$EDU_{i,t} = \log\left(\frac{\text{universities' students}_{i,t}}{\text{pop}_{i,t}} \times 100\right) \tag{6-19}$$

$$ECOO_{i,t} = \log\left(\frac{\text{total import and export}_{i,t}}{GDP_{i,t}} \times 100\right) \tag{6-20}$$

式中，govt fiscal exp$_{i,t}$ 表示政府财政支出总额占 i 省/市在一年中的 t 时间地区生产总值的比例；universities' students$_{i,t}$ 表示 t 年 i 省/市高校的学生人数，pop$_{i,t}$ 表示 i 省/市 t 年人口占比；total import and export$_{i,t}$ 表示 t 年 i 省/市进出口总额占地区生产总值的比重。

三、测量模型选择与诊断的经验法则

为了检查自组织众创、科技创新、普惠金融发展指数和社会网络等对经济增长的影响，研究将运行静态面板模型，涉及混合 OLS（ordinary least squares，普通最小二乘法）、RE（random effects，随机效应）模型、FE（fixed effects，固定效应）模型等；动态面板模型用差分广义矩估计（difference generalized method of moments，Diff-GMM）、系统广义矩估计（system generalized method of moments，Sys-GMM）进行估计。用于模型诊断的经验法则主要如下：White（怀特）异方差检验（混合 OLS 模型）、Cumby-Huizinga 自相关检验（混合 OLS 模型）、Wald 检验-组间异方差检验（RE 和 FE 模型）、Wooldridge（伍德里奇）F 检验-序列相关检验（RE 和 FE 模型）、Pesaran 横截面相关检验（RE 和 FE 模型）、Arellano-Bond（阿雷拉诺-邦德）[AR(2)]有效工具检验（Diff-GMM 和 Sys-GMM 模型）、Sargan-Hansen 检验-干扰项相关检查（Diff-GMM 和 Sys-GMM 模型）以及 Hansen 差分检验-对外源性检验（Diff-GMM 和 Sys-GMM 模型）。

四、自组织众创对经济增长影响的构念模型

由前变量释义，结合自组织众创、科技创新和普惠金融发展、社会网络、政府机构质量等对经济增长的影响，反映相关变量的宏观、中观和微观联系，这里构建了自组织众创活动对区域经济增长影响的理论模型，如图 6-1 所示。理论模型中的自组织众创的主体精神用创业企业家精神替代。具体建模方法选用静态面板模型的混合 OLS 模型、RE、FE 与动态的 Diff-GMM、Sys-GMM 模型，对其涉及的线性效应、非线性效应、协同效应、调节效应和区域效应进行测度。

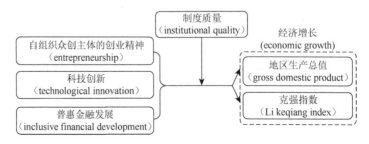

图 6-1　自组织众创活动对区域经济增长影响的理论模型

依据该理论模型构架，结合前文变量释义提出如图 6-2 所示的基础关系假设，并以此分别进行静态和动态面板模型、Sys-GMM 模型估计并检验。

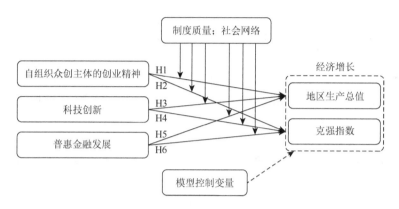

图 6-2　自组织众创活动对经济增长影响的概念系统模型

图 6-2 中 H1、H2 分别反映拥有创业精神的自组织众创主体对地区生产总值和克强指数的影响，H3、H4 分别反映自组织众创主体的科技创新对地区生产总值与克强指数的影响，H5、H6 分别反映普惠金融发展支撑自组织众创发展对地区生产总值与克强指数的影响。具体假设内容见后面分步模型。

第二节　描述性分析

一、变量特征

结合研究数据，这里将使用的所有变量的描述性统计量列入表 6-2。

表 6-2　变量描述性统计

变量	样本量	均值	标准差	最小值	最大值
GDP	286	4.16	0.40	2.89	5.20
KI	286	0.89	0.70	0.01	4.68
ENT	286	0.43	0.22	0.03	0.74
INN	286	0.30	0.60	−1.04	2.62
SN	286	0.29	0.19	0.03	0.96
IFDI	286	0.24	0.12	0.09	0.77
GOVINTD	286	−0.24	1.16	−1.62	3.58

续表

变量	样本量	均值	标准差	最小值	最大值
GOVINSQ	286	−0.32	1.16	−1.69	3.51
EDU	286	1.20	0.17	0.80	1.70
ECOO	286	0.34	0.39	0.00	1.80

自组织众创、科技创新、普惠金融发展指数和社会网络与经济增长（地区生产总值）的关系的散点图如图 6-3 所示。自组织众创与区域经济增长（地区生产总值）之间的散点图，显示了两个变量之间的显著的正相关关系，这表明创业是促进经济持续发展的驱动因素。同样，科技创新与使用地区生产总值的区域经济增长之间的关系，表明科技创新与经济增长之间存在正而显著的相关性，即技术进步将有助于利用地区生产总值支持区域经济增长。普惠金融发展指数与区域经济发展之间存在很强的正相关关系，反映出金融服务的改善将转化为区域更多的普惠金融绩效，并转化为利用地区生产总值改善的区域经济增长。此外，社会网络与使用地区生产总值衡量的区域经济增长之间存在正相关关系，且较为显著，这解释了社会网络产生的信息共享率的提升有利于促进地区的经济发展。

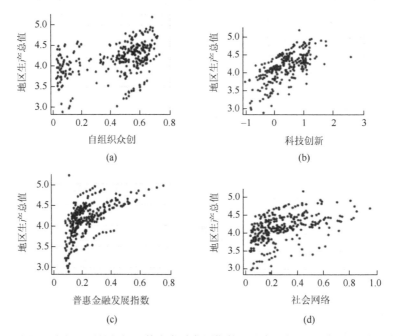

图 6-3 自组织众创、科技创新、普惠金融发展指数和社会网络与地区生产总值的散点图

图 6-4 显示自组织众创、科技创新、普惠金融发展指数和社会网络都与克强指数具有显著的正相关性。

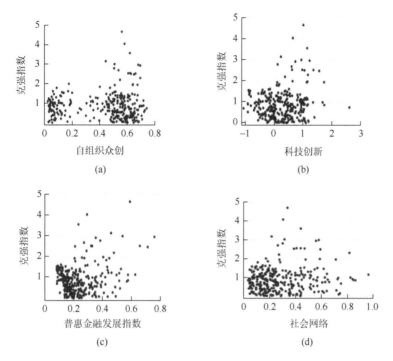

图6-4　自组织众创、科技创新、普惠金融发展指数和社会网络与克强指数的散点图

二、自组织众创主体的阶段

依据第四章一般自组织众创主体的协同演化过程的阶段辨别原理，结合本调研样本资料分析其典型特征（因财务数据对外不公开，这里仅提供结果），研究选取了收益（财务收入）、资源、技术等级、渠道多少、原料成本（以年相关对应项为基数进行统计）及内部沟通成本与交易成本、文化氛围、创客积极性等变量参数。由前得知，我国存在复杂多样的自组织众创，为了解样本的阶段性演化特征，选取了东部、中部、西部地区，依据前面相关自组织运动方程[式（4-1）～式（4-10）]刻画的阶段形态，自组织众创样本的阶段性函数参数见表6-3。

表 6-3　自组织众创样本的阶段性函数参数

区域	序参量	控制参数 η	阻力因素		随机涨落要素 $f(t)$
东部	$\dfrac{\eta\gamma_2}{\beta_1(\eta)\beta_2}$	$\sqrt{\dfrac{\gamma_1(\eta)\beta_1(\eta)\beta_2}{\gamma_2}}$	0	0	$f(t_1)$
	盈利能力	变现方式	人才支持	资金支持	利益冲突

续表

区域	序参量	控制参数 η	阻力因素		随机涨落要素 $f(t)$
中部	$\dfrac{\eta\gamma_2}{2\beta_1(\eta)\beta_2}$	$\sqrt{\dfrac{4\gamma_1(\eta)\beta_1(\eta)\beta_2}{\gamma_2}}$	$\gamma(\eta)$	$\beta(\eta)$	$f(t_2)$
	渠道共享	环境驱动	环境支持	政策支持	自然环境
西部	0	0	$\gamma(\eta)$	$\beta(\eta)$	$f(t_3)$
	资源供应	资源集聚	硬件支持	资金支持	文化冲突

结合研究人员内部主观评分法，基于战略协同与资源协同两方面反馈表现，对所包含的要素及重要性进行加权后平均，对同期产生的协同效果进行纵向比较，拟定为 q_1^1，得到东、中、西部自组织众创样本主体的协同阶段函数如图 6-5 所示。

该图表明，在用 q_1^1 衡量战略协同与资源协同的情况下，东、中、西部自组织众创的协同阶段有明显不同：从自组织众创主体的战略策略使用与资源利用两方面来看，东部样本的演进阶段属于行为协同；中部样本属于行为协调阶段；而西部样本则显示了更为开放的自由或多头竞争状态。

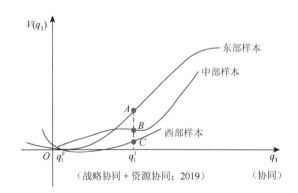

图 6-5　自组织众创样本主体的协同阶段函数（东、中、西部）

注：选择 2019 年为时间点，采用战略协同与资源协同为衡量维度

第三节　自组织众创 + 科技创新对区域经济增长的影响

一、概念模型

由上，建立自组织众创和科技创新对地区生产总值与克强指数所代表的经济增

长的影响模型与假设，如图6-6所示。

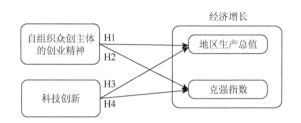

图 6-6 自组织众创、科技创新和经济增长的概念模型

H1：自组织众创主体的创业精神利用地区生产总值对经济增长产生积极影响。
H2：自组织众创主体的创业精神使用克强指数对经济增长产生积极影响。
H3：科技创新利用地区生产总值对经济增长产生积极影响。
H4：科技创新使用克强指数对经济增长产生积极影响。

二、模型构建

（一）经验模型构建

这里选用专利发明的总数衡量科技创新，GDP 代表经济增长状况，用劳动和资本因素来衡量自组织众创主体的创业精神的努力表现，这里创业指标是劳动，科技创新指标是创业者在业务技术领域的表现。地区生产总值和克强指数代表区域经济增长水平，后者更能反映区域经济基于客观发展的切实特点。自组织众创的资本因素受到经济发展过程中政府干预程度、机构素质、教育水平和经济开放程度等多种因素的影响。故这里将静态面板数据的非滞后变量与 GDP 和 KI 的一阶滞后变量相结合，构建了动态面板模型，式（6-21）～式（6-24）表示计量经济学静态面板模型，用于使用地区生产总值和克强指数确定创业和科技创新对经济增长的影响。式（6-25）～式（6-28）是利用动态面板数据建模，使用地区生产总值和克强指数确定创业和科技创新对经济增长的影响。

静态面板模型方程：

$$GDP_{i,t} = \alpha_0 + \alpha_1 ENT_{i,t} + \alpha_2 GOVINTD_{i,t} + \alpha_3 GOVINSQ_{i,t} + \alpha_4 EDU_{i,t} \\ + \alpha_5 ECOO_{i,t} + \varepsilon_{i,t} \quad (6-21)$$

$$GDP_{i,t} = \alpha_0 + \alpha_1 INN_{i,t} + \alpha_2 GOVINTD_{i,t} + \alpha_3 GOVINSQ_{i,t} + \alpha_4 EDU_{i,t} \\ + \alpha_5 ECOO_{i,t} + \varepsilon_{i,t} \quad (6-22)$$

$$KI_{i,t} = \alpha_0 + \alpha_1 ENT_{i,t} + \alpha_2 GOVINTD_{i,t} + \alpha_3 GOVINSQ_{i,t} + \alpha_4 EDU_{i,t}$$
$$+ \alpha_5 ECOO_{i,t} + \varepsilon_{i,t} \tag{6-23}$$

$$KI_{i,t} = \alpha_0 + \alpha_1 INN_{i,t} + \alpha_2 GOVINTD_{i,t} + \alpha_3 GOVINSQ_{i,t} + \alpha_4 EDU_{i,t}$$
$$+ \alpha_5 ECOO_{i,t} + \varepsilon_{i,t} \tag{6-24}$$

动态面板模型方程：

$$GDP_{i,t} = \alpha_0 + \alpha_1 GDP_{i,t-1} + \alpha_2 ENT_{i,t} + \alpha_3 GOVINTD_{i,t} + \alpha_4 GOVINSQ_{i,t}$$
$$+ \alpha_5 EDU_{i,t} + \alpha_6 ECOO_{i,t} + \varepsilon_{i,t} \tag{6-25}$$

$$GDP_{i,t} = \alpha_0 + \alpha_1 GDP_{i,t-1} + \alpha_2 INN_{i,t} + \alpha_3 GOVINTD_{i,t} + \alpha_4 GOVINSQ_{i,t}$$
$$+ \alpha_5 EDU_{i,t} + \alpha_6 ECOO_{i,t} + \varepsilon_{i,t} \tag{6-26}$$

$$KI_{i,t} = \alpha_0 + \alpha_1 KI_{i,t-1} + \alpha_2 ENT_{i,t} + \alpha_3 GOVINTD_{i,t} + \alpha_4 GOVINSQ_{i,t}$$
$$+ \alpha_5 EDU_{i,t} + \alpha_6 ECOO_{i,t} + \varepsilon_{i,t} \tag{6-27}$$

$$KI_{i,t} = \alpha_0 + \alpha_1 KI_{i,t-1} + \alpha_2 INN_{i,t} + \alpha_3 GOVINTD_{i,t} + \alpha_4 GOVINSQ_{i,t}$$
$$+ \alpha_5 EDU_{i,t} + \alpha_6 ECOO_{i,t} + \varepsilon_{i,t} \tag{6-28}$$

因变量为$GDP_{i,t}$（地区生产总值）和$KI_{i,t}$（克强指数）。$GDP_{i,t}$用t年i省/市的人均地区生产总值的对数来衡量；通过计算工业用电量、铁路货运量和t年i省/市的银行中长期贷款余额三个子指标来衡量$KI_{i,t}$；自变量$ENT_{i,t}$表示创业水平，用t年i省/市私营企业的自雇率来衡量；$INN_{i,t}$反映技术创新水平，用t年i省/市专利发明数量的对数来衡量。控制变量：$GOVINTD_{i,t}$代表政府干预的程度，以政府财政支出占地区生产总值的比例的对数来衡量，表明i省/市政府在t年对经济发展的干预水平；$GOVINSQ_{i,t}$代表以政府财政支出的对数衡量的制度质量，不包括教育和技术支出占地区生产总值的比例，它表示在t年i省/市执行的政府制度的质量；$EDU_{i,t}$表示以t年i省/市的中小学和大学学生人数的对数来衡量的教育水平；$ECOO_{i,t}$表示以t年i省/市的总进出口与地区生产总值比值的对数来衡量的经济开放水平。在动态面板模型中，$GDP_{i,t-1}$和$KI_{i,t-1}$是经济增长的一阶滞后变量。α_j（$j = 0, 1, \cdots, 6$）代表系数，$\varepsilon_{i,t}$是t年i省/市的误差项。

（二）进化博弈模型在技术创新行为策略中的适用性

进化博弈论是从有限理性分析经济活动主体行为的有效方法。在不完整的信息条件下，博弈方不断调整策略，提高在重复博弈中获取的利益。众创行为符合政策的本质需求，但众创主体与参与客体的策略选择存在不同的行为作用。例如，创业环境是资本政策激励与非资本政策激励的综合产物，政府倾向于为创新提供良好的环境，即选择资本政策来刺激自主创新。但是创新资本政策激励传导机制的有效性或无效性，资本政策的滞后性，资本政策制定、实施、监管等的成本和效益、预期政策效果等均存在不确定性，因此，策略选择的行为作用为非完全的理性预期。因此，在政策方面，非资本政策激励也是一种替代行为。故众创主体自身行为和政策激励行为被定义为积极的行为策略。相应地，政策的非资本政策激励行为和众创主体遵循创新行为的策略被定义为非积极行为战略。在决策行为的进化博弈中，根据相对的行为策略以及决策的预期收益、成本和风险做出行为策略选择是一个不断调整和变化的动态过程，学习和适应是博弈各方有利于进化稳定的战略。根据相对净支付，结合雅可比矩阵的行列式和迹，可以推导出进化博弈平衡点的局部稳定性。进化稳定性强调变异的作用，而复制动力则强调选择的作用。因此，运用进化博弈法来分析众创和政府创新行为战略决策的传递机制，实现均衡状态，符合实际要求。博弈模型的参数与内在关系如下。

自组织众创者的自主创新行为策略集是(自主创新, 跟随创新)（independent innovation，follow the innovation），政府的政策行为策略集是(资本政策激励, 非资本政策激励)（capital policy incentive，non-capital policy incentive）。

模型中 G 代表政府行为策略的意愿，G_1 是愿意选择创新资本政策激励行为策略的意愿，概率是 α；G_2 是选择非资本政策激励行为策略的意愿，其对应概率为 $1-\alpha$。

模型中 E 表示企业行为策略的意愿，E_1 表示选择自主创新行为策略的意愿，概率 β；E_2 是选择跟随创新行为的策略的愿意，概率是 $1-\beta$。

λ 是政府采取非资本政策激励时的预期收益，λ_G 是政府的预期收益；λ_E 是在当前资本政策环境下自组织众创者遵循创新战略的预期回报。

模型中 ΔW 表示福利改善，ΔW_G 表示政府采取创新的资本政策激励行为策略，政府的预期福利改善是预期的资本政策效果；ΔW_E 是自组织众创者选择自主创新策略时存在的预期超额回报。政府预期资本政策效果的内涵，不仅是对超额回报的简单预期，即创新激励基于理性行为选择有限的假设，还能通过有效的传播机制，与其他市场主体的自主创新行为产生协同效应和创新溢出效应。自组织众创者的预期超额回报，一方面源于其对政府资本政策激励投资策略产生的福利促进，另一方面源于自身自主创新产出由新技术、新工艺、新产品和知识产权带来的可见收益。

模型中 IC_O 表示初始成本，IC_{OG} 表示政府创新资本政策激励产生的初始成本（相对于非资本政策激励），包括政府部门、智库等在创新资本政策制定、实施、监测和评估过程中投入的人力、物力和财力资源，以及消费的时间成本，如金融投资的机会成本、基础设施投资和税收减免。IC_{OE} 表示自组织众创者选择自主创新战略时的初始成本（相对于跟随创新行为），包括上市前搜索成本、选址设备租赁成本和运营成本，以及迁移成本、新创建的企业注册成本、分支机构扩张和管理总部运营的成本。自组织众创主体创新活动存在不确定性和风险，在政府和自组织众创者选择行为策略决策时，应考虑产出的不确定性带来的相应风险损失。

模型中 S_G 表示政府采用的创新资本政策激励策略。而且，自组织众创者选择跟随创新行为时政府面临的风险损失不仅包括投入到原有资本政策制定和实施上的人力、物力和财力的沉没成本，还包括调整政策和采用新政策的成本增加。成本 Y 表明政府正面临风险损失因素。S_E 表示的风险损失是自组织众创者选择自主创新增加额外投资的非资本政策激励环境所导致的，即自主创新面临的新知识、新技术成果的产出，以及其商业化和市场化效益的不确定性。δ 表示企业面临的风险损失因素。基于上述假设和内涵设置，建立的行为策略和阶段博弈支付矩阵如表 6-4 所示。

表 6-4　自组织众创者和政府行为策略选择的阶段博弈支付矩阵

政府	自组织众创者	
	自主创新 $E_1(\beta)$	跟随创新 $E_2(1-\beta)$
资本政策激励 $G_1(\alpha)$	$(\lambda G + \Delta W_E - \mathrm{IC_{OE}},\ \lambda E + \Delta W_E - \mathrm{IC_{OE}})$	$(\lambda G - \mathrm{IC_{OG}} - YS_G, \lambda E)$
非资本政策激励 $G_2(1-\alpha)$	$(\lambda G,\ \lambda E - \mathrm{IC_{OE}} - \delta S_E)$	$(\lambda G, \lambda E)$

结合表 6-4 的支付矩阵，进一步建立复制动态模型。计算动态系统平衡点对应矩阵 J 的行列式和迹，如表 6-5 所示。在复制动态系统中，相对净支付是演化博弈分析的重要工具。根据支付矩阵，可以获得自组织众创者和政府选择不同策略时的相对净支付。当政府选择创新资本政策激励措施时，自组织众创者选择自主创新的相对净支付是 $(\Delta W_E - \mathrm{IC_{OE}})$；当政府选择非资本政策激励措施时，自组织众创者选择自主创新的相对净支付是 $(-\mathrm{IC_{OE}} - \delta S_E)$。同样，当其选择自主创新时，政府选择创新资本政策激励的相对净支付是 $(\Delta W_E - \mathrm{IC_{OG}})$；当自组织众创者选择跟随创新时，政府选择创新资本政策激励措施的相对净支付是 $(-\mathrm{IC_{OG}} - \gamma S_G)$。不同策略前提下的相对净支付决定了复制动态系统的演化稳定策略路径。

表 6-5　动态系统平衡点对应的行列式和迹表达式

均衡点 (α, β)	$\det J$	$\mathrm{tr}\, J$
$(0, 0)$	$(\mathrm{IC_{OG}} + \gamma S_G)(\mathrm{IC_{OE}} + \delta S_E)$	$-\mathrm{IC_{OG}} - \gamma S_G - \mathrm{IC_{OE}} - \delta S_E$
$(0, 1)$	$(\Delta W_G - \mathrm{IC_{OG}})(\mathrm{IC_{OE}} + \delta S_E)$	$\Delta W_G - \mathrm{IC_{OG}} + \mathrm{IC_{OE}} + \delta S_E$
$(1, 0)$	$(\mathrm{IC_{OG}} + \gamma S_G)(\Delta W_E - \mathrm{IC_{OE}})$	$\mathrm{IC_{OE}} + \Delta S_G + \Delta W_G - \mathrm{IC_{OG}}$
$(1, 1)$	$(\Delta W_G - \mathrm{IC_{OG}})(\Delta W_E - \mathrm{IC_{OG}})$	$\mathrm{IC_{OG}} - \Delta W_G + \mathrm{IC_{OE}} - \Delta W_E$
(α^*, β^*)	$-\dfrac{(\mathrm{IC_{OG}} + \gamma S_G)(\Delta W_G - \mathrm{IC_{OG}})(\mathrm{IC_{OE}} + \delta S_E)(\Delta W_E - \mathrm{IC_{OE}})}{(\Delta W_G + \gamma S_G)(\Delta W_E + \delta S_E)}$	0

三、静态面板数据建模及检验

这里利用混合 OLS 模型原理建立静态面板模型，得到表 6-6 中的模型（1）和模型（2），代表了众创主体的创业企业家精神和科技创新对利用地区生产总值衡量的经济增长的影响的实证结果。结果表明，使用与创业资本理论相一致的地区生产总值，创业企业家精神对经济增长具有积极和显著的影响。科技创新也对经济增长产生了积极和重要的影响，说明新的内生增长理论观点促进地区生产总值增长，科技创新水平越高，经济发展空间越大。针对克强指数的静态面板模型中（表 6-7），模型（1）和模型（2）表示创业企业家精神和科技创新对克强指数影响的实证结果是积极而不明显的；其中科技创新反映新内生增长理论的观点，对克强指数具有积极而显著的影响。科技创新水平越高，与区域发展目标相一致的成长和发展空间就越大。

为检验假设，这里采用 RE 模型对静态面板数据进行 RE 回归分析，在地区生产总值方面，表 6-6 中模型（3）和模型（4）中创业企业家精神和科技创新对地区生产总值增长影响的实证结果表明，创业企业家精神对经济增长具有显著意义，这与企业家资本理论相一致；科技创新对经济增长也产生重大的影响，这与新内生增长理论中的地区生产总值观点内涵相通：科技创新水平越高，经济发展空间越大。在克强指数方面，表 6-7 中模型（3）和模型（4）代表了创业企业家精神和科技创新对克强指数影响的实证结果，表明创业企业家精神和科技创新对克强指数的影响均为积极但不明显。在静态面板数据 FE 的检验结果中，在地区生产总值影响方面，表 6-6 中模型（5）和模型（6）代表了创业企业家精神和科技创新对经济增长影响的实证结果，表明创业企业家精神对经济增长具有积极和显著意义；科技创新对经济增长也有积极而重大的影响；科技创新水平越高，经济发展空间越大。在克强指数方面，表 6-7 中模型（5）和模型（6）表明创业企业家精神和科技创新对经济增长的影响积极但不显著。静态面板模型利用 White 检验混合 OLS 模型的异方差性，Cumby-Huizinga 检验模型的自相关程度，Wald 检验 RE 和 FE 模型组间异方差性等。结果表明克强指数、RE 和 FE 模型表示创业企业家精神和科技创新对经济增长的影响，模型（3）～模型（6）验证了 Wald 检验后组间异方差的存在；Wooldridge F 检验 RE 和 FE 模型的序列相关性；Pesaran 检验 RE 和 FE 模型组间的横截面依赖性和并发相关性。

表 6-6　基于静态面板模型的创业和科技创新对区域经济增长（GDP）的影响

变量	模型（1） OLS	模型（2） OLS	模型（3） RE	模型（4） RE	模型（5） FE	模型（6） FE
ENT	0.7170***		0.7367***		0.7237***	
	(0.0934)		(0.0370)		(0.0353)	
GOVINTD	−0.0093	−0.2865	−0.0600	−0.2244*	−0.0407	−0.1831
	(0.2287)	(0.1936)	(0.0905)	(0.1175)	(0.0857)	(0.1143)
GOVINSQ	−0.0189	0.2636	0.0607	0.2058*	0.0426	0.1649
	(0.2271)	(0.1932)	(0.0898)	(0.1169)	(0.0851)	(0.1137)
EDU	0.3337**	0.2501**	0.2853**	0.4040***	0.2078*	0.3069*
	(0.1397)	(0.1196)	(0.1161)	(0.1430)	(0.1181)	(0.1584)
ECOO	0.3403***	0.2556***	0.1047*	0.0264	0.0036	−0.1621*
	(0.0600)	(0.0510)	(0.0616)	(0.0715)	(0.0670)	(0.0884)
INN		0.3892***		0.3005***		0.2745***
		(0.0287)		(0.0245)		(0.0249)
常数	3.3232***	3.6699***	3.4659***	3.5852***	3.5973***	3.7698***
	(0.1588)	(0.1341)	(0.1437)	(0.1705)	(0.1425)	(0.1902)
样本量	286	286	286	286	286	286
R^2	0.3860	0.5514			0.6931	0.4494
F 检验	35.20	68.84				
White 检验	2.35*	7.20***				
Cumby-Huizinga 检验	206.586***	99.588***				
Wald 检验			367.25***	90.20***	367.25***	90.20***
Wooldridge F 检验			4.067*	4.307*	4.067*	4.307*
Pesaran 检验			40.211***	48.337***	39.437***	47.704***
标识数			26	26	26	26

注：括号内为 t 统计量

***、**和*分别表示 1%（$p<0.01$）、5%（$p<0.05$）和 10%（$p<0.1$）水平的显著性

表 6-7　基于静态面板模型的创业与科技创新对区域经济增长（KI）的影响

变量	模型（1） OLS	模型（2） OLS	模型（3） RE	模型（4） RE	模型（5） FE	模型（6） FE
ENT	0.1657		0.0632		0.1482	
	(0.1997)		(0.1686)		(0.1622)	
GOVINTD	−0.6611	−0.7326	−0.3947	−0.3859	−0.0548	−0.0189
	(0.4888)	(0.4799)	(0.4145)	(0.4097)	(0.3945)	(0.3932)

续表

变量	模型（1）OLS	模型（2）OLS	模型（3）RE	模型（4）RE	模型（5）FE	模型（6）FE
GOVINSQ	0.6246	0.7112	0.3737	0.3776	0.0431	0.0183
	(0.4854)	(0.4789)	(0.4116)	(0.4080)	(0.3916)	(0.3913)
EDU	-1.3782^{***}	-1.4350^{***}	-1.0183^{**}	-1.0398^{**}	-1.7266^{***}	-1.7291^{***}
	(0.2985)	(0.2965)	(0.4408)	(0.4392)	(0.5431)	(0.5448)
ECOO	0.5896^{***}	0.5626^{***}	-0.1244	-0.1275	-1.6350^{***}	-1.5651^{***}
	(0.1281)	(0.1264)	(0.2086)	(0.2055)	(0.3083)	(0.3041)
INN		0.1709^{**}		0.1213		0.0044
		(0.0711)		(0.0814)		(0.0855)
常数	2.3157^{***}	2.4243^{***}	2.1523^{***}	2.1735^{***}	3.5775^{***}	3.4950^{***}
	(0.3395)	(0.3324)	(0.5112)	(0.5078)	(0.6554)	(0.6542)
样本量	286	286	286	286	286	286
R^2	0.0974	0.1135			0.1465	0.1437
F 检验	6.04^{***}	7.17^{***}				
White 检验	4.04^{*}	4.07^{**}				
Cumby-Huizinga 检验	97.231^{***}	102.688^{***}				
Wald 检验			2502.43^{***}	2063.90^{***}	2502.43^{***}	2063.90^{***}
Wooldridge F 检验			49.093^{***}	50.806^{***}	49.093^{***}	50.806^{***}
Pesaran 检验			5.108^{***}	5.999^{***}	5.175^{***}	5.875^{***}
标识数			26	26	26	26

注：括号内为 t 统计量

***、**和*分别表示 1%（$p<0.01$）、5%（$p<0.05$）和 10%（$p<0.1$）水平的显著性

四、动态面板数据建模及检验

利用混合 OLS 模型进行异方差和自相关检验发现存在需要处理的异方差性和自相关。此外，在 RE 和 FE 回归模型上进行了异方差性、序列相关性和自相关测试，表明存在需要处理的组间异方差性、组间序列相关性和自相关。因此，应用动态面板模型，解决现有数据中的异方差性、序列相关性和自相关问题。

利用 Diff-GMM，在地区生产总值动态面板模型中（表 6-8），使用与创业资本理论相一致的地区生产总值，模型（1）和模型（2）表明创业企业家精神对经济增长具有积极和显著的影响；科技创新也对经济增长产生了积极且重要的影响，科技创新水平越高，经济发展空间越大。滞后因变量 GDP_1 也对经济增长有积极而显著的影响。在克强指数方面（表 6-9），模型（1）和模型（2）表明，创业企

业家精神对经济增长的影响积极而不明显，而科技创新对经济增长有积极而显著的影响。此外，滞后因变量 KI_1 也对使用克强指数的经济增长产生了积极而显著的影响。基于 Sys-GMM，表 6-8 中模型（3）和模型（4）表明，创业企业家精神对经济增长具有积极和显著的影响，创业企业家精神的确是经济增长的驱动力。众创主体的科技创新对经济增长产生了积极和重大的影响，其组织科技创新水平越高，经济发展空间越大。其中滞后因变量 GDP_1 也对经济增长产生了积极而重大的影响。而表 6-9 中模型（3）和模型（4）表明创业企业家精神对经济增长的影响积极但不明显，而科技创新对经济增长有积极而显著的影响。滞后因变量 KI_1 对克强指数也有积极而显著的影响。

表 6-8　基于动态面板模型的创业与科技创新对区域经济增长（GDP）的影响

变量	模型（1）Diff-GMM	模型（2）Diff-GMM	模型（3）Sys-GMM	模型（4）Sys-GMM
GDP_1	0.6842***	0.6602***	0.7216***	0.6973***
	(0.0219)	(0.0238)	(0.0067)	(0.0136)
ENT	0.1647***		0.2016***	
	(0.0283)		(0.0092)	
GOVINTD	0.1464***	−0.0731*	0.0280	−0.0592*
	(0.0107)	(0.0427)	(0.0182)	(0.0359)
GOVINSQ	−0.1331***	0.0298	−0.0258*	0.0325
	(0.0075)	(0.0318)	(0.0148)	(0.0312)
EDU	−0.8271***	−0.9240***	−0.1998***	−0.3381***
	(0.0573)	(0.0390)	(0.0443)	(0.0412)
ECOO	0.0165	0.1282***	0.2087***	0.2166***
	(0.0370)	(0.0166)	(0.0082)	(0.0156)
INN		0.0831***		0.1129***
		(0.0080)		(0.0055)
常数			1.2771***	1.6019***
			(0.0612)	(0.0668)
AR（2）	0.152	0.122	0.198	0.197
Sargan 检验	0.298	0.234	0.156	0.119
Hansen 检验	0.291	0.299	0.260	0.261
Hansen 检验的差异	0.266	0.264	0.279	0.272
样本量	234	234	260	260
标识数	26	26	26	26

注：括号内为 t 统计量

***和*分别表示 1%（$p<0.01$）和 10%（$p<0.1$）水平的显著性

表 6-9　基于动态面板模型的创业与科技创新对区域经济增长（**KI**）的影响

变量	模型（1） Diff-GMM	模型（2） Diff-GMM	模型（3） Sys-GMM	模型（4） Sys-GMM
KI_1	0.3396***	0.3513***	0.7791***	0.7325***
	（0.0423）	（0.0362）	（0.0457）	（0.0250）
ENT	0.0384		0.0358	
	（0.0270）		（0.0243）	
GOVINTD	2.7132***	2.6411***	3.5259***	3.2716***
	（0.4348）	（0.4171）	（0.4635）	（0.3668）
GOVINSQ	−2.6086***	−2.6353***	−3.5624***	−3.2713***
	（0.4189）	（0.3945）	（0.4598）	（0.3710）
EDU	−0.9484***	−1.0570***	−0.7184***	−0.8436***
	（0.2880）	（0.1854）	（0.2299）	（0.2233）
ECOO	−1.6748***	−2.0028***	0.4152***	0.5006***
	（0.1671）	（0.1170）	（0.0749）	（0.0869）
INN		0.0528***		0.0676***
		（0.0110）		（0.0105）
常数			0.5915*	0.7901***
			（0.3278）	（0.2736）
AR（2）	0.185	0.200	0.298	0.286
Sargan 检验	0.221	0.181	0.218	0.101
Hansen 检验	0.235	0.205	0.293	0.293
Hansen 检验的差异	0.213	0.231	0.262	0.245
样本量	234	234	260	260
标识数	26	26	26	26

注：括号内为 t 统计量

***和*分别表示 1%（$p<0.01$）和 10%（$p<0.1$）水平的显著性

表 6-10 中 Sys-GMM 动态面板模型（1）～模型（6）的估计值表明创业企业家精神对中部地区的地区生产总值经济增长有积极影响，而在西部和东部地区，创业企业家精神的影响是积极的，但不显著。相比之下，科技创新对利用

地区生产总值衡量的区域经济增长有积极和显著的影响，特别是中部地区具有较高水平。模型中所有区域的滞后因变量估计值对区域经济增长产生积极和显著的影响。表 6-11 Sys-GMM 动态面板模型（1）～模型（6）中创业企业家精神和科技创新对使用克强指数的经济增长的影响表明，创业企业家精神对经济增长的影响是积极的。同样，科技创新对克强指数的影响积极但不明显，西部地区除外，其影响显著。模型中部分区域的滞后因变量估计值对经济增长有积极和显著的影响。而利用后估计动态面板模型检验，为避免 Diff-GMM 和 Sys-GMM 模型中的过度识别问题，利用 Arellano-Bond[AR(2)]对过度识别进行检验，p 值均大于 0.1，估计的模型通过过度识别检验。在 10%显著性水平上不能否定"所有工具变量都有效"的原始假设，Hansen 检验值和 Sargan 检验值大于 0.1，拒绝序列相关性，在 10%显著性水平上不能否定"所有扰动项不自相关"的原始假设，并且估计的模型通过了序列相关检验，说明模型估计结果稳健有效。

表 6-10　基于动态面板模型的创业与科技创新对经济增长（GDP）的区域影响

变量	模型（1）西部	模型（2）西部	模型（3）东部	模型（4）东部	模型（5）中部	模型（6）中部
GDP_1	0.5177	3.2935**	0.9510***	0.7629***	0.8365***	0.8492***
	(0.3988)	(1.3942)	(0.0556)	(0.0489)	(0.0251)	(0.0197)
ENT	0.3538		0.0051		0.1622***	
	(0.2334)		(0.0653)		(0.0437)	
GOVINTD	30.5806	−14.6171**	−3.4445**	−0.1097	0.0430	0.0132
	(21.3865)	(7.1384)	(1.6328)	(0.1986)	(0.0384)	(0.0313)
GOVINSQ	−29.0923	14.4103**	2.9425**	0.1014	−0.0251	−0.0082
	(20.4764)	(7.0216)	(1.3955)	(0.1692)	(0.0377)	(0.0310)
EDU	−2.1881***	−4.9589**	−1.5203**	−0.1555*	−0.4386*	−0.3257
	(0.6840)	(2.2923)	(0.6721)	(0.0880)	(0.2630)	(0.2151)
ECOO	3.5839	3.9419	0.1216	0.1006	0.5078	0.1880
	(3.1286)	(2.9273)	(0.0987)	(0.1101)	(0.3524)	(0.7078)
INN		1.1369*		0.1101***		0.0287*
		(0.6803)		(0.0194)		(0.0156)
常数	1.6197***	−3.0547	2.2532***	1.1389***	1.1034***	1.0387**
	(0.2616)	(2.8645)	(0.7422)	(0.2899)	(0.3431)	(0.4081)

续表

变量	模型（1）西部	模型（2）西部	模型（3）东部	模型（4）东部	模型（5）中部	模型（6）中部
AR(2)	0.259	0.256	0.153	0.109	0.121	0.182
Sargan 检验	0.262	0.549	0.039	0.007	0.574	0.618
Hansen 检验	0.201	0.212	0.205	0.161	0.199	0.132
Hansen 检验的差异	0.266	0.264	0.279	0.172	0.262	0.145
样本量	68	68	90	90	98	98
标识数	7	7	9	9	10	10

注：括号内为 t 统计量

***、**和*分别表示 1%（$p<0.01$）、5%（$p<0.05$）和 10%（$p<0.1$）水平的显著性

表 6-11　基于动态面板模型的创业与科技创新对经济增长（KI）的区域影响

变量	模型（1）西部	模型（2）西部	模型（3）东部	模型（4）东部	模型（5）中部	模型（6）中部
KI_1	0.7000	3.1321*	0.9065***	0.7509**	0.9696*	0.2544
	(0.6098)	(1.7990)	(0.2158)	(0.3069)	(0.5178)	(0.5334)
ENT	0.5116		0.2066		0.0948	
	(1.9517)		(1.3685)		(0.2328)	
GOVINTD	22.1920	−55.7584*	2.4823	2.6920	2.8765	1.0818
	(15.0517)	(31.2612)	(5.0597)	(6.7365)	(1.9540)	(1.9015)
GOVINSQ	−20.4545	53.3343*	−2.6218	−2.8191	−2.9452	−0.9704
	(14.6881)	(30.0068)	(4.4203)	(5.8465)	(1.9465)	(1.9653)
EDU	−1.6420	−16.9243*	1.4946	1.4297	−0.0417	4.9904
	(2.5836)	(9.9581)	(2.3925)	(1.5653)	(2.2651)	(5.2059)
ECOO	0.6295	−32.3013*	0.1819	−0.9555	−0.1022	3.3303
	(5.6352)	(18.0881)	(0.3960)	(3.3634)	(2.4767)	(11.4163)
INN		1.9583*		0.2243		0.2118
		(1.0173)		(0.7939)		(0.3595)
常数	1.7616	31.4753*	−2.3237	−1.1709	−0.1464	−6.0755
	(3.3194)	(17.4150)	(3.5349)	(3.7505)	(3.0182)	(7.5815)
AR(2)	0.218	0.328	0.166	0.264	0.370	0.271
Sargan 检验	0.183	0.105	0.196	0.138	0.103	0.102
Hansen 检验	0.201	0.222	0.175	0.161	0.191	0.124
Hansen 检验的差异	0.206	0.245	0.231	0.172	0.263	0.235
样本量	68	68	90	90	98	98
标识数	7	7	9	9	10	10

注：括号内为 t 统计量

***、**和*分别表示 1%（$p<0.01$）、5%（$p<0.05$）和 10%（$p<0.1$）水平的显著性

五、技术创新决策过程及传递机理分析

（一）技术创新决策过程

根据进化博弈论，当平衡点满足 $\det J > 0$ 和 $\mathrm{tr}\, J < 0$ 时，它是复制动态系统的演化稳定点，相对净支付表达式中的成本参数都大于零。结合预期超额回报和初始成本的比较，可以得出四种情形（表 6-12）。

表 6-12　不同情形下进化博弈均衡点的局部稳定性

均衡点	情形 1			情形 2			情形 3			情形 4		
	$\det J$	$\mathrm{tr}J$	稳定性	$\det J$	$\mathrm{tr}J$	稳定性	$\det J$	$\mathrm{tr}J$	稳定性	$\det J$	$\mathrm{tr}J$	稳定性
$(0, 0)$	+	−	演化稳定点	+	−	演化稳定点	+	−	演化稳定点	+	−	演化稳定点
$(0, 1)$	+	+	不稳定	+	+	不稳定	−	不确定	鞍点	−	不确定	鞍点
$(1, 0)$	+	+	不稳定	−	不确定	鞍点	−	不确定	鞍点	+	+	不稳定
$(1, 1)$	+	−	演化稳定点	−	不确定	鞍点	+	+	不稳定	−	+	鞍点
(α^*, β^*)	−	0	鞍点	+	0	鞍点	−	0	鞍点	+	0	鞍点

由这四种情形下进化博弈平衡点的局部稳定性可得，它们各自的相位图以及不同进化博弈稳定策略和决策过程。如图 6-7（a）所示，进化博弈的稳定策略是 $O(0, 0)$点，$C(1, 1)$点，即长期演化的结果，在这种情形下企业和政府是正回报以及非主动决策，最终将倾向于指向 $O(0, 0)$。也就是说，长期演变的结果是企业和政府都采取非主动行为。

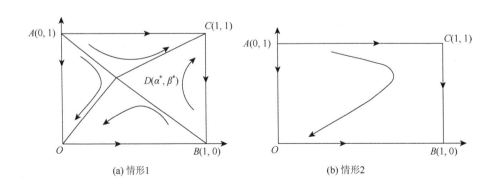

(a) 情形1　　　　　　　　　　　　　　(b) 情形2

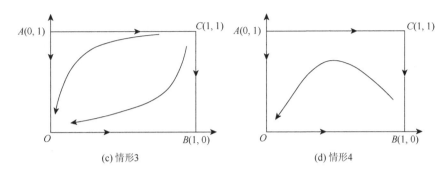

(c) 情形3　　　　　　　　　　　(d) 情形4

图 6-7　情形 1～情形 4 的动态阶段图

情形 1：当 $\Delta W_G - \mathrm{IC}_{OG} > 0$ 且 $\Delta W_E - \mathrm{IC}_{OE} > 0$ 时，点 $O(0, 0)$ 和点 $C(1, 1)$ 是演化稳定点，点 $A(0, 1)$ 和点 $B(1, 0)$ 是不稳定源点。在这种情形下，政府和自组织众创者的行为策略选择过程是：就政府而言，自组织众创者在选择自主创新战略时，政府选择资本政策激励的相对净支付为正；当自组织众创者选择跟随创新时，政府选择资本政策激励的相对净支付是负的。因此，政府的战略选择将受自组织众创者行为策略选择的影响。当自组织众创者倾向于选择自主创新时，政府也会倾向于选择创新资本政策激励；当自组织众创者倾向于选择跟随创新时，政府也会倾向于选择非资本政策激励措施。对其而言，当政府选择创新资本政策激励措施时，选择自主创新的自组织众创者的相对净支付是正的；当政府选择非资本政策激励措施时，自组织众创者选择跟随创新，因为创新性决策将导致相对净支付为负数。自组织众创者的战略选择将基于政府的战略选择。当政府倾向于选择创新的资本政策激励措施时，自组织众创者会选择自主创新；当政府倾向于选择非资本政策激励措施时，自组织众创者就会选择跟随创新。因此，在这种情况下，进化稳定策略是(非资本政策激励, 跟随创新)或(资本政策激励, 自主创新)。

情形 2：当 $\Delta W_G - \mathrm{IC}_{OG} > 0$ 且 $\Delta W_E - \mathrm{IC}_{OE} < 0$ 时，点 $O(0, 0)$ 是演化稳定点，点 $A(0, 1)$ 是不稳定源点。政府决策过程和自组织众创者的行为策略选择将以政府为导向，因为在这种情形下，自组织众创者倾向于选择跟随创新，而政府选择资本政策激励的相对净支付为负数，所以政府往往会选择非资本政策激励。对于自组织众创者来说，无论政府选择创新资本政策激励还是非资本政策激励，自组织众创者在选择自主创新时的相对净支付都是负数。因此，自组织众创者将倾向于选择跟随创新，在这种情况下，进化稳定策略是(非资本政策激励, 跟随创新)。

情形 3：当 $\Delta W_G - \mathrm{IC}_{OG} < 0$ 且 $\Delta W_E - \mathrm{IC}_{OE} < 0$ 时，点 $O(0, 0)$ 是演化稳定点，点 $C(1, 1)$ 是不稳定源点。关于政府和自组织众创者的决策过程，就政府而言，无论自组织众创者选择自主创新还是跟随创新，政府选择创新资本政策激励时相对净支付均为负，因此政府倾向于选择非资本政策激励。对于自组织众创者来说，无

论政府选择创新资本政策激励还是非资本政策激励，自组织众创者选择自主创新的相对净支付都是负数。因此，自组织众创者往往会选择跟随创新，而在这种情形下的进化稳定策略是(非资本政策激励, 跟随创新)。

情形 4：当 $\Delta W_G - \mathrm{IC_{OG}} < 0$ 且 $\Delta W_E - \mathrm{IC_{OE}} > 0$ 时，点 $O(0, 0)$ 是演化稳定点，点 $B(1, 0)$ 是不稳定源点。关于政府和自组织众创者的决策过程，就政府而言，无论自组织众创者选择自主创新还是追随创新，政府选择创新资本政策激励时的相对净支付都是负数，因此政府倾向于选择非资本政策激励措施。对于自组织众创者来说，政府倾向于选择非资本政策激励，而此时，自组织众创者选择自主创新的相对净支付为负数，因此自组织众创者往往会选择跟随创新，在这种情形下的进化稳定策略是(非资本政策激励, 跟随创新)。

（二）技术创新传递机制

众所周知，选择进化博弈均衡点局部稳定性和复制动态阶段可显示自组织众创者和政府在不同情况下的创新行为策略。在情形 1 下，长期演化博弈均衡可能在 O 点或 C 点，折线 ADB 是系统收敛状态的临界线，D 点的位置决定了政府和企业的策略选择最终收敛到 O 点还是 C 点，进化效应变成了阈值效应。当自组织众创者和政府选择落在 $ADBC$ 区域时，他们会选择(资本政策激励, 自主创新)。当 $ADBC$ 面积增加时，则在折线 ADB 处，右上方的动态系统收敛到 C 点，否则当其概率增加时，它会收敛到 O 点。因此，从影响 D 点变动的变量分析中可以得到资本政策激励和非资本政策激励行为策略对企业创新行为选择的传递机制。双边战略选择过程和演变的传导机制如图 6-8 所示。

影响 D 点变动的变量包括三个：初始成本、预期超额回报和风险损失。

1）初始成本的影响

假设其他参数保持不变，α^* 和 β^* 值随着初始成本的降低而减小，并且进化博弈双方的均衡收敛到 C 点的概率增加。因此，通过降低政府和自组织众创者行为策略选择的初始成本，可以实现向稳定点 $C(1, 1)$ 的演变，即政府和自组织众创者预期的超额回报和风险损失相对固定，并且需要双方投入初始成本。程度越低，越倾向于选择稳定均衡的战略(资本政策激励, 自主创新)。自组织众创者选择自主创新战略，降低初始成本，不仅是为了给企业带来更高的经济收益，也是为了整体上更高的经济利润。它还为自组织众创者带来了良好的产品效果，创造了消费者剩余，提高了消费者的忠诚度。对于政府来说，选择积极的行为策略不仅能带来预期的经济效益，还能更好地营造与不断变化的市场条件相适应的政策环境，更有利于自组织众创者。例如，在可持续环境与自主创新的情况下，降低初始成本将有助于政府制定和实施更具创新性的激励措施，并实现预期的政策效果。

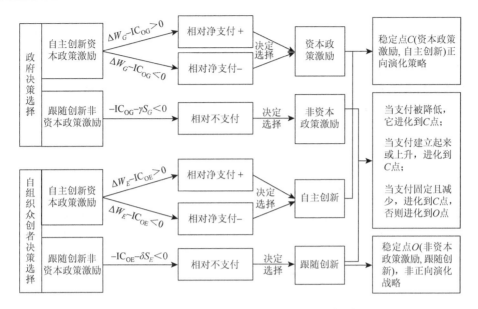

图 6-8 自组织众创行为技术创新的传导机制

2）预期超额回报的影响

假设 α^* 和 β^* 随着超额回报的增加逐渐减少，为了使进化博弈双方的均衡趋于 C 点，应降低 α^* 和 β^* 的值，这可以通过增加自组织众创者和政府的预期超额回报来实现稳定点 $C(1,1)$ 的演变。当自组织众创主体和政府的初始成本和风险损失都确定时，未来预期的超额回报越高，他们就越有可能选择(资本政策激励，自主创新)。自组织众创者在选择自主创新战略时，如果预计超额回报在未来成为现实，将为下一轮创新提供积累，为生产经营提供投入。当政府选择创新资本政策激励策略时，预计超额回报如果实现，将为下一轮政策选择提供路径。然而，在现实中，由于市场的不确定性，自组织众创者和政府都急于选择行为策略，并期望超额回报与市场不确定性可能带来的风险损失挂钩。

3）风险损失的影响

$\dfrac{\partial \alpha^*}{\partial \gamma S_G}$ 和 $\dfrac{\partial \beta^*}{\partial \delta S_E}$ 可以是正数，也可以是负数，不能直接判断，需要比较预期超额回报与初始成本之间的差异。正如上面解释的四种情形一样，这里进一步分析情形 1，其他三种情形将在后面进行解释。当 $\Delta W_G - \mathrm{IC}_{OG} > 0$ 且 $\Delta W_E - \mathrm{IC}_{OE} > 0$，$\dfrac{\partial \alpha^*}{\partial \gamma S_G}$ 与 $\dfrac{\partial \beta^*}{\partial \delta S_E}$ 均为正，即 α^* 和 β^* 随着风险损失的增加而增加，因此进化博弈双方的均衡收敛到 C 点，α^* 和 β^* 的值减小。当自组织众创者和政府的初始成本和预期超额回报及时实现时，可以通过减少自组织众创者和政府行为策略选择造成的

风险损失来实现稳定。越向 $C(1, 1)$ 演进，双方越能更好地控制风险损失，就越倾向于选择积极的行为策略。自组织众创者在选择自主创新战略时，对风险损失的控制是企业创新战略实践的关键，这几乎决定了自组织众创者创新战略的成功与否。政府在选择创新资本政策激励策略时，对风险损失的控制是对市场整体经营效益和企业经营效益的全面评估，这可能为政府未来实施一些创新战略提供重要依据。

（三）技术创新的模拟测试

由于现实中自组织众创者的创新活动统计方面的数据难以比较，传统的测量方法也无法使用，这里采用模拟方法，即利用 Wolfram Mathematica 12.0 模拟上述四种情形，在 α 和 β 的不同初始值下测试了进化的稳定性策略。测试结果代表选择的受试者行为策略发生路径。参考熊彼特循环模型，技术创新将在未来周期中对经济产生积极影响[157]。自组织众创者和政府行为的四种演化路径模拟如图 6-9 所示。

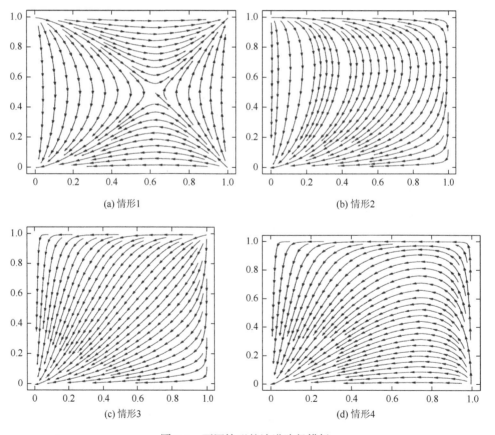

(a) 情形1　　　　　　　　　　　　　　(b) 情形2

(c) 情形3　　　　　　　　　　　　　　(d) 情形4

图 6-9　不同情形的演进路径模拟

首先，自组织众创者和政府都愿意选择积极的行为，但门槛较高，进化稳定策略两极分化，有的倾向于稳定在 $C(1, 1)$点选择积极的行为策略；有的倾向于稳定点 $O(0, 0)$，选择非主动行为，即选择(非资本政策激励, 跟随创新)。在初始阶段，政府有意愿和可能性选择资本政策激励行为策略。然而，由于自组织众创者缺乏自主创新意向，对政府的反馈有相反的预期，导致非积极行为策略的演变，即(非资本政策激励, 跟随创新)。相比之下，在情形 3 中，自组织众创者愿意选择自主创新，但由于缺乏资本政策激励，它们已经演变成非积极的行为策略。情形 4 的演变是自组织众创者和政府选择非积极行为。仿真试验结果表明，上述四种情形中自组织众创者的形成路径和政府行为演化与稳定策略的理论推导及传递机理分析结论一致；实证检验和理论分析也是一致的，这提供了理论解释。

这里就变量值的范围模拟鞍点 $D(\alpha^*, \beta^*)$，三个约束下的仿真结果如图 6-10～图 6-12 所示。即随着初始成本的增加，自组织众创者和政府的门槛都显著增加，限制自组织众创者和政府选择积极行为的门槛越来越高。两个主体之间的差距继续扩大，表明政府的积极意愿更高，阻力更大。只有自组织众创者和政府选择积极行为的意愿超过这个门槛，整个群体才会趋于积极。

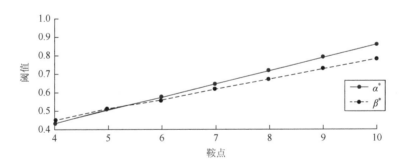

图 6-10　初始成本对阈值的影响

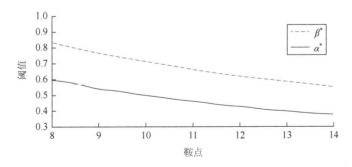

图 6-11　预期超额回报对阈值的影响

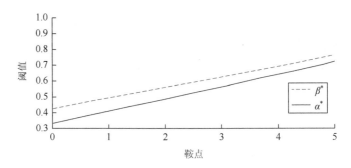

图 6-12　风险损失对阈值的影响

随着预期超额回报的增加，自组织众创者和政府的选择积极行为的意愿明显下降，表明限制自组织众创者和政府选择积极行为的门槛越来越低；当自组织众创者对未来开发的产品有相对准确和积极的期望时，自组织众创者选择自主创新的门槛就会降低。从政府的角度来看也是如此。相反，如果对未来的预期不准确，则对预期超额回报的估计过于悲观，会导致选择积极行为的门槛较高。

随着风险损失的增加，限制自组织众创者和政府选择积极行为的门槛越来越高。同时，两者之间的门槛差距也在缩小，这表明风险损失的增加使得两者的选择趋于相同，表明自组织众创者和政府在面对创新风险损失时往往会趋于一致。只有当自组织众创者和政府选择积极行为时，意愿才会高于阈值，表明自组织众创者和政府愿意承担高风险损失，进化稳定策略将面向积极行为。

仿真测试结果表明，初始成本增加、预期超额回报和风险损失对鞍点 D 的轨迹有显著影响，使得进化稳定策略的阈值趋于显著增加，表明政府和自组织众创者选择积极行为增加的阈值和阻力增加的阈值范围。这一结论进一步验证了上述对初始成本、预期超额回报和风险损失对进化稳定策略形成的理论推导与传导机制的理论分析，为政策形成提供了理论和实证依据。

（四）研究发现与讨论

由上，自组织众创对整个地区生产总值经济增长有直接影响，其重要性不仅在于明确政府针对创业类政策的举措核心——形成对创业企业家精神及态度的尊重和鼓励，更在于促进新商业机会的发展，这是促进优势竞争力建立和持续不断的内在动力，同样这有利于加速经济增长和改善职业结构、供给更多就业发展机会。自组织众创对促进工业发展和提振经济关键作用的重要源泉在于促进了行业的技术创新或提高产出效率，结合价值链知识，其在研发、发展、维护、延伸、再造等方面促成了经济发展的重要驱动力。例如，因社会推崇自组织众创，即呈现出的开放态度，技术引进改造，自主研发等技术吸收、模仿和更新不仅提高了劳动力替代率，还有效降低了成本、延长了生命力，更有利于控制技术带来的各类风险。在自组织众创主体的自主创新行为选择和资本政策激励传导机制方面，首先，其选择过程是双方的动机与周期性互动行为相互作用、不断适应和协同的动态演进博弈的结果。在信息不完全、有限理性的情况下，政府和自组织众创主体都需要不断学习和训练，进而调整策略来提高双边利益，并依据对方的行为策略和相应的初始成本结合预期超额回报与风险损失再采取实际可行的促进行动。其次，进化稳定战略的形成过程表明，政府与众创组织行为相互作用、相互依存，需要形成战略选择的双向一致性，积极的双向效应通常还产生逆向的积极影响。但是，如果政府行为策略选择的出发点是基于自身相对净支付的考虑，则可能导致相悖效果，从而导致政府逆向行为决策，即自组织众创采取跟随创新行为，政府不愿意采取资本政策激励行为，导致结果相悖，即负面反馈将不利于预期的政策效果，产生扭曲市场的作用或有助于新目标下的寻租行为，使结果与政策初衷背道而驰。因此，政府不仅需要考虑博弈优势与创业者利益兼备的问题，还要帮助自组织众创主体提高相对净支付水平，再做出适当的政策激励。最后，传导机制的理论分析和模拟测试表明，政府行为对自组织众创主体选择创新战略的意愿具有正反两方面的强化。积极的政策激励环境促成正反馈，激励自组织众创主体的自主创新意愿或行为，非正向政策环境的负面反馈强化自组织众创主体的观望或消极行为。在选择行为策略的过程中，自组织众创主体面临初始成本高、风险高、收益或收益增加的不确定性等情况，这也是创业创新行为路径的主要障碍。自主创新演进稳定战略的形成，是在特定创新政策环境下初始成本减少、风险损失降低和收入提升的结果，这三个方面的影响不是独立的，而是相互联系、相互作用并交织影响的。这是针对自组织众创主体和政府行为决策的关注重点。

另外，不同地区存在资源要素和环境禀赋条件的差异，这会明显影响政府和自组织众创主体对创业创新投入的初始成本、收益甚至不确定性的预期应对。当区域的客观环境禀赋条件有利于降低选择积极创业创新策略的意愿门槛时，双方就更倾向于选择且强化这一策略，尤其是依赖"自主"行为获得进化为稳态的利益的资本政策激励；当该地区面临初始成本高、创新收入预期缺口较大、利益不确定性大等高风险或显性损失的压力时，双方选择积极策略意愿的门槛将在一定程度上抑制积极行为的采纳，即政府的资本政策激励适得其反或相左；当资源或环境禀赋有限与创新创业投入的负反馈相互作用发生时，会导致双方更倾向于选择非正行为策略，自组织众创主体的动机和动力都将减弱，宁愿采用等待、观望甚至后退等行为策略。这在一定程度上加剧同质竞争或一哄而散，同时降低资源最大化的社会效用。

但本书对现实中多种复杂因素仍无法一并考虑。例如，限制性较多的自组织众创主体选择策略时对市场基本要素和不确定要素缺乏考虑，如行业周期、政治风险、逆向选择和道德风险、交易成本、权力内部化、创新的外部性和成本的内部性等，无疑会使自组织众创主体的"个体"成本从初始之时即大于社会同业创业平均成本，可能导致一些创业机遇在市场中被淹没从而强化市场结构的不完善程度，或者导致更显著的不公平竞争或制度寻租腐败等行为，而这些累加形成的难题并不完全在政府制度策略范围内，它们事实上并不独立于双边的策略选择，并且在推动自组织众创者政策的实施方面，不同地区之间的差异相对较大。

第四节　自组织众创＋普惠金融对区域经济增长的影响

自组织众创活动＋普惠金融对区域经济增长有显著影响，主要来自普惠金融配置金融资源的平衡性、协调性、包容性的影响，其对自组织众创的积极作用体现在提供专属的金融产品和服务、降低融资成本和风险，以及解决信用信息不足、抵押物缺乏等问题，旨在增强其竞争力和生存能力，尤其数字普惠金融利用大数据、云计算、人工智能等大幅提高自组织众创的服务效率与利益水平。

在发达商业竞争的阶段，普惠金融与科技创新的价值相同，自组织众创活动的竞争力如若很难因此获得"长板"要素，则恰恰如竞争"木桶"的短板，竞争力缺乏即会导致竞争弱化或消减；强化创新主体地位选择仍然是对独特性创业创新资源的集聚与动力的可持续，同时在一定范围内协同创新并实现互惠，进而达成共享和资源优化配置，形成深度融合的领域性专有体系。这里涉及东、中、西部不同区域的自组织众创样本，东部地区包括江苏、安徽、浙江、山东等样本；中部区域包括河南、湖北、湖南、江西等样本；西部地区包括重庆、四川、贵州、陕西、云南等样本。

一、自组织众创与普惠金融发展指数对区域经济增长的概念模型

这里构建概念模型如图 6-13 所示，并提出如下假设。

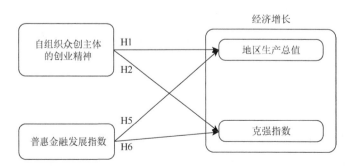

图 6-13　自组织众创、普惠金融发展指数与经济增长的概念模型

H1：自组织众创主体的创业精神利用地区生产总值对经济增长产生积极影响。

H2：自组织众创主体的创业精神使用克强指数对经济增长产生积极影响。

H5：普惠金融发展指数利用地区生产总值对经济增长产生积极影响。

H6：普惠金融发展指数使用克强指数对经济增长产生积极影响。

自组织众创、普惠金融发展指数对区域经济增长影响的概念框架见图6-14。

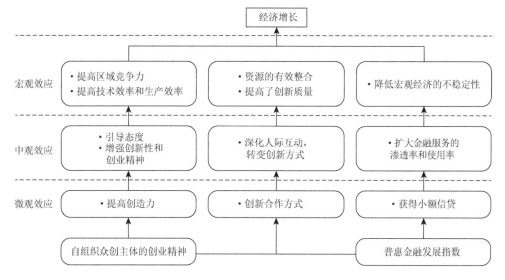

图 6-14 自组织众创、普惠金融发展指数对区域经济增长影响的概念框架

二、模型构建

如前，众创主体的创业企业家精神体现其劳动特征；普惠金融发展指数体现政府对众创的重视及实际支持力度；地区生产总值和克强指数都代表了区域经济增长水平。这里，依据概念模型，将静态面板数据的非滞后变量与 GDP 和 KI 的一阶滞后变量相结合，构建了静态面板模型以及动态面板模型，如下所示。

静态面板模型方程：

$$\text{GDP}_{i,t} = \alpha_0 + \alpha_1 \text{ENT}_{i,t} + \alpha_2 \text{IFDI}_{i,t} + \alpha_3 \text{GOVINTD}_{i,t} + \alpha_4 \text{GOVINSQ}_{i,t} \\ + \alpha_5 \text{EDU}_{i,t} + \alpha_6 \text{ECOO}_{i,t} + \varepsilon_{i,t} \quad (6\text{-}29)$$

$$\text{KI}_{i,t} = \alpha_0 + \alpha_1 \text{ENT}_{i,t} + \alpha_2 \text{IFDI}_{i,t} + \alpha_3 \text{GOVINTD}_{i,t} + \alpha_4 \text{GOVINSQ}_{i,t} \\ + \alpha_5 \text{EDU}_{i,t} + \alpha_6 \text{ECOO}_{i,t} + \varepsilon_{i,t} \quad (6\text{-}30)$$

动态面板线性效应模型方程：

$$\begin{aligned} \mathrm{GDP}_{i,t} = {} & \alpha_0 + \alpha_1 \mathrm{GDP}_{i,t-1} + \alpha_2 \mathrm{ENT}_{i,t} + \alpha_3 \mathrm{IFDI}_{i,t} + \alpha_4 \mathrm{GOVINTD}_{i,t} \\ & + \alpha_5 \mathrm{GOVINSQ}_{i,t} + \alpha_6 \mathrm{EDU}_{i,t} + \alpha_7 \mathrm{ECOO}_{i,t} + \varepsilon_{i,t} \end{aligned} \tag{6-31}$$

$$\begin{aligned} \mathrm{KI}_{i,t} = {} & \alpha_0 + \alpha_1 \mathrm{KI}_{i,t-1} + \alpha_2 \mathrm{ENT}_{i,t} + \alpha_3 \mathrm{IFDI}_{i,t} + \alpha_4 \mathrm{GOVINTD}_{i,t} \\ & + \alpha_5 \mathrm{GOVINSQ}_{i,t} + \alpha_6 \mathrm{EDU}_{i,t} + \alpha_7 \mathrm{ECOO}_{i,t} + \varepsilon_{i,t} \end{aligned} \tag{6-32}$$

动态面板非线性效应模型方程：

$$\begin{aligned} \mathrm{GDP}_{i,t} = {} & \alpha_0 + \alpha_1 \mathrm{GDP}_{i,t-1} + \alpha_2 \mathrm{ENT}_{i,t} + \alpha_3 \mathrm{IFDI}_{i,t} + \alpha_4 \mathrm{ENT}_{i,t}^2 \\ & + \alpha_5 \mathrm{IFDI}_{i,t}^2 + \alpha_6 \mathrm{GOVINTD}_{i,t} + \alpha_7 \mathrm{GOVINSQ}_{i,t} + \alpha_8 \mathrm{EDU}_{i,t} \\ & + \alpha_9 \mathrm{ECOO}_{i,t} + \varepsilon_{i,t} \end{aligned} \tag{6-33}$$

$$\begin{aligned} \mathrm{KI}_{i,t} = {} & \alpha_0 + \alpha_1 \mathrm{KI}_{i,t-1} + \alpha_2 \mathrm{ENT}_{i,t} + \alpha_3 \mathrm{IFDI}_{i,t} + \alpha_4 \mathrm{ENT}_{i,t}^2 \\ & + \alpha_5 \mathrm{IFDI}_{i,t}^2 + \alpha_6 \mathrm{GOVINTD}_{i,t} + \alpha_7 \mathrm{GOVINSQ}_{i,t} + \alpha_8 \mathrm{EDU}_{i,t} \\ & + \alpha_9 \mathrm{ECOO}_{i,t} + \varepsilon_{i,t} \end{aligned} \tag{6-34}$$

动态面板协同效应模型方程：

$$\begin{aligned} \mathrm{GDP}_{i,t} = {} & \alpha_0 + \alpha_1 \mathrm{GDP}_{i,t-1} + \alpha_2 \mathrm{ENT}_{i,t} + \alpha_3 \mathrm{ENT} \times \mathrm{IFDI}_{i,t} \\ & + \alpha_4 \mathrm{GOVINTD}_{i,t} + \alpha_5 \mathrm{GOVINSQ}_{i,t} + \alpha_6 \mathrm{EDU}_{i,t} \\ & + \alpha_7 \mathrm{ECOO}_{i,t} + \varepsilon_{i,t} \end{aligned} \tag{6-35}$$

$$\begin{aligned} \mathrm{KI}_{i,t} = {} & \alpha_0 + \alpha_1 \mathrm{KI}_{i,t-1} + \alpha_2 \mathrm{ENT}_{i,t} + \alpha_3 \mathrm{ENT} \times \mathrm{IFDI}_{i,t} \\ & + \alpha_4 \mathrm{GOVINTD}_{i,t} + \alpha_5 \mathrm{GOVINSQ}_{i,t} + \alpha_6 \mathrm{EDU}_{i,t} \\ & + \alpha_7 \mathrm{ECOO}_{i,t} + \varepsilon_{i,t} \end{aligned} \tag{6-36}$$

式中，因变量为地区生产总值 $\mathrm{GDP}_{i,t}$ 和克强指数 $\mathrm{KI}_{i,t}$；$\mathrm{GDP}_{i,t}$ 以 t 年 i 省/市的人均地区生产总值对数来衡量；$\mathrm{KI}_{i,t}$ 通过计算三个分项指标来衡量，包括工业用电量、铁路货运量和 t 年 i 省/市的银行中长期贷款余额；自变量 $\mathrm{ENT}_{i,t}$ 表示创业水平，并以 t 年 i 省/市的私营企业的自主创业率来衡量。

普惠金融发展指数水平，以普惠金融发展指数计算，基于 t 年 i 省/市金融服务的地理渗透率、效用和负担能力三个方面构建。控制变量：$\mathrm{GOVINTD}_{i,t}$ 代表政府干预程度，并以政府财政支出对数占地区生产总值的比例来衡量，表示 t 年 i 省/市政府对经济发展的干预程度；$\mathrm{GOVINSQ}_{i,t}$ 代表除去教育和科技支出占地区生产总值比例后，以政府财政支出对数衡量的政府机构质量，表示 t 年 i 省/市执行政府系统的质量；$\mathrm{EDU}_{i,t}$ 表示通过 t 年 i 省/市在校大学学生人数的对数测量的教育水平；$\mathrm{ECOO}_{i,t}$ 表示经济开放水平，是通过 t 年 i 省/市的总进出口总额与地区生产总值的比例的对数来衡量的。对于动态面板建模，$\mathrm{GDP}_{i,t-1}$ 和 $\mathrm{KI}_{i,t-1}$ 是第一阶滞后变量，$\alpha_j (j = 0, 1, \cdots, 6)$ 表示系数，$\varepsilon_{i,t}$ 是 t 年 i 省/市的误差项。

式（6-29）、式（6-30）表示静态面板数据建模，式（6-31）、式（6-32）表示线性动态面板数据建模，均是使用地区生产总值和克强指数确定自组织众创和普惠金融发展对经济增长的影响。式（6-33）、式（6-34）表示非线性动态面板数据建模，即使用地区生产总值和克强指数确定自组织众创和普惠金融发展对经济增长的影响；式（6-35）、式（6-36）是使用地区生产总值和克强指数确定自组织众创和普惠金融发展对经济增长影响的协同效应动态面板数据建模，呈现了加速现象；模型结果表明创业精神和普惠金融发展指数对区域经济增长产生影响。

三、静态面板数据建模

利用混合 OLS 模型，得到创业企业家精神和普惠金融发展指数对经济增长影响的实证结果（表 6-13），模型（1）和模型（4）表明，创业企业家精神是经济增长的驱动力，支持交易成本理论认为普惠金融发展指数越高越有利于经济增长。克强指数方面表明，创业企业家精神对经济增长有积极而不显著的影响，而普惠金融发展指数对经济增长有积极而显著的影响，普惠金融发展指数水平越高，符合我国发展目标的经济增长率就越高。

表 6-13　创业与普惠金融发展指数对区域经济增长的影响

变量	DV = GDP			DV = KI		
	模型（1）	模型（2）	模型（3）	模型（4）	模型（5）	模型（6）
	OLS	RE	FE	OLS	RE	FE
ENT	0.5183***	0.5643***	0.5605***	0.1883	0.5484***	0.5698***
	(0.0945)	(0.0401)	(0.0398)	(0.2059)	(0.1831)	(0.1949)
IFDI	1.1020***	1.0506***	1.1005***	1.9632***	3.3080***	2.8418***
	(0.1874)	(0.1369)	(0.1566)	(0.4080)	(0.5147)	(0.7670)
GOVINTD	0.0419	−0.0252	−0.0304	−0.5700	−0.1834	−0.0281
	(0.2163)	(0.0814)	(0.0786)	(0.4709)	(0.3872)	(0.3850)
GOVINSQ	−0.0690	0.0217	0.0272	0.5355	0.1533	0.0033
	(0.2148)	(0.0809)	(0.0781)	(0.4676)	(0.3846)	(0.3823)
EDU	0.2121	0.2154**	0.2298**	−1.5948***	−1.4821***	−1.6699***
	(0.1336)	(0.1056)	(0.1083)	(0.2909)	(0.4229)	(0.5303)
ECOO	0.1796***	0.2493***	0.2819***	0.3033**	−0.2197	−0.9163**
	(0.0629)	(0.0598)	(0.0731)	(0.1370)	(0.1985)	(0.3580)

变量	DV = GDP			DV = KI		
	模型（1）	模型（2）	模型（3）	模型（4）	模型（5）	模型（6）
	OLS	RE	FE	OLS	RE	FE
常数	3.3378***	3.3161***	3.2780***	2.3418***	2.1814***	2.7530***
	(0.1501)	(0.1331)	(0.1383)	(0.3269)	(0.4843)	(0.6772)
样本量	286	286	286	286	286	286
R^2	0.4537		0.7430	0.1666		0.1903
F 检验	38.62***			9.29***		
White 检验	2.62**			2.62**		
Cumby-Huizinga 检验	213.997***			210.484***		
Wald 检验		621.65***	621.65***		1954.35***	1954.35***
Wooldridge F 检验		3.553***	3.553***		52.443***	52.443***
Pesaran 检验		29.385***	29.113***		6.424***	6.556***
标识数		26	26		26	26

注：括号内为 t 统计量，DV：dependent variable，因变量

***和**分别表示 1%（$p<0.01$）和 5%（$P<0.05$）水平的显著性

　　通过 RE 模型得知，模型（2）和模型（5）中使用地区生产总值和克强指数衡量创业企业家精神与普惠金融发展指数对经济增长影响的实证结果表明，创业企业家精神和普惠金融发展指数都对经济增长产生了积极和重大的影响；而更高水平的普惠金融发展指数将促成传统经济发展和区域发展的加速增长。利用 FE 模型的模型（3）和模型（6）中创业企业家精神和普惠金融发展指数对经济增长影响的实证结果表明，静态面板模型中使用地区生产总值时创业企业家精神对经济增长的重大影响更小，克强指数对于形成普惠金融发展的重大影响更为明显。静态面板模型（1）和模型（4）利用 White 检验验证混合 OLS 模型的异方差性；模型（1）和模型（4）执行 Cumby-Huizinga 检验混合 OLS 模型是否存在自相关；执行 Wooldridge F 串行相关性检验验证序列相关性。模型（2）～模型（6）利用 Pesaran 检验估计 RE 和 FE 模型组间的横截面依赖性和并发相关性，利用 Wald 检验 RE 和 FE 模型是否存在组间异方差性。

四、动态面板数据建模

　　由混合 OLS 模型的异方差和自相关检验发现，存在需要处理的异方差性和自

相关性；RE 和 FE 回归模型分别检验的异方差性、序列相关性和自相关测试中，也存在需要处理的组间异方差性、组间序列相关性和自相关。而采用动态面板模型可以解决现有数据中的异方差性、序列相关性和自相关问题。其中 Sys-GMM 比 Diff-GMM 更有优势。

（一）线性效应的 Sys-GMM

通过执行动态面板数据 Sys-GMM 回归来检验假设，表 6-14 模型（1）和模式（2）中创业企业家精神和普惠金融发展指数对经济增长影响的实证结果表明：创业企业家精神对经济增长具有积极和显著的影响；同时，普惠金融发展指数对地区生产总值发挥积极而重大的影响；其水平越高，经济发展和扩张的空间就越大；而且这里滞后因变量 GDP_1 也对经济增长产生了积极而重大的影响。在以克强指数为因变量的模型中（表 6-15），模型（1）和模型（2）中创业企业家精神和普惠金融发展指数对经济增长影响的实证结果表明，创业企业家精神和普惠金融发展指数均对经济增长产生积极而显著的影响；滞后因变量 KI_1 也对经济增长产生积极而重大的影响。

表 6-14　基于动态面板模型的创业和普惠金融发展指数对经济增长（GDP）的影响

变量	模型（1）	模型（2）	模型（3）	模型（4）	模型（5）	模型（6）
GDP_1	0.4755***	0.5818***	0.5048***	0.5374***	0.4675***	0.6262***
	(0.0200)	(0.0137)	(0.0168)	(0.0183)	(0.0221)	(0.0111)
ENT	0.2275***	0.2143***	0.2212***	0.1985***	0.3015***	0.1217***
	(0.0162)	(0.0165)	(0.0467)	(0.0218)	(0.0582)	(0.0208)
IFDI	0.8516***	0.4338***	0.4532***	1.7038***	1.7804***	
	(0.1095)	(0.0457)	(0.0678)	(0.1611)	(0.2114)	
GOVINTD		0.0474***	−0.0129	0.0344	−0.0452**	0.0373
		(0.0135)	(0.0389)	(0.0286)	(0.0227)	(0.0234)
GOVINSQ		−0.0501***	0.0041	−0.0382*	0.0346	−0.0386*
		(0.0120)	(0.0348)	(0.0224)	(0.0225)	(0.0228)
EDU		−0.2724***	−0.3246***	−0.3009***	−0.4595***	−0.2389***
		(0.0432)	(0.0767)	(0.0528)	(0.1154)	(0.0402)
ECOO		0.2085***	0.2649***	0.1604***	0.2361***	0.2194***
		(0.0130)	(0.0220)	(0.0215)	(0.0345)	(0.0146)
ENT^2			0.6366***		0.6925***	
			(0.0632)		(0.0723)	

续表

变量	模型（1）	模型（2）	模型（3）	模型（4）	模型（5）	模型（6）
$IFDI^2$				1.5994***	1.6659***	
				(0.2375)	(0.2506)	
ENT×IFDI						0.4597***
						(0.0619)
常数	1.8933***	1.8245***	2.2248***	1.8747***	2.3875***	1.6946***
	(0.0733)	(0.0771)	(0.0835)	(0.0815)	(0.1279)	(0.0661)
AR(2)	0.232	0.229	0.287	0.259	0.342	0.212
Sargan 检验	0.102	0.293	0.274	0.146	0.116	0.318
Hansen 检验	0.001	0.263	0.169	0.231	0.287	0.262
Hansen 检验的差异	0.012	0.204	0.132	0.211	0.266	0.243
样本量	260	260	260	260	260	260
标识数	26	26	26	26	26	26

注：括号内为 t 统计量

***、**和*分别表示 1%（$p<0.01$）、5%（$p<0.05$）和 10%（$p<0.1$）水平的显著性

表 6-15　基于动态面板模型的创业和普惠金融发展指数对经济增长（KI）的影响

变量	模型（1）	模型（2）	模型（3）	模型（4）	模型（5）	模型（6）
KI_1	3.0168***	0.6840***	0.6712***	0.7111***	0.6710***	0.6918***
	(0.7951)	(0.0498)	(0.0527)	(0.0515)	(0.0485)	(0.0427)
ENT	1.1238***	0.2555***	0.9873***	0.2303**	0.8671**	0.4675***
	(0.4044)	(0.0510)	(0.4100)	(0.1086)	(0.4230)	(0.0644)
IFDI	4.8947***	1.3213***	1.5583***	1.4564	1.6274	
	(1.3614)	(0.2090)	(0.2698)	(1.2496)	(1.4789)	
GOVINTD		3.5464***	3.6022***	3.8012***	3.6978***	3.3769***
		(0.4273)	(0.4802)	(0.5604)	(0.4978)	(0.4005)
GOVINSQ		−3.6007***	−3.6615***	−3.8522***	−3.7346***	−3.4283***
		(0.4209)	(0.4797)	(0.5497)	(0.4839)	(0.4018)
EDU		−1.5849***	−1.4417***	−1.3855**	−1.1837*	−1.3291***
		(0.2494)	(0.2599)	(0.5736)	(0.6343)	(0.2245)
ECOO		0.3054***	0.1297	0.2670***	0.1281	0.3857***
		(0.0636)	(0.1364)	(0.0712)	(0.1333)	(0.0714)
ENT^2			1.6761***		1.4285**	
			(0.5670)		(0.5966)	

变量	模型（1）	模型（2）	模型（3）	模型（4）	模型（5）	模型（6）
IFDI^2				0.3006	0.1167	
				(1.5632)	(1.7743)	
ENT×IFDI						1.5501***
						(0.1428)
常数	9.7865***	1.5424***	1.2316***	1.2466**	0.8977	1.4570***
	(2.9074)	(0.3334)	(0.3561)	(0.5961)	(0.6223)	(0.3240)
AR(2)	0.276	0.241	0.115	0.384	0.326	0.241
Sargan 检验	0.113	0.232	0.145	0.306	0.313	0.216
Hansen 检验	0.123	0.291	0.194	0.293	0.194	0.292
Hansen 检验的差异	0.136	0.202	0.212	0.265	0.118	0.301
样本量	260	260	260	260	260	260
标识数	26	26	26	26	26	26

注：括号内为 t 统计量

***、**和*分别表示 1%（$p<0.01$）、5%（$p<0.05$）和 10%（$p<0.1$）水平的显著性

（二）非线性效应的 Sys-GMM

通过执行动态面板数据 Sys-GMM 回归进行检验，表 6-14 模型（3）～模型（5）引入自变量的平方项（包括创业企业家精神的平方项和普惠金融发展指数的平方项）解释创业企业家精神和普惠金融发展指数对经济增长的影响，实证结果表明，创业企业家精神和创业企业家精神的平方均对经济增长具有积极和显著的影响，其重要性为 1%；加上平方项后，创业企业家精神对经济增长有积极影响，效果呈"U"形。另外，普惠金融发展指数和普惠金融发展指数的平方均对经济增长产生积极影响，重要性为 1%；加上平方项后，普惠金融发展指数对经济增长有积极影响，效果呈"U"形；普惠金融发展指数水平越高，经济发展和扩张的空间越大。当同时考虑创业企业家精神和普惠金融发展指数的非线性效应时，创业和普惠金融发展指数的效果在 1%的显著性水平上得到积极改善，表明具有更强的积极促进作用。

表 6-15 中针对克强指数的模型（3）～模型（5）通过引入自变量的平方项（包括创业企业家精神的平方项和普惠金融发展指数的平方项）显示了使用克强指数的创业企业家精神和普惠金融发展指数对经济增长的影响，实证结果表明，创业企业家精神和创业企业家精神的平方也对经济增长具有积极和显著的影响，达到 5%的显著性水平。当再加上平方项后，使用克强指数的创业企

业家精神对经济增长具有积极影响，效果呈"U"形。而普惠金融发展指数及其平方项对克强指数表示的经济增长有积极而不明显的影响，呈非"U"形效果。滞后因变量 KI_1 对经济增长具有积极和重大的影响。

（三）协同效应的 Sys-GMM

通过执行动态面板数据 Sys-GMM 来检验创业企业家精神和普惠金融发展的协同效应。表 6-14 模型（6）表明在创业企业家精神和普惠金融发展指数对经济增长的影响中，地区生产总值与普惠金融发展指数有协同效应；创业企业家精神对经济增长具有积极和重大的影响；通过纳入创业企业家精神和普惠金融发展指数的相互作用，协同效应在 1% 的显著性水平上对经济增长产生了积极和显著的影响，即在创业企业家精神与普惠金融发展指数的协同作用下，创业企业家精神对经济增长的影响确实高于线性和非线性效应。这表明创业创业家精神与普惠金融发展指数之间的协同作用使得创业企业家精神不仅变得更加强大，而且在促进区域经济发展方面发挥了相应的作用，也获得了更多的普惠金融成效。表 6-15 模型（6）显示克强指数与普惠金融发展指数的相互作用效应，印证创业企业家精神对经济增长影响的实证效果，表明创业企业家精神对经济增长具有积极和重大影响。将创业企业家精神与普惠金融发展指数的交互变量纳入模型中，在 1% 显著性水平上，协同效应对经济增长具有积极和显著的影响，即在创业企业家精神与普惠金融发展指数的协同作用下，使用克强指数衡量的创业企业家精神对经济增长的影响确实高于线性和非线性效应，这种协同作用使创业企业家精神变得更强，也促进区域经济发展，并给普惠金融带来更多益处。其模型滞后因变量 KI_1 对克强指数的增长产生了积极而显著的影响。

（四）带区域效应的 Sys-GMM

在利用 Sys-GMM 动态面板模型估计的模型（1）～模型（3）中（表 6-16），东、中、西部三个地区的自组织众创活动产生的地区生产总值对经济增长有积极影响，中部地区其重要性水平为 1%，表明中部地区创业企业的更高创造水平拥有更高的经济增长转化率。同时，普惠金融发展指数对中部地区区域经济增长的重要性达到 10%。结合表 6-17，模型中滞后因变量对所有区域的经济增长具有积极和显著的影响。表 6-17 中，Sys-GMM 动态面板模型（1）～模型（3）表明以克强指数作为因变量的创业企业家精神和普惠金融发展指数对经济增长的影响是积极而不明显的。因此，用人均地区生产总值衡量的区域经济增长更适合于评估上述情况下的经济发展水平。

表 6-16 基于动态面板模型的创业和普惠金融发展指数对经济增长（GDP）的区域影响

变量	模型（1）西部	模型（2）东部	模型（3）中部
GDP_1	0.0940	0.8204***	0.7042***
	（0.7968）	（0.0347）	（0.0860）
ENT	0.5412	0.0399	0.1486***
	（0.7328）	（0.0696）	（0.0443）
IFDI	2.3225	0.2663	0.3671*
	（2.0407）	（0.1706）	（0.2132）
GOVINTD	0.0000	0.0536	0.0731
	（0.0000）	（0.1295）	（0.0447）
GOVINSQ	−0.3051	−0.0531	−0.0598
	（0.6644）	（0.1152）	（0.0466）
EDU	−0.5619	−0.2277	−0.8927**
	（0.9802）	（0.2193）	（0.4218）
ECOO	3.0091	0.1215	−0.0578
	（2.8654）	（0.1592）	（0.5232）
常数	3.4835**	0.9439***	2.2228***
	（1.4198）	（0.2588）	（0.8365）
AR(2)	0.286	0.106	0.262
Sargan 检验	0.252	0.115	0.296
Hansen 检验	0.241	0.115	0.132
Hansen 检验的差异	0.215	0.128	0.181
样本量	68	90	98
标识数	7	9	10

注：括号内为 t 统计量
***、**和*分别表示 1%（$p<0.01$）、5%（$p<0.05$）和 10%（$p<0.1$）水平的显著性

表 6-17 基于动态面板模型的创业与普惠金融发展指数对经济增长（KI）的区域影响

变量	模型（1）西部	模型（2）东部	模型（3）中部
KI_1	1.6662	0.7565***	0.9622
	（1.1446）	（0.2333）	（0.6095）
ENT	0.2071	1.5959	0.2058
	（1.6276）	（2.9810）	（0.6170）

续表

变量	模型（1）	模型（2）	模型（3）
	西部	东部	中部
IFDI	1.2900	3.5724	1.1966
	(1.9365)	(3.8010)	(3.1159)
GOVINTD	0.0000	−0.9738	2.4817*
	(0.0000)	(7.1810)	(1.3331)
GOVINSQ	1.3139*	0.3952	−2.6544**
	(0.7104)	(6.2724)	(1.3075)
EDU	−5.7891	2.5073	3.2969
	(4.1941)	(3.6711)	(4.6209)
ECOO	−14.3193	0.5203	−1.8787
	(15.1410)	(0.8101)	(4.7129)
常数	11.0959	−3.6905	−3.9733
	(7.0265)	(5.4095)	(5.1060)
AR(2)	0.189	0.184	0.691
Sargan 检验	0.167	0.141	0.102
Hansen 检验	0.148	0.164	0.342
Hansen 检验的差异	0.150	0.159	0.271
样本量	68	90	98
标识数	7	9	10

注：括号内为 t 统计量

***、**和*分别表示 1%（$p<0.01$）、5%（$p<0.05$）和 10%（$p<0.1$）水平的显著性

（五）估计后动态面板模型检验

基于 Sys-GMM 模型对 Arellano-Bond p 值过度识别进行了检验。针对地区生产总值和克强指数模型的创业企业家精神和普惠金融发展指数对经济增长的影响，模型（1）～模型（6）以及相应模型（1）～模型（3）中表明的 Arellano-Bond p 值否定了过度识别的问题，即在 10%显著性水平上不能否定"所有工具变量都有效"的原始假设，估计的模型通过过度识别检验。故 Sys-GMM 的估计结果是有效的。

Hansen 检验验证了 Sys-GMM 模型（1）～模型（6）以及相应模型（1）～模型（3）中的序列相关性问题，其 Hansen 检验值部分大于 0.1，拒绝序列相关，即在 10%的显著性水平上不能否定"所有扰动项不自相关"的原始假设，估计的模

型通过了序列相关检验，故 Sys-GMM 的估计结果是有效的。在 Sys-GMM 模型中，Hansen 检验了外生性差异，见表模型（1）～模型（6）以及相应模型（1）～模型（3），Hansen 检验 p 值都大于 0.1，拒绝了外生性和无效工具的问题，即原始假设不能在 10%显著性水平上被否定，并且估计的模型通过了有效仪器的外源性检验。故模型估计结果是有效的。

五、样本研究发现

创业企业家精神和普惠金融发展指数对自组织众创有重要影响，尤其在创业精神、地理渗透性、效用性和可负担等几方面密切关联；在考虑政府干预、政府制度质量、教育和经济开放等因素的条件下，普惠金融发展指数和创业企业家精神的效果明显提高。从表 6-16 中，模型（1）～模型（3）的结果发现东部和西部地区的普惠金融发展（研究中以指数表示）正在显著改善本区域经济状况。然而，使用克强指数的创业企业家精神和普惠金融发展对经济增长的影响是积极的，但不明显。事实上，普惠金融在西部地区的推进效果最大，而中部地区的普惠金融则阻碍了以地区生产总值为基础的区域经济发展，尤其是自组织众创主体的创业精神在三类区域中都对促进区域经济发展（以地区生产总值表示的）发挥着重要作用，中部地区的普惠金融具有最明显的促进效果，而东部地区普惠金融的影响接近西部地区；中部地区的普惠金融增长存在对经济活动有不利影响的可能性，原因是中部地区的实际情况：广泛且大量的农村人口对自组织众创本身、活力循环、流动性、环境等方面的形成还存在一定阻碍；在产业结构开放性方面不如东部，人才资源成本等不如西部低等，这严重抑制了该区域的经济活动。例如，中部区域的创业体系（包括自组织众创）相对东部还较缺乏多元性的普惠金融；这些众创活动通过完善的金融体系来开拓自我发展机会，仍然具有很大挑战性，原因之一是中部的经济体系缺乏由工业产业结构再制造的主导作用带动的自组织众创等。

中西部的普惠金融体系对经济增长和加速具有重要的价值。中部区域的优势是：具有高等教育机构集中和人力资源丰富两大优点，这为经济发展提供有效动力，这与普惠金融机制及结构等不够完备正好相反。因为市场已经逐渐从依赖劳动力转变为技术驱动。故人力资本对该地区的竞争力能产生更大的影响，特别是在全国大量具有广泛创业素质人力资源进入创业市场的情况下，将推动中西部经济发展方式从劳动密集型向知识和技术密集形态转变。这种转变不仅会提高经济生产效率，还会提高人均国民收入和克强指数。因此，相对较大规模的众创主体开展的业务活动而言，西部地区要以促进微型、小型、中型众创主体以及农村金融业务的增长为重点；中部地区则需深入完善普惠融资体系，积极建设创业方面的融资机制，最大限度地减少不利条件对发展的负面影响，充分发挥创业和普惠金融服务对不同行业的推动作用。

研究样本表明，自组织众创对于中部地区具有重要的示范和推广效应，创业及其投资的增加将极大推动其经济发展。中部发展需要培养人才、人才再创业，创业是中部发展的关键路径，市场主导型、资源主导型、客户主导型自组织众创是其中的重要途径，它们相辅相成。相较而言，东部地区普惠金融相对发达，也拥有中国最好的人力资源来源。研究印证了我国东部地区自组织众创发展状况与可持续金融的紧密关系，它们成功带动区域经济和克强指数增长，尤其是市场、技术、客户主导型的自组织众创；西部的案例说明，政府主导下的市场、资源主导型自组织众创是更有效的发挥"抱团取暖"、共享发展的方式。因此，这三大区域自组织众创的经济成效研究表明，最大限度、有效地组织创业资源、积极发展普惠金融、促进创业企业家精神共享式合力开发和利用资源等对区域经济增长的确发挥重要作用，具有产生巨大差距的动能内因，也是经济可持续的重要原因之一。

六、讨论

自组织众创活动包含由技术、资源、客户、资本等主导的不同的类型，它们具有开放系统、远离平衡态、非线性和涨落等基本条件特征，当系统在一定阈值下面临状态转变时，代表特性和功能的参序量一旦受到系统不同支配性力量的影响，将呈现不同的生命周期过程，并伴随涌现性。由于竞争与协同两方面的影响，自组织众创从单个组织（或群落）逐渐发展为创业创新生态系统的重要部分。这些自组织众创对区域发展产生了较显著的价值影响。由于其种类较多、特点迥异，这里还需将问题展开分析。

自组织众创推动区域经济价值增长的同时，面临一些普遍性问题。例如，创业成本高、组织同质性强、竞争激烈、国际环境动荡、核心技术缺乏、市场风险大等，它们导致自组织众创主体的生命周期短、资源浪费或闲置、产品同质化、利润空间小、不法行为、创业陷阱、不确定性等迥异结果。尽管现实困难重重，但政府激励创业的扶持政策与保障执行对其普惠发展的确起到了一定保驾护航的作用。

自组织众创主体内部值得关注的微观内容如下。

问题一：因经营领域狭窄，附加值难以提升，管理发展方向不明，愿景不清，拼凑团队难以实质性融合。这些导致自组织众创主体缺乏核心竞争力；资源与技术主导型相对其他类型该问题症状较轻。市场与客户主导型虽保持了高度的市场、战略开放性，但演进易进入无核心竞争力状况，即同业差异化消逝速度更快，众创主体内部共同观念容易因环境、情势涨落而变化较大；资源和技术主导型自组织众创主体相对较稳定。而因创始人缺乏远景规划（技术主导型自组织众创主体除外），或者团队融合困难（资源主导型协同除外）等，使得组织核心凝聚力低，易发生与预期不符的精神结构离散。

问题二：自组织众创主体无差别地面临发展资金不足和成本高的问题。有多方面原因，如缺乏质优价廉的原料供应，技术获取或改造缺乏经费或融资成本高，难以实质性提升产品质量、改造工艺等；购买专利、成果转化等同样如此。此外，市场需求转变，交易或沟通、管理、资源浪费、协同等面临不确定性变化。另外，科技、技术主导型众创组织获取高质量专业技术等也面临相似问题。

问题三：自组织众创主体构成要素容易出问题。例如，市场和客户主导型自组织核心众创主体最易流失骨干人才，面临人才结构失衡、重置代价高、发展缓慢或滞后等连锁反应，甚至导致创业夭折。又如主体制度建设能力弱，重短期、忽略长期目标，缺乏规范的利益分配机制等，存在制度明显不完善等问题，导致资源错配、内部运营障碍、内部寻租、协同效率障碍等后果，使质态难以优化。

从宏观视角而言，自组织众创存在一些值得关注的问题。

其一，自组织众创活动与创业立业、渐进产品创新相关，与颠覆创新关联极弱。从自组织众创主体的市场活动方向、领域、对象而言，其主要在服务创新、组织创新、营销创新等方面贡献较大，围绕就业、创富、立业等目的展开；但对工业发展贡献小，即科技服务次之，极难推进科技创新、工艺创新及研发创新等，对区域核心竞争力发展贡献甚微，难以对生产性价值创造发挥更大价值。其中较为明显的是自组织众创主体转化创新成果的能力不足，自适应与协同两方面均难以达成颠覆创新产品，导致缺乏竞争优势，与美国创客的成果和价值影响存有差距。

其二，自组织众创规模体量仍偏小，未能形成独特可持续的竞争优势。从纵向时间维度看，相对我国拥有的人口、创新资源、较完备的产业体系而言，区域性自组织众创的特色优势与资源潜力尚未被有效开发和高效利用。这与众创活动能否产生规模价值的创新战略定位、驱动方式、产业体系及可持续优势密切相关。

其三，自组织众创主体与资源之间的创新配置方式有待提升。众创主体在一定程度上与资源角色错位，如市场创新资源主要配置到了较为闲置的科研机构，既分散科研机构探索创新产品的研发时间和精力，又缺乏实时应对市场的敏感度，在一定程度上难以将资源价值最大化。同时理应成为社会创新发展主体的企业或众创主体却资源缺乏，导致产品创新不足、缺乏竞争力。又如由于政府搭建的中介平台功能与作用和自组织众创之间关联较弱，或者存在较高门槛，以及一些高精尖科技进步成果不为自组织众创主体所用，使得成果、专利被束之高阁的同时，众创主体竞争实力仍徘徊不前。故政府应探索和提高更为有效配置的"对"位服务，优化工作机制。

　　其四，支撑自组织众创的中介资源或平台建设还不足。例如，尽管一些区域具有一定的公共创新平台，能够孵化、联动创新资源助力众创主体发挥一些作用，但现实中这并不容易，而且不同区域水平还存在明显差距。又如，公共创新平台服务能力与成果转化、技术交易、风险投资等方面难以匹配；针对跨区域众创活动，存在公共信息资源共享不足，有效信息网络不畅、专业化服务及协同等亦不容易。而且，现有的一些支持平台形同虚设，服务内容、专业性、系统性等自身就较为单薄，使得众创主体从形成时期开始就有发展缺陷，从市场与自身能力两方面都缺乏相变条件，且常随着一个产品的生命周期结束而结束，陷入生生不息却难以成长为"大象"的怪圈。因此，提供公共创新平台和优质服务，是其发展的良好保障。

　　有利于自组织众创的普惠金融、创业精神、社会网络对区域经济发展的重要影响离不开教育与社会技术的进步。教育是培育创客的基础关键，而创客人才资本是长周期投资才能产生回报的极为昂贵的生产力要素，它能提升技术和知识密集型创业的转化率和附加值，激发创业网络效应、打造积极的社会创业文化。技术进步对于各类型自组织众创活动都是把双刃剑，取决于其对先进技术吸收、模仿、渐进式或再次原创性创新自适应、协同以及相变的能力；技术进步受多重因素左右，可能引发连锁反应的因素源于老龄化、少子化等结构要素变化与作用，这直接关系创业活动的创业创新相关资本的成本及效益。制造业曾经高度发达的日本就因人口结构转变导致其发展减速甚至衰落，即当非规模效应的创业创新价值不足以抵消日臻高昂的人力成本时，技术主导型自组织众创将选择最早"离场"或减速发展。有幸的是，东部、中部、西部区域自组织主体的禀赋与风险各不相同。

第七章 自组织众创政策建议

自组织众创行为是制度开放、持续和稳定的产物，其荣景性受到观念、目标、创意、资金、载体、实施主体、协同网络、保障支持、文化氛围等要素的综合影响。充满活力和持恒竞争力的自组织众创受益于开放的竞争环境、"异想天开"的先进项目、异质性创业主体、包容文化、跨界协同网络、健康的创业生态系统、较为完备的相关法律法规保障、公平的市场治理法则等。

第一节 鼓励发展"梦想行动"

美国著名投资家约翰·邓普顿曾说：一个国家的财富不能依靠自然资源，它应该依靠人们心中的想法和观念。梦想是创业创造实践的重要原动力，鼓励开拓人类未来前景的奇思妙想、异想天开，是个人或团体为实现自己的理想和目标而采取的积极行动，它可以激发创新创造力，促进社会进步和个人成长。没有今天的梦想就不会有明天的现实。正如美国太空探索技术公司创始人马斯克开发的"星链计划"引领行业科技向更高级发展。

鼓励跨界、跨区域、跨文化等梦想行动。完善创新创业的政策支持和服务保障。政府可以通过财税、金融、人才、知识产权等方面的优惠政策，降低创新创业的成本和风险，激励更多有梦想的人投身创新创业实践。建立完善的创新创业服务体系，提供培训、咨询、孵化、对接等一站式服务，帮助梦想者解决创业过程中遇到的问题，提升创业成功率。尤其为利于技术进步与效率提升的奇思妙想尽可能地提供服务保障。例如，联动"行业造梦导师"，积极探索有效服务于追逐梦想实现的商业模式等。

培养具有创新精神和实践能力的人才。例如，通过教育改革、课程设置、教师培训等方式，加强对学生的创新教育和实践教育，培养他们的创新意识、创造能力和创业素养，激发他们对梦想的热情和行动力。促进国内外优秀人才的流动和交流，为梦想者提供更多的学习和合作机会，拓展他们的视野和思路。倡导人力资本培育体系全方位融入创新文化基因，引领科技梦想和人类美好未来的场景不断发展。

鼓励不同组织共同参与"造梦"，促进物质、资源、信息的共享与交汇；充分调动区域创新创业资源有效目标的开发规划、创新发展；同时强化政府部门精准服务；有效协作以减少社会资源浪费的造梦"熵"；坚决摒弃耗能耗资的短梦行为，减少定位不明、目标分散、重复投入等，降低同质竞争组织的摩擦与内耗。

营造鼓励尝试梦想、包容失败的社会氛围。政府、社会、组织等通过大力宣传推广、赛事活动、表彰奖励等方式，展示和宣扬梦想行动的典型案例和价值理念，引导社会公众树立正确的创新观和创业观，尊重和支持有梦想的人。同时，还可以通过法律法规、信用体系、救助机制等措施，为梦想者提供合理的保护和救济，减轻他们因失败而带来的损失和压力，鼓励他们勇于尝试、敢于担当。重视研究梦想实现的认知规律和行为规律，勇于探索实践做"大"、新奇、利于人类未来长远发展的梦想，做科学发展计划。同时重视创意与实践行动、资源配置等具象的转化关系，厘清与美好生活向往的内在联系，引导梦想、创意实践行动不断前进。

第二节　强化知识产权保护

加强对自组织众创相关行为及成果的保护是对创业创新者的权益、鼓励创新投入和促进创新可持续发展的回报机制。

首先，要提高众创行为成果意识和教育认知。开展知识产权保护的宣传和教育活动，让创新者了解知识产权的重要性以及如何保护自己的创意。提供简单易懂的知识产权指南，帮助创新者了解常见的保护方式。其次，主张政府为自组织众创主体提供知识产权注册服务，包括专利、商标、版权服务等。降低注册费用，鼓励创新者将创意正式注册，确保其合法权益。提供众创创新评估和保密服务，帮助创新者评估其创意的创新性和商业可行性，同时了解如何保密敏感信息。并且，积极举办知识产权培训课程，帮助创新者了解知识产权的不同类型、保护范围以及维权手段。倡导众创主体签署合同和协议，明确知识产权的归属、使用权和分配方式，防止后续纠纷。设立知识产权保护基金，为众创主体提供资金支持，用于维权和保护知识产权。加强知识产权执法力度，打击针对众创主体和成果的侵权行为，维护其合法权益，增强众创主体的信心。鼓励众创主体建立知识产权仲裁机制，提供有效的纠纷解决途径，降低诉讼成本和缩短时间。最后，建立信息共享和反侵权平台，让众创主体能够及时了解相关知识产权信息和侵权情况。在众创的国际合作方面，推动国际知识产权合作，加入国际知识产权组织，参与国际知识产权保护协议。重视知识产权保护宣传、教育、政策和服务等，为众创主体提供充分的知识产权保护支持，创造良好的创新环境和合作氛围。

第三节　优化众创项目的投融资服务

资金是众创活动的核心要素。要充分挖掘众创组织轻资产、弱抵押的特性，着力解决缺资金、贷款难、贷款贵、股权融资难、估值低等问题。想方设法多途径实施针对众创的普惠金融政策服务；强化众创相关政策与服务工作的落实落地。

加强对众创主体的融资支持，引导金融机构有效服务众创的融资需求。建立风险投资、创业基金等机制，提供创业贷款、股权投资等融资渠道。利用财政资金引导、放大和激励的作用，多主体、多途径、多方式拓宽众创投融资渠道，积极促进银行、保险、证券、创投等资本市场引导各类资源要素开发、支持众创组织，试行众创项目贷款制，落实创业担保贷款政策，鼓励金融机构和担保机构依托信用信息，客观科学评估众创者的还款能力，健全代偿机制，推行信贷尽职免责制度，降低反担保要求，改进风险防控等。

鼓励金融机构为众创组织提供融资担保、知识产权质押、股权质押等金融服务。积极尝试产权质押贷款、科技保险、科技物业资产证券化等众创科技金融，探索多元化众创投融资体系、风险投资机制、创新积分制等。鼓励商业银行在科技支行、科技金融专营机构增设众创分类，完善科技信贷管理机制，推出多种专属科技信贷产品，支持众创主体开展投贷联动创新，包括科技贷款、创业贷款、经营性贷款、知识产权质押贷款、预期收益质押、科技融资租赁等融资方式，同时设立保险和担保基金，降低融资风险。努力降低众创组织融资门槛和融资成本，为众创定制低成本金融产品，充分发挥财政创业资金的引导功能和杠杆作用，利用财政资金奖励、抵押、贴息贷款等多种方式扶持众创组织。借鉴先进地区创新券发放、结转、兑付，与网络科技平台结合直接税费抵扣兑付等财政资金后补方式，引导境内外高端科技服务机构、研究开发机构为众创提供研究开发服务、检验检测服务、大型科学仪器设施共享服务与补助支持等优惠政策。推动互联网众创金融的规范有序发展，运用专利技术前景、研发水平、商业模式、用户数量等开发成果可转化的金融产品推动相关政策融资担保体系的完善。

积极培育众创资本市场，优化资本投入要素，健全针对众创活动的资本流通服务体系，鼓励优秀的众创组织到创业板、科创板、中小板、主板甚至海外上市融资；支持符合条件的众创组织在科创板挂牌上市，发行公司债、短期融资券和中期票据，扩大直接融资渠道；建立适应众创价值链/网发展、覆盖生命周期的金融服务体系，形成包括天使基金、创投基金、产业基金、并购基金等在内的覆盖重点众创领域或项目、新技术应用、新业态成长的基金体系，吸引社会资本、风投机构投资众创活动。

积极开发针对自组织众创实体组织类的保险服务，健全众创保险专营机构和保险产品服务体系，支持设立众创经营保险政策和应用保险补偿机制试点，开展众创金融合作新方式试点，支持有条件的设置众创金融改革试验点。针对起步阶段的众创组织，支持设立扶持早中期、初创期众创组织的创业投资基金，鼓励为众创组织设立创业投资引导基金、科技成果转化引导基金等，或通过创业奖励、补贴等多种方式帮扶，如种子基金、风投、政府创业资金奖励及补贴、创业岗位开发补贴、创业人员补贴、创业小额贷款补贴、实物补贴、保险补贴、税收优惠等多管齐下的配套措施，实施暖心政策。

完善引导基金运行监管机制、财政资金绩效考核机制和信用信息评价机制。积极推动创业投资领域信用记录全覆盖，完善创业投资领域信用体系建设，建立包含众创的信用增信机制。

第四节　鼓励创办各类众创载体

鼓励创办各类众创载体。例如，引导知识产权创办特色创业载体，汇集创业者、投资人、专业人才等各类资源，打造众创生态系统基础。协同响应产业链、产业网，鼓励建立创意群落、社区群落、社群群落等，引导行业协会、学会、校友会、商会、同乡会等完善众创载体功能，促进交流，丰富载体活动，建立共同体联盟组织。

完善载体税收优惠、资金扶持、场地租赁补贴、人才机制健全等软硬件建设，提供众创载体所需办公和生产的场地及设施，鼓励众创园区个性化改造，建立特色创业基地、众创聚集区、个性化微型孵化园，与环大学创业带、新兴产业园区、文化创意示范区、工业园区、传统商圈等相辅相成，夯实众创载体基础，切实为众创载体空间建设提供便利。研究众创特征与规律，规范众创评价机制和行业标准。完善生态有机的创业系统科学管理体系，鼓励政府和社会资本积极支持众创载体，完善众创载体和众创组织专营服务平台的双边功能，提供培训、指导、投融资、营销推广、孵化、交流合作等系列服务，吸引更多众创组织进驻。优化技术咨询、市场调研、知识产权保护、投融资等创新驱动和孵化的支持服务；提供包括组织架构、人力资源管理、财务管理、风险管理等在内的有效管理和运营支持。完善授予履行社会责任的自组织众创的奖励机制，给予荣誉称号、荣誉奖章、示范榜样等精神与物质奖励，以及财政补贴、税收优惠等。

丰富众创载体服务发展模式，不断完善载体物质、能量、信息等协作互动机制。政府牵头大企业、社会组织、高校院所等单位通过项目参与、技术合作与推广、科研成果转化、市场拓展等实施联合，培育具有独特发展前景、原创技术、工艺、模式等的众创联合体，突出众创体的市场位置，创造机会鼓励众创组织协同、联合其他组织参与企业知识产权、成果等应用开发。充分利用"知识产权＋"、招商引资、技术转移等服务模式，通过知识产权战略咨询、专利导航和培育、产权托管、法律咨询、转让许可、技术转移、产权培训与质押融资、技术经理人培养和管理提升等广泛的产学研合作方式，促进新项目、新技术孵化，促进资源高效集聚，推动产业化发展。着力推广科技类创客空间、创新工场等新型孵化模式，加大科技孵化器建设对众创支持的力度，设立"创业导师＋投融资平台"等新型孵化模式，建立"创业苗圃＋孵化器＋加速器＋园区"等全过程孵化服务链条。引导各类载体融入众创生态系统，共同发挥各自优势，形成联动效应，推动众创生态系统的良性发展。提升众创孵化载体价值，尤其是"众创空间—孵化器—加速器—产业园"科技型众创主体生态体系的建设，促进高水平的专业化发展，从顶层设计、营商环境、服务系统、技术开发建设、舆论氛围等方面发力。

鼓励众创载体智能化、数字化发展。鼓励行业领先企业带头建立特色或优势领域项目及产品的众创联合体，涵盖众创产品研发、实施系统、扩散系统，创建行业产品数据载体、数据交换、外包及交易平台，建立多元化开源社区、开发者社群、资源共享平台、创业沙龙等众创交互载体；利用众创空间、众创综合体、孵化器、加速器、（大企业/大学等）科技园、高新园区等创建有机生态协同机体，尤其促进资源、创意、知识、技能、资本、经验等不同元素之间的创新性融合，激发产品/知识再造、组织再造、流程再造，整合相应优势，形成创新性、特色化、专业化众创载体。

鼓励政府与社会资本共建众创载体公共信息服务平台，发挥自组织众创生态联盟有机性，完善制度、载体系统、项目等匹配机制与功能作用，完善载体的交流协商制度、利益和权益保障制度，促进众创载体与第三方、同业、公众、媒体等共享共治，强化众创载体与社会氛围、市场环境、生态体系制度机制的融合度，引导解决行业共性技术问题，努力降低众创载体的发展成本。

第五节　弘扬创业企业家精神

大力弘扬创业企业家精神应从多方面着手。制定支持创业的政策，包括减少创业壁垒、降低税收负担、提供贷款和资金支持等。政府可以通过创业基金、税收激励和行政便利来鼓励创业企业家精神。设立创业基金，为有创业意向的人提供启动资金或低利贷款，帮助他们克服资金难题，降低创业风险。推出创新政策试点或项目，探索新的创业支持方式和机制，发现最适合本地情况的创业政策模式。制定和落实税收优惠政策，减少创业初期的税负、延迟缴税等，以鼓励创新和创业。简化创业登记、审批和注册流程，减少创业者面临的行政障碍和烦琐手续，提高创业的便利性。资助和支持创业孵化器、加速器等创业生态系统的建设，为创业者提供资源、指导和网络，助力创新项目的孵化和成长。政府可以增加对科研、创新和研发的投资，以鼓励新技术、新产品和新服务的发展，创造更多的商业机会，激发创业活力。在榜样引领方面，通过媒体、社交媒体、演讲和书籍等渠道宣传和分享成功的企业家故事，让社会了解创业者的励志旅程、挑战和成功经验。设立创业奖励和荣誉制度，表彰取得杰出创业成就的企业家，从而激励更多人积极投身创业创新领域。利用社交媒体、博客和在线平台，分享创业知识、经验和资源。这可以帮助传播创业精神，吸引更多人参与创业活动。

建设在线平台，提供创业资源、信息和指导，使创业者能够更便捷地获取所需支持。通过创业导师、顾问团队和创业网络为创业者提供持续的支持、指导和反馈，帮助他们在创业旅程中克服困难并不断改进。创建有利于风险投资的环境，鼓励投资者为创新项目提供资金支持。政府可以制定法规，鼓励私人投资机构参与创业投资。提供创业培训课程和教育资源，提供有关创业和企业家精神的教育课程和培训，帮助创业者获取所需的培养创新思维、商业知识和技能。在学校、大学和职业培训机构开设与时俱进的创业课程；政府可以与教育机构合作，开展创业教育项目，举办研讨会、讲座和工作坊等。举办创业比赛、创意大赛和创业活动，为创业者提供展示他们创新想法的机会，同时也能够吸引公众的关注。

推进跨部门合作。政府各部门之间需要合作，确保政策的一致性和协调性，避免不必要的阻碍。鼓励企业、学术机构和社会组织之间的合作，共同推动创业企业家精神的培育和发展，进而共同推动创新和创业，合作促进资源共享、知识交流和创新合作，加速创业的发展。鼓励国际合作和交流，借鉴其他国家的成功经验，吸纳国际创新资源，促进创业环境的全球化和国际化。

加强知识产权保护，确保创业者的创新成果得到充分的保护和激励，以鼓励更多人投身创业和创新领域。营造积极的创业文化，鼓励人们勇于创新、承担风险，不惧失败。这需要从家庭、学校和社区层面培养尊重创新和创业的价值观。鼓励自组织创业者同国家繁荣、民族兴盛、人民幸福紧密结合在一起，抢抓市场机遇，遵从法治精神和市场规则，专注产品质量、企业品牌和信誉，共同建设良好的市场环境，增强爱国情怀。

第六节 打造自组织众创协同网络

众创是社会产业生态链/网的结构支系，是经济活力的微观单位组成，是打造数量多、质量优、潜力大、成长快的产业集群的基础。积极搭建多形式的沟通交流互动平台，打造适宜区域发展的自组织众创协同网络。政府组织提供创业基金、风险投资、创新补贴等形式的资金支持，帮助初创企业和创新项目获得启动资金；提供税收激励，如研发税收抵免、创业所得税减免等，鼓励自组织众创网络畅通不同要素的交流合作、拓展新兴协同项目，积极进行商业应用转化；引导众创协同网络承担行业创新性攻坚瓶颈项目，开拓新兴领域。鼓励自组织众创积极共建、共担网络服务，全面提升协同能力。鼓励自组织众创网络加入国际相关行业联盟/协会，打造行业高精尖众创联合体。

自组织众创网络建设也很重要。政府可以设立在线合作平台，促进创新者、投资者和专家之间的互动。这些平台可以提供项目信息、资源分享、合作机会等功能。开放数据和信息共享：政府可以推动开放数据政策，鼓励企业和研究机构共享数据和信息，促进协同创新。打造适应广泛众创协同网络发展的信息交流沟通平台，畅通各众创协同主体的网络资源渠道，打造自有数据中心，完善知识技术交易、设备共享、知识产权等线上线下一体化服务，灵活配置创业创新服务资源，提供众创服务空间、电子商务营销、信用评价、融资等功能服务，促成协同、共享、共治。建立提供方、管理方和使用方可信互认机制，协同资源数字化、技术网络化等方式方法，提高决策的科学性和准确性。探索众创群落的资源数字化协同，构建开放的众创信息共享空间，扎实推动众创组织在供应链协同、资金融通、大数据应用、生产布局、技术更新等方面的融通发展。重视现实与虚拟经济资源要素的引入，健全"全要素"市场制度保障体系协同机制，提升技术市场监测服务体系的能力，加强互联网虚拟众创服务合法性的动态管理。推动众创协同网络持续管理创新，破除不合理的行业准入壁垒，积极疏通内部的堵点、难点，完善问题反馈与改进机制，提高协同效率，创建众创协同网络信息交流充分、资源要素自由流动的开放环境。

建立自组织众创资源库，打造区域众创生态联合体，加强对资源的分类、管理和评估，提高资源的利用效率和价值。建立资源整合机制，提供包括人才、资金、技术、设备等多种资源的联合服务，推动众创主体、要素、资源等集约化发展，探索建立众创协同示范基地，加强对联合体的知识产权保护和管理。鼓励科技创新资源跨行业协同网络发展。促进国际合作，吸引国际创新资源和合作伙伴，推动本国创新网络与国际创新网络的连接，"走出去"和"引进来"共同发展，拓展国际领域组织间的交流合作。

建立自组织众创协同网络价值评估体系，监测运行情况，了解政策效果并做出调整。同时，在法律和监管环境方面，确保法律环境稳定、透明，保护创新者的权益，同时鼓励合作和知识共享，打造良好的自组织众创协同网络生态系统。

第七节　营造诚信、创新、友好的众创生态系统

秉承开放、合作、诚信的众创文化，营造哪里有众创哪里就有优质服务与活力的友好众创生态氛围。众创文化是众创生态系统的核心，包含优秀传统商业文化、宽容文化、自信文化等。发扬光大我国优秀传统商业文化中"夸父逐日""愚

公移山""精卫填海""天行健，君子当自强不息"等不屈不挠、勇于拼搏的创业创新进取精神，积极发扬"勇于创新、敢于创业、甘于奉献、追求卓越"的创业精神，弘扬"科技创造财富、科技富民强国"等奋发图强的科技爱国文化。利用实物展品、虚拟现实、线上直播等喜闻乐见、健康有益的文化、科普、教育方式等广泛宣传优秀典型创业企业家、模范人物，展示家国情怀，报道先进典型和事迹。鼓励举办中西创业创新文化交流活动节，以文化对话宣扬我国"众人拾柴火焰高"共建共享的众创文化精髓，举办创新创业峰会、众创竞赛等活动营造充满众创文化精神的氛围，引导社会舆论和社会资源积极参与和投资众创项目，夯实众创生态系统和众创文化氛围。

　　宽容文化是众创活力的重要基因。硅谷有"创业大本营"的美誉，充满创业冒险精神和对创业失败的宽容。美国知名创业教练约翰·奈斯汉说："造就硅谷成功神话的秘密，就是失败。失败的结果或许令人难堪，但却是取之不尽的活教材，在失败过程中所累积的努力与经验，都是缔造下一次成功的宝贵基础。"众创精神不仅包含敢于冒险、理解冒险、支持冒险、容忍失败、勇往直前等内涵，更重要的是对众创者实现梦想的表达方式给予支持、理解、容忍。设立众创活动奖项，树立众创先进典型与组织宣传报道，推出尽职免责机制，出台相关鼓励创新、宽容失败的具体措施，营造友好、宽容的创业社会氛围，形成尊重人才、鼓励创新、保护知识产权的良好众创社会风尚，培育创业企业精神、不畏艰险的意志和品质，培育深厚的众创文化自信，夯实以民众为基础的深厚、持久的创造力。

　　营造宽松、稳定、友好的众创宽容环境。吸纳世界范围的优秀创新创业资源，建设高效规范、公平竞争、充分开放的市场环境；建立健全适应国际化、多文化的市场监管机制，规范市场行为，加强监管执法力度，减少市场乱象，保障市场经济的正常运行。健全公正透明的法律和法规体系，维护众创组织及参与者的合法权益，增强市场的公正性，积极维护众创交易秩序，有效治理行业垄断、企业垄断，为众创扫除不合理的市场壁垒。创建众创示范试点，扩大示范效应，提高创业者优惠政策获得感。开发高质量、公信力强的众创管理平台或共享中心，不断完善众创生态系统的评估和监测机制，建立健全产学研协同保障机制，持续优化相关的保障政策，确保自组织众创公平权益竞争。

　　另外，人才是知识经济、共享经济、人工智能时代的"硬通货"，是活跃众创生态系统的基石，而智力资本是这基石载体的灵魂，是价值的核心。因此，需重视众创人才培育与使用制度建设，持续加强创新创业教育，培养创新创业意识和能力，为创新者提供必要的培训和指导，使社会众创不断、创作与创新不止。并积极拓展国际众创领域，拓展国际交流合作，推动众创生态系统的繁荣发展，建成具有诚信、创新、宽容特质的国际众创之国。

第八章 结论与展望

第一节 结　　论

一、总结

自组织众创是一种开放式创业创新行为，存在不同划分类型的区别。

微观层面的自组织众创主体主要从事志趣及能力擅长的领域，其行为与组织形态主要涉及动机与行为交互策略选择，基于不完全信息条件与可达有限性，对有利行为实施不断学习、调整的策略，初始成本、预期收益、行为风险等是被稳定策略首要考虑的要素。同业竞争中，自组织众创主体选择存在双向促进效应，在一定条件下，竞争动力决策对自组织众创选择具有推动作用；策略选择的出发点仅基于自身的相对净支付考虑，可能会产生悖反情形，导致其他同业众创主体的逆向行为决策；同业众创主体改变利益博弈占优角度来考虑问题，选择合适的组织，改善相对净支付，利于相宜的策略激励选择；当其与其他主体行为相互影响、互为前提条件时，更容易形成策略选择的双向一致性。

中观层面的自组织众创行为受生命周期、组织形态、运行机制、群落交互等复杂因素的影响。协同作为演化中最重要的典型行为，从要素、模式、渠道等多方面展开，具有平台式、卫星式、轮轴式、混合式等协同模式。同一区域的创业系统中，自组织众创行为的选择与相近领域其他同业众创主体的策略选择密切相关；而一个区域同业创业行为的选择对其他自组织、整个区域创业系统存在不同程度、深度、广度的影响，突出体现在就业率、市场活力、税入增收等不同方面。包容性金融服务支持对区域自组织众创、技术进步、制度质量、经济增长等产生积极影响。初始成本、预期超额回报和风险损失因素成为自组织众创在市场立足、发展首要考虑的因素，基础禀赋与早期资源积累发挥着重要的基石作用。大多数众创主体寿命较短，原因即初始成本偏高；同质竞争是另一个重要原因，这使得资源资本被消耗，但对行业发展未产生其他明显进步的作用，创业形成的巨大"熵"，从摩擦成本、税收、社会支持、产学研协同、创新金融等方面产生不良影响。故有效的创业创新政策制定与执行的目标应该是使有限资源、效率、协同等共同作用以提升创业成功率，减少无序混沌与无谓的熵耗，使创业生态系统更加稳健，进而利于区域经济和竞争力的发展。

宏观层面的自组织众创活动持续受到创业精神、制度质量、技术进步、普惠金融、社会网络等因素影响，制度质量被认为有调节影响；资本政策激励与非资本政策激励在自组织众创主体的战略权衡及传导机制中，呈现出显著不同的均衡点稳定性决策过程。经济开放正向激励自组织众创积极发展；制度质量左右众创行为演化方向，技术进步、普惠金融、社会网络等对其所在区域经济发展产生非线性的"U"形影响。普惠金融服务能有效改善自组织众创效率与效果；社会网络强化自组织众创与区域的资源依赖和利用。自组织众创活动对市场和区域经济产生持续的正向价值。

自组织众创行为的涌现度是社会活力持续性动能和潜力的重要标签，不断促进产业行业价值网/链优化，创建更为开放的跨界创业生态系统，不断增强区域经济的竞争优势，主要典型类型总结如下。

市场主导型自组织众创是具有诸多分散性、追求个性化的组织形态，规模可大可小，是构成创业生态系统的发达根系，利用空间、时间、服务、产品等为创业维度展示其价值，具有模块化、虚拟性、无边界等重要特征。市场本身变化是市场主导型创业主体战略、经营、适应或协同的风向标，市场策略主要围绕产品质量、价格、渠道和促进等方面展开。它们是市场经济景气与否的反应器。

技术主导型自组织众创是科技类形态，是引领产品、需求革新的市场"精灵"，创业者通过辛苦努力或天赋获得专有禀赋，在内在创造冲动作用下，专攻时尚需求、研发新产品、改造现产品，在狭窄、稳态领域不断创新，在非稳定态赛道不断迭代，从混沌竞争中争当细分领域科技先锋，多领域、多途径降低不确定性。此类型是利用知识外溢、开放市场条件搭建自组织创业生态系统的核心"枝干"，涉及高频资金、信息、数据、技术机密等交互，对经济、社会、创业生态系统等有高度安全保障要求，是整个社会经济发展不可或缺的部分，发挥产业链形成、完善的重要节点作用，是衡量区域发展水平的先进工具，也是建立健全相关服务制度、激活闲置资源、扩展行业边界、挖掘创新潜力的重要依托。通常技术主导型众创主体涉及较多技术、信息等核心机密，具有建立完备内控制度、文化制度的重要需求。

资源主导型自组织众创形态的作用发挥主要依赖资源本身，该类型具有其他类型创业不可比拟的天然优势，是微涨落机制发挥作用的主要领域，其市场始终存在，但市场规模的发掘取决于资源直接或间接商业价值的开发。一般创业者对资源有一定程度的专有使用权或独占性。它属于风险相对较小、回报较为稳定的一类创业群体。此类创业更多依赖创业行为"如何开发资源为产品或创新服务"的方式或模式，即创业主体凭借各自资源（专有技术除外），通过创业者专有领域知识或经验、资源的本身效用来拓展市场，一般在危机预防与控制、组织架构灵活度、资源整合能力等方面具有良好的适应力，可塑性强。外部非线性要素作用影响有限，不确定性因素常伴有确定性效果。此类自组织创业的促进策略即为：适应资源作用市场的各种方式均可，调控资源价格，推进技术创新；有限定条件地选择与其他组织联营以应对变化。另外，此类型追求与科学管理技术手段及创新相结合以重构资源价值。故政策激励的核心是引导高水平的消费需求以撬动其创业价值。

客户主导型自组织众创行为一定是众创经济发展到高级阶段的产物，其以客户为中心，将用户、商业机会、资源、惯例、规则等融合到企业产品设计、研发、服务、体验等不同环节，建立客户、供应商、渠道等共同沟通的交流空间，通过用户需求发掘、客户参与、潜在顾客体验的服务形态，整合、优化资源，以开发极具需求引领性的产品或服务，进一步地通过系列行为集合提升客户或未来用户的参与度来创造更高的商业价值，构成一个统一有序的整体，具有一定自组织进化机制，能够将多元素共同合力融合到创业、产品创造的系统进化过程。在其演化的高级阶段，员工是顾客或用户，用户是员工。它具有与客户利益共享，客户与企业资源互补，开放、无边界的组织体系，以及去中心化、多层次的管理布局等特点。一般历经多方向发展—突出方向发展—锁定用户的行为路径；通过多向因果联系、正反馈等适应、协同路径，达到资源充分利用、降低成本、强化以顾客为中心的持续创新。此类众创行为的重中之重是经营客户关系。构建与时俱进的客户管理体系一般包括激发用户创新能力的参与及回馈制度，巩固与企业之间的战略合作关系，推动众创组织顺势获得突破性发展。此类型的宏观发展建议是：持续建设积极、宽松、健康、公平的营商环境；强化消费者的质量和权益保障意识，反向促进企业提升产品品质和服务质量等；强化市场企业信用监管。微观方面具体实施策略包括：强化客户关系管理、深入研究消费者行为变化的特点等。

还存在其他类型，如自组织产学研众创，其主体包括企业、高校、科研院所三方，目标是实现人才培养、科技研发和社会进步；兼具实现商业利润和公益目标；其内部动力来源于理论知识与科学技术改变外部的理性安排或长期的研究创新。它具有需求引导、政策支持、资源互补、风险共担等特点，围绕物质流、知识流、信息流等展开交互作用。这类"序参量"包括研发技术、人员等投入成本及产出控制等要素，其影响将决定主体的行为选择和组织活动，促成各独立主体形成整体联动效应。由于该类型整体素质较高，相对其他类型更容易实现自适应、协同、意外突变应对等预期，能提高自主判别由无序状态向有序状态发展的有效性。

二、对自组织众创的几点启示

（一）保障创业系统更加开放有序

自组织众创主体系统是非平衡态的耗散结构，开放性保障其与外界物质、能量、信息的交流互动越多，成就非平衡态和有序性的机会就越多，创业生态系统有机性就越强，创业组织成功概率与机会选择也越多，自适应能力和协同效果就越明显。

（二）促使自组织系统远离平衡态

自组织众创主体内部保持旺盛生机的原因在于非线性机制，充分利于正式与非正式组织的各自优点，触发自组织众创呈非平衡态发展，扩展外延边界，增强边缘效应，使创业创新活力持续发展。同时，以发展眼光考察创业问题，破除僵化制度的局限性和破坏性；突破惯例或路径依赖；破除系统权力隐性沿袭形成的纵向流动与资源控制；活跃要素内容与价值重组；提升系统整体水平，强调亲社会目的，使自组织众创始终为社会、民族、国家的远大理想而有所作为，奠定深厚的创业生态系统的发展基础。例如，世界领先的助听设备公司奥迪康（Oticon），为了遏制自身发展严重的倒退，推翻了原来形式化的组织结构，取消所有的经理职位，由雇员们自己组织起来，自己提出所要完成的任务，很快获得了创纪录的利润，重新夺回了失去的市场。同时，自组织众创应减少内部"熵"以及对社会的不良影响。

（三）鼓励跨界"创业异想"的交叉渗透

自组织众创的体系化和丰富化是创业生态系统健康发展的表现，更是区域经济产业资源和特色开发的结果。从方式上讲，以区域发展、产业定位、战略导向促成自组织众创"特色"是自上而下的有效方式之一，是其形成、交互并规模化的环境基础；跨界的自组织众创更易形成兼顾社会公益和地区特色的竞争优势，以此有序引导，推动其相变演化，促成临界点的发生和分岔、分形，才具有非同质竞争的独特优势。而自下而上的自组织众创，具有"百花齐放"活跃市场的效果，更易产生"意想不到"的创业生态群落。跨界众创组织的差异性往往突破传统惯例、想法和行为界限，以开阔路径求新求变，突破市场临界点，触发产生更多分岔与分形，在非线性涨落作用下完成自催化。这两种方式均能促成跨界交叉渗透与相变跳跃预期，这些异想通过技术推动、需求拉动、技术与市场交互、系统集成、一体化等不同方式而珠联璧合，产生不一样的发展优势，其中资本起着重要的推动作用。

第二节　局限与展望

一、局限

本书由于研究者能力、时间有限，存在如下的局限性。

首先，文献研究与观察样本的时效性。我国自组织行为角色较丰富，众创仅是其中一类，每一类对象的行为关联因素较多且不同，关联机理复杂，演化路径迥异。尽管已将现有自组织理论、众创理论和行为演化等资料进行了大量研究，然而从主题和范围上，将三者结合讨论的文献资料在数量上并不丰富，加之调研又遇不完全匹配等缺陷，使得理论与实践案例的内在一致性有一定差距。而且调研的一些主体在市场变换中亦物是人非、非此非彼，对它们的规律或机制认知多有不尽之处。

其次，样本和数据的局限性。本书利用分阶段、分区域、分内容混合方式获取数据信息等存在局限性。因讨论主体的复杂多样，观察问题的维度难免不客观，或者不够科学，可能样本的总体代表性不足，导致选择性偏差或样本偏差，使研究结论的扩散和普适性受到了限制。数据收集方法上也有一定局限。问卷调查法与其他方法共同使用的结果使得研究变量之间的关系偶尔存在意义不对应等问题，以及受调研样本和走访案例时间、空间、调研人员、调研手段等要素的影响。自组织众创行为对象与方式等复杂，典型取样存在困难，分析技术不尽相同，尽管在不同情形采用了不同的数据收集方法，仍存在现象分析不够全面、深入等问题。研究过程历经疫情，创业组织生存境遇甚为严峻，市场不确定性强，对自组织众创行为主体的规律机理未能进行深入刻画，对于行为逆向选择、道德风险、创业活动的外部性和成本的内部化等问题难以考察。可见，研究结论借鉴价值难免有限。

再次，分析技术方面。针对自组织众创行为理论分析选用了不同模型方法，这导致理论与实践案例解释上有差距，未能从理论到案例一以贯之，难免逻辑推演有不畅之处。例如，研究中针对克强指数的分项指数代表性不足，仅更多地关注工业中相应的自组织众创表现，只揭示了有限的部分行业来源，并不能反映经济中的所有众创的整体情况，对有些对象的价值则关注不足。一些变量内在隐性关联难以数据化，克强指数的功效受地区、市场环境和竞争结构变化的显著影响，这使得研究在数据处理程序、聚合索引创建程序等方面存在困难。社会网络、中介机构等对自组织众创主体的作用机制等问题限于能力、知识、精力、观点偏见及时间约束，未能深入。

然而，以上不足对于自组织众创行为的属性和规律观察而言是美中不足，尤其针对市场主导型、技术主导型、资源主导型、客户主导型等自组织众创类型，但对于未知分类则难以表明结论的有效性，未能覆盖更多可能类型众创涉及的行业或领域，但其行为规律、生命周期、属性特征、结果影响等观察无疑拓展了创业对象的行为演化，丰富了相关研究成果和文献参考，相关对策建议仍合理有效。

二、展望

研究仍有很多问题值得深入。

　　第一，自组织众创研究范畴可以进一步扩展。众创主体之间的博弈可以进一步扩展更多维度或变量，如自组织与他组织、自组织与自组织、自组织与创客之间的不同行为决策博弈，可以在更多相关数据样本上开展。对于不同角色的作用与意义也可以深入研究。

　　第二，未解答问题的拓展。微观视角下新兴众创主体与成熟众创之间的行为差异，尤其是不同组织形态下的行为差异仍需深入。这对国家引导众创、新旧管服理念转换、优化资源等方面的新想法、新观点、新建议是有利的。从学术上讲，这也有利于丰富和发展自组织与众创有效衔接的理论体系。

　　第三，自组织众创正发展为复杂经济系统中明显跨越混沌、转向有序稳态社会现象，作为产业分工合作的聚集形态的统一体，对于研究共同学习、共享信息、共事机制等行为预测极具优势价值。以下问题值得进行深层次的探索：我国自组织众创是否与经济景气的内在因素存在关联？规模体量、组织效率、资本力量或其他因素的内在驱动机制是什么？自组织众创行为中协同过程的平等性与秩序性问题的解决策略、自组织众创主体与社会网络的动态行为交互机理等，这些问题的讨论对于丰富自组织众创行为范畴研究都有参考价值。

参 考 文 献

[1] 拉奥 A，斯加鲁菲 P. 硅谷百年史：伟大的科技创新与创业历程互联网时代[M]. 北京：人民邮电出版社，2016.

[2] 王孝通. 中国商业史[M]. 北京：中国文史出版社，2015.

[3] 徐思彦，李正风. 公众参与创新的社会网络：创客运动与创客空间[J]. 科学学研究，2014，32(12)：1789-1796.

[4] 刘志迎，武琳. 众创空间：理论溯源与研究视角[J]. 科学学研究，2018，36(3)：569-576.

[5] 张维迎. 产业政策争论背后的经济学问题[J]. 学术界，2017(2)：28-32.

[6] 蔡芯瑶. 创业绩效之"谜"与众创行为之"美"：创业导向与众创行为对创业绩效影响的实证研究[J]. 农家参谋，2018(5)：240-241.

[7] 赵坤，郭东强. 众创式创新：源起、归因解析与认知性框架[J]. 科学学研究，2016，34(7)：1086-1095.

[8] 王超凡. 海尔"拆墙"：从产品到创客的边界突围[J]. 经理人，2016(5)：36-38.

[9] Nanda R，Sørensen J B. Workplace peers and entrepreneurship[J]. Management Science：Journal of the Institute of Management Sciences，2010，56(7)：1116-1126.

[10] Acs Z J，Audretsch D B，Desai S，et al. On experiments in entrepreneurship research[J]. Journal of Economic Behavior & Organization，2010，76(1)：1-2.

[11] Rooks G，Szirmai A，Sserwanga A. Network structure and innovative performance of African entrepreneurs：the case of Uganda[J]. Journal of African Economies，2012，21(4)：609-636.

[12] Katila R，Shane S. When does lack of resources make new firms innovative?[J]. Academy of Management Journal，2005，48(5)：814-829.

[13] 刘志迎，陈青祥，徐毅. 众创的概念模型及其理论解析[J]. 科学学与科学技术管理，2015，36(2)：52-61.

[14] Venkataraman G，Sahni S，Mukhopadhyaya S. A blocked all-pairs shortest-paths algorithm[M]// Halldórsson M M. Algorithm Theory-SWAT2000，7th Scandinavian Workshop on Algorithm Theory. New York：Springer，2000：419-432.

[15] Reynolds P，Bosma N，Autio E，et al. Global entrepreneurship monitor：data collection design and implementation 1998-2003[J]. Small Business Economics，2005，24(3)：205-231.

[16] Bartelsman E J. Firm dynamics and innovation in the Netherlands a comment on Baumol[J]. De Economist，2004，152(3)：353-363.

[17] Burns M J，Craig R B，Jr，Friedman B D，et al. Transforming enterprise communications through the blending of social networking and unified communications[J]. Bell Labs Technical Journal，2011，16(1)：19-34.

[18] 严毛新，徐蕾. 社会空间视域下高校创业教育路径的优化[J]. 广东青年研究，2022，36(2)：

92-102.

[19] 代磊. 高校图书馆创客空间服务大学生双创能力提升研究[J]. 图书馆学研究，2018(17)：80-83，16.

[20] 邓巍. 基于众创的高校图书馆智慧信息服务模式分析[J]. 图书馆学研究，2018(17)：77-79.

[21] 曾繁华，侯晓东，吴阳芬. "双创四众"驱动制造业转型升级机理及创新模式研究[J]. 科技进步与对策，2016，33(23)：44-50.

[22] 吴亚平. 扬州地区众创空间建设与发展思考：以扬州市职业大学科技产业综合体为例[J]. 内江科技，2020，41(11)：117-119.

[23] Benkler Y，Nissenbaum H. Commons-based peer production and virtue[J]. Journal of political philosophy，2006，14(4)：394-419.

[24] Troxler P. Commons-based peer-production of physical goods：is there room for a hybrid innovation ecology?[R]. Berlin：The 3rd Free Culture Research Conference，2010.

[25] Bauwens M，Mendoza N，Iacomella F. Synthetic overview of the collaborative economy[R]. Amsterdam：P2P Foundation，2012.

[26] Kera D. NanoŠmano Lab in Ljubljana：disruptive prototypes and experimental governance of nanotechnologies in the hackerspaces[J]. Journal of Science Communication，2012，11(4)：C3.

[27] 张克永. 开放式创新社区知识共享研究[D]. 长春：吉林大学，2017.

[28] 顾瑛. 众创空间发展与国家高新区创新生态体系建构[J]. 改革与战略，2015，31(4)：66-69，144.

[29] McCulloch P，Altman D G，Campbell W B，et al. No surgical innovation without evaluation：the IDEAL recommendations[J]. The Lancet，2009，374(9695)：1105-1112.

[30] Cole A H. Aggregative business history[J]. Business History Review，1965，39(3)：287-300.

[31] Burgelman R A，Grove A S. Let chaos reign, then rein in chaos-repeatedly：managing strategic dynamics for corporate longevity[J]. Strategic Management Journal，2007，28(10)：965-979.

[32] Miller D. The Cowelates of entrepreneurship correlates in three types of firms[J]. Management Science，1983，29(7)：770-791.

[33] McClelland D C. The Achieving Society[M]. Princeton：Van Nostrand，1961.

[34] 贾根良. 演化经济学导论[M]. 北京：中国人民大学出版社，2015.

[35] 葛建新. 中国企业如何跨越"绿色贸易壁垒"：兼论行业协会满足企业公共需求的作用[J]. 黑龙江对外经贸，2004(4)：12-14.

[36] 张玉利. 容错机制与激发保护企业家精神[J]. 社会科学辑刊，2019(1)：71-78.

[37] Carroll D S A. Facing realities：the business perspective[J]. European Management Journal，1982，1(2)：38-44.

[38] Mitchell R K，Busenitz L，Lant T，et al. Toward a theory of entrepreneurial cognition：rethinking the people side of entrepreneurship research[J]. Entrepreneurship Theory and Practice，2002，27(2)：93-104.

[39] Gruber M，MacMillan I C，Thompson J D. Escaping the prior knowledge corridor：what shapes the number and variety of market opportunities identified before market entry of technology start-ups?[J]. Organization Science，2013，24(1)：280-300.

[40] MacMillan I C, Day D L. Corporate ventures into industrial markets: dynamics of aggressive entry[J]. Journal of Business Venturing, 1987, 2(1): 29-39.

[41] Grégoire D A, Noël M X, Déry R, et al. Is there conceptual convergence in entrepreneurship research? A co-citation analysis of frontiers of entrepreneurship research, 1981-2004[J]. Entrepreneurship Theory and Practice, 2006, 30(3): 333-373.

[42] Anderson F. A comparison of innovation in two Canadian forest service support industries[J]. Forest Policy and Economics, 2006, 8(7): 674-682.

[43] Ferreira J J M, Fernandes C I, Kraus S. Entrepreneurship research: mapping intellectual structures and research trends[J]. Review of Managerial Science, 2019, 13: 181-205.

[44] Payne A, Holt S. Diagnosing customer value: integrating the value process and relationship marketing[J]. British Journal of Management, 2001, 12(2): 159-182.

[45] Aldrich H E, Austen W G. Entrepreneurship, theory and practice[J]. Applied Financial Economics, 1986, 8(2): 34-45.

[46] Hannan M T, Freeman J. Structural inertia and organizational change[J]. American sociological review, 1984, 49(2): 149-164.

[47] Shane S. Uncertainty avoidance and the preference for innovation championing roles[J]. Journal of International Business Studies, 1995, 26: 47-68.

[48] Hannan M T, Freeman J. The population ecology of organizations[J]. American Journal of Sociology, 1977, 82(5): 929-964.

[49] Brittain J W, Freeman J H. Organizational Proliferation and Density Dependent Selection: Organizational Evolution in the Semiconductor Industry[M]. LosAngeles: Institute of Industrial Relations, University of California, 1980.

[50] Bird B, Schjoedt L, Baum J R. Editor's introduction: entrepreneurs' behavior: elucidation and measurement introduction[J]. Entrepreneurship Theory and Practice, 2012, 36(5): 889-913.

[51] Mitchell R K, Busenitz L W, Bird B, et al. The central question in entrepreneurial cognition research 2007[J]. Entrepreneurship Theory and Practice, 2007, 31(1): 1-27.

[52] Larson A. Partner networks: leveraging external ties to improve entrepreneurial performance[J]. Journal of Business Venturing, 1991, 6(3): 173-188.

[53] Carter N M, Gartner W B, Reynolds P D. Exploring start-up event sequences[J]. Journal of Business Venturing, 1996, 11(3): 151-166.

[54] Autio E, Acs Z. Intellectual property protection and the formation of entrepreneurial growth aspirations[J]. Strategic Entrepreneurship Journal, 2010, 4(3): 234-251.

[55] Djankov S, la Porta R, Lopez-de-Silanes F, et al. Courts[J]. The Quarterly Journal of Economics, 2003, 118(2): 453-517.

[56] Levie J, Autio E. Regulatory burden, rule of law, and entry of strategic entrepreneurs: an international panel study[J]. Journal of Management Studies, 2011, 48(6): 1392-1419.

[57] Marx M, Strumsky D, Fleming L. Mobility, skills, and the michigan non-compete experiment[J]. Management Science, 2009, 55(6): 875-889.

[58] Patton D, Kenney M. The spatial configuration of the entrepreneurial support network for the

　　　semiconductor industry[J]. R & D Management，2005，35(1)：1-16.

[59] Stephan U，Uhlaner L M. Performance-based vs socially supportive culture：a cross-national study of descriptive norms and entrepreneurship[J]. Journal of International Business Studies，2010，41(8)：1347-1364.

[60] Ford R M，Williams K J H，Bishop I D，et al. A value basis for the social acceptability of clearfelling in Tasmania，Australia[J]. Landscape and Urban planning，2009，90(3/4)：196-206.

[61] Obschonka M，Silbereisen R K，Schmitt-Rodermund E，et al. Nascent entrepreneurship and the developing individual：early entrepreneurial competence in adolescence and venture creation success during the career[J]. Journal of Vocational Behavior，2011，79(1)：121-133.

[62] Cohen B，Winn M I. Market imperfections，opportunity and sustainable entrepreneurship[J]. Journal of Business Venturing，2007，22(1)：29-49.

[63] Isenberg P，Hinrichs U，Hancock M，et al. Digital tables for collaborative information exploration[M]//Müller-Tomfelde C. Tabletops - Horizontal Interactive Displays. London：Springer，2010：387-405.

[64] 项丽瑶，俞荣建. 全球创新位势：地图、演化与跃迁[J]. 自然辩证法通讯，2018，40(10)：89-95.

[65] 向永胜，古家军. 基于创业生态系统的新型众创空间构筑研究[J]. 科技进步与对策，2017，34(22)：20-24.

[66] 李燕萍，陈武，陈建安. 创客导向型平台组织的生态网络要素及能力生成研究[J]. 经济管理，2017，39(6)：101-115.

[67] Isenberg D. The entrepreneurship ecosystem strategy as a new paradigm for economic policy[J]. Scientific Research an Academic Publisher，2011，1(781)：1-13.

[68] Athreye S S. Evolution of markets in the software industry[M]//Guilhon B. Technology and Markets for Knowledge：Knowledge Creation，Diffusion and Exchange within a Growing Economy. Boston：Kluwer Academic Publishers，2001.

[69] 荣四海. 基于创新生态链的产学研合作模式研究[J]. 郑州大学学报（哲学社会科学版），2007(5)：66-68.

[70] Cohen B. Sustainable valley entrepreneurial ecosystems[J]. Business Strategy and the Environment，2010，15(1)：1-14.

[71] 乔明哲，张玉利，张璇，等. 公司创业投资、防护机制对创业企业技术创新绩效的影响研究[J/OL]. http://kns.cnki.net/kcms/detail/42.1725.C.20240307.1643.016.html[2024-03-14].

[72] 陈凤，项丽瑶，俞荣建. 众创空间创业生态系统：特征、结构、机制与策略：以杭州梦想小镇为例[J]. 商业经济与管理，2015(11)：35-43.

[73] 贾天明，雷良海. 众创空间的内涵、类型及盈利模式研究[J]. 当代经济管理，2017，39(6)：13-18.

[74] 王丽平，刘小龙. 价值共创视角下众创空间"四众"融合的特征与运行机制研究[J]. 中国科技论坛，2017(3)：109-116.

[75] 锁箭，张霓. 基于共享经济视角的众创空间生态系统构建研究[J]. 当代经济管理，2018，40(12)：12-21.

[76] 裴蕾，王金杰. 众创空间嵌入的多层次创新生态系统：概念模型与创新机制[J]. 科技进步与对策，2018，35(6)：1-6.

[77] 林育真，付荣恕. 生态学[M]. 2 版. 北京：科学出版社，2015.

[78] Gartner W B. Creating a community of difference in entrepreneurship scholarship[J]. Entrepreneurship and Regional Development，2013，25(1/2)：5-15.

[79] 付群英，刘志迎. 大众创新：内涵与运行模式[J]. 科学学与科学技术管理，2016，37(2)：3-10.

[80] 段浩，陈颖. 中国创客空间地图与发展模式[J]. 中国工业评论，2015(7)：58-65.

[81] 王德宇，杨建新，李双寿. 国内创客空间运行模式浅析[J]. 现代教育技术，2015，25(5)：33-39.

[82] 闻纯青，金俊芳，徐晓艳，等. 国内众创空间发展研究[J]. 合作经济与科技，2016(13)：118-119.

[83] 江清华，吴文斌，高茜，等. 苏州市"众创空间"建设现状实证研究[J]. 江苏科技信息，2017(23)：1-3.

[84] 周博文，张再生. 国内外众创经济研究述评：基于文献计量与扎根理论分析[J]. 当代经济管理，2020，42(3)：1-11.

[85] 伍纯刚，乔桂明. 苏州文化产业金融支持与服务创新[J]. 唯实（现代管理），2013(5)：42-44，60.

[86] 陈奇，郑玉华，洪珈珈，等. 基于 CMM 的众创空间服务能力评价研究[J]. 科技管理研究，2018，38(20)：97-102.

[87] 陈章旺，孙湘湘，柯玉珍. 众创空间产业效率评价研究[J]. 福州大学学报（哲学社会科学版），2018，32(1)：33-40.

[88] 吴彤. 自组织方法论论纲[J]. 系统辩证学学报，2001(2)：4-10.

[89] Haken H P J. Synergetics[J]. IEEE Circuits and Devices Magazine，1988，4(6)：3-7.

[90] 吕飞. 基于自组织的虚拟企业控制机理研究[J]. 运筹与管理，2018，27(1)：112-116.

[91] 苗成林，冯俊文，孙丽艳，等. 基于协同理论和自组织理论的企业能力系统演化模型[J]. 南京理工大学学报，2013，37(1)：192-198.

[92] Li J J，Zhang J，Paul J，et al. Comparisons of entrepreneurial passion's structure and its antecedents：latent profile analyses in China and South Korea[J]. Asian Business & Management，2022，21(3)：373-395.

[93] 吴彤. 自组织方法论研究[M]. 北京：清华大学出版社，2001.

[94] 张玉利，白峰. 基于耗散理论的众创空间演进与优化研究[J]. 科学学与科学技术管理，2017，38(1)：22-29.

[95] 哈肯 H. 协同学及其最新应用领域[J]. 自然杂志，1983，6：403-410.

[96] 哈肯 H. 信息与自组织[M]. 郭治安，等译. 成都：四川教育出版社，1988.

[97] 朱飞. 协同学视阈下的高校多元协同创业教育研究[J]. 高等工程教育研究，2016(5)：39-43.

[98] Chesbrough H. The logic of open innovation：managing intellectual property[J]. California Management Review，2003，45(3)：33-58.

[99] Ansoff H I. Mutmaßungen über die zukunft des strategischen managements[M]//Henzler H A.

Handbuch Strategische Führung. Wiesbaden：Gabler Verlag，1988.

[100] Gutwin C，Greenberg S. The mechanics of collaboration：developing low cost usability evaluation methods for shared workspaces[R]. Gaithersburg：IEEE 9th International Workshops on Enabling Technologies：Infrastructure for Collaborative Enterprises，2000.

[101] 欧阳昭. 耗散结构、协同学、突变论简介[J]. 党校教学，1986(6)：30-31.

[102] 钟月明. 突变论理论及其应用[J]. 探求，1995(3)：62-63.

[103] 罗家德，贾本土. "自组织"的运行之道[J]. 中国人力资源开发，2014(10)：94-99.

[104] 施炜. 自组织化：企业不确定时代的必由之路[J]. 机器人产业，2015(3)：104-107.

[105] 奚梅，陈韵如，李光辉. 创业导向与众创行为对创业绩效影响的实证研究：以特色小镇创新生态系统为例[J]. 企业改革与管理，2018(8)：41-43.

[106] Macia-Widemann M. Grèce ancienne，Grèce moderne dans l'intelligentsia Française de 1797 à 1832[J]. Revue de synthèse，1990，111(4)：459-472.

[107] Holland J H. Outline for a logical theory of adaptive systems[J]. Journal of the ACM，1962，9(3)：297-314.

[108] 叶金国，张世英，崔援民. 产业系统自组织演化的条件、机制与过程[J]. 石家庄铁道学院学报，2003(2)：91-94.

[109] 方永飞. 自组织：互联网＋企业管理创新[M]. 广州：广东经济出版社，2016.

[110] 周守仁. 孤立子理论的哲学和方法论问题[J]. 自然辩证法研究，1993(7)：11-21，36.

[111] 许国志. 系统科学[M]. 上海：上海科技教育出版社，2000.

[112] 朱睿，邹珊刚. 系统管理的过去、现在和未来[J]. 系统辩证学学报，1994(3)：68-75.

[113] 沈小峰，曾国屏. 超循环论和循环发展[J]. 现代哲学，1991(1)：53-55.

[114] Suma S，Ambika S R，Kazinczi G，et al. Allelopathic plants. 6. Amaranthus spp[J]. Allelopathy Journal，2002，10(1)：1-12.

[115] 程肖芬. 基于自组织理论的现代服务业集聚区演化与动力研究：兼论上海现代服务业集聚发展[J]. 商业经济与管理，2011(3)：75-80.

[116] Lynn G S，Morone J G，Paulson A S. Marketing and discontinuous innovation：the probe and learn process[J]. California Management Review，1996，38(3)：8-37.

[117] 赵涛，刘文光，边伟军. 区域科技创业生态系统的结构模式与功能机制研究[J]. 科技管理研究，2011，31(24)：78-82.

[118] 张玉利，冯潇，田莉.大型企业数字创新驱动的创业：实践创新与理论挑战[J]. 科研管理，2022，43(5)：1-10.

[119] Habito C F，Antonio E S，Turiano B D. Philippines 2000 economic growth and employment alternatives[J]. Asian and Pacific Migration Journal，1993，2(3)：369-386.

[120] 徐家博. 大学生创业动力机制研究初探：基于 SWOT 矩阵分析模型的视角[J]. 湖北函授大学学报，2013，26(3)：12-13.

[121] 张玲斌，董正英. 创业生态系统内的种间协同效应研究[J]. 生态经济，2014，30(5)：103-105.

[122] 贾天明，雷良海，王茂南. 众创空间生态系统：内涵、特点、结构及运行机制[J]. 科技管理研究，2017，37(11)：8-14.

[123] Miller D T，Turnbull W. Expectancies and interpersonal processes[J]. Annual Review of

Psychology，1986，37(37)：233-256.

[124] 白景坤，王健，张贞贞. 平台企业网络自组织形成机理研究：以淘宝网为例[J]. 中国软科学，2017(5)：171-180.

[125] 周熙登. 基于自组织的农产品物流系统战略协同演化[J]. 中国流通经济，2015，29(6)：45-52.

[126] Kohli A K，Jaworski B J. Market orientation：the construct，research propositions，and managerial implications[J]. Journal of Marketing，1990，54(2)：1-18.

[127] Narver J C，Slater S F，MacLachlan D L. Responsive and proactive market orientation and new-product success[J]. Journal of Product Innovation Management，2004，21(5)：334-347.

[128] 郑继兴，李诺，乔朋华. 技术创新市场价值实现综述研究[J]. 商业经济，2011(21)：51-52.

[129] 施文君. 空间自组织网络研究[J]. 黑龙江工业学院学报（综合版），2017，17(12)：41-46.

[130] 年大琦. 新媒体时代大学生网络自组织与正式组织融合发展研究[J]. 吉林省教育学院学报，2018，34(3)：4-8.

[131] 周博文，张再生. 众创生态：一个基于众创逻辑的生态治理模式[J]. 财贸研究，2017，28(11)：72-78.

[132] 孙荣华，张建民. 基于创业生态系统的众创空间研究：一个研究框架[J]. 科技管理研究，2018，38(1)：244-249.

[133] Furci M. Evolution of the unhealthy American[M]. Sarasota：First Edition Design，2012.

[134] 冯又层，蔡勖. 基于自组织特征映射的证券市场聚类[R]. 北京：第二届全国复杂动态网络学术论坛，2005.

[135] 郭银平. 自组织视角下专业市场的演化分析[J]. 中国商界（下半月），2009(11)：256.

[136] 信集. "毛衫汇"：推动块状经济转型升级[J]. 信息化建设，2018(10)：29.

[137] Siddons J. On the nature of melody in Varèse's density 21.5[J]. Perspectives of New Music，1984，23(1)：298-316.

[138] 赵晓雷. 大部制改革最新研究文献综述[J]. 黑河学院学报，2010，1(4)：25-28.

[139] 马双，曾刚. 技术合作对企业创新绩效的影响研究：以我国装备制造业为例[J]. 华东经济管理，2016，30(5)：160-165.

[140] 刘岩，蔡虹，张洁. 企业技术合作、知识基础与技术创新绩效关系研究：基于中国电子信息行业的实证分析[J]. 科技进步与对策，2014，31(21)：59-64.

[141] 马雷. 过程视角下学研技术创业及其与经济产业关系研究[D]. 合肥：中国科学技术大学，2012.

[142] 李扬. 创业型企业新技术商业化研究[D]. 北京：中国社会科学院研究生院，2012.

[143] 宿丽霞，杨忠敏，张斌，等. 企业间绿色技术合作的影响因素：基于供应链角度[J]. 中国人口·资源与环境，2013，23(6)：149-154.

[144] 周贵川，揭筱纹. 资源型企业间合作技术创新的关系类型及其绩效研究[J]. 经济体制改革，2012(3)：103-107.

[145] 胡春蕾，黄文龙. 协同学视角下创业教育系统构建研究[J]. 金陵科技学院学报（社会科学版），2014，28(4)：78-81.

[146] 王俊，黄快生. 基于协同学理论的大学生创业支持体系的构建与运行[J]. 中国大学生就

业，2010(20)：48-50.

[147] 陈章旺，柯玉珍，孙湘湘. 我国众创空间产业政策评价与改进策略[J]. 科技管理研究，2018，38(6)：18-24.

[148] 高涓，乔桂明. 创新创业财政引导政策绩效评价：基于地方众创空间的实证检验[J]. 财经问题研究，2019(3)：75-82.

[149] 蒋建强，杜刚. 众创背景下高职院校创新创业型人才培养模式改革探索[J]. 人才资源开发，2016(2)：62-63.

[150] 王继红，程春梅，史宪睿. 基于突变论视角的企业系统演化研究[J]. 科研管理，2015，36(S1)：279-282，323.

[151] 吴彤. 论科学：一个自组织演化系统[J]. 系统辩证学学报，1995(3)：52-57，31.

[152] 王红梅，邱成利. 技术创新过程中多主体合作的重要性分析及启示[J]. 中国软科学，2002(3)：76-79.

[153] 栗洪海. 我国家族企业内部治理模式选择与优化研究[D]. 广州：华南理工大学，2013.

[154] 蔡莉，黄贤凤. 西方创业行为研究前沿回顾及对我国众创的展望[J]. 科学学与科学技术管理，2016，37(8)：34-46.

[155] Payne M. What is Professional Social Work?[M]. Bristol：Policy Press，2006.

[156] Fosu S，Ntim C G，Coffie W，et al. Bank opacity and risk-taking：evidence from analysts' forecasts[J]. Journal of Financial Stability，2017，33：81-95.

[157] Dosi G，Napoletano M，Roventini A，et al. Micro and macro policies in the Keynes + Schumpeter evolutionary models[J]. Journal of Evolutionary Economics，2017，27(1)：63-90.